아주 사적인 밤

아주 사적인 밤

초판 1쇄 발행 2025년 7월 27일

지은이   박화강
펴낸곳   복고기봉
펴낸이   정선화
편집·교정   임종호
디자인   임지원
인쇄제본   재영 P&B

등록   2019년 12월 10일 제307-2019-83호
주소   서울특별시 성북구 삼선교로 14길 69
전화   02-6958-7234
팩스   02-6958-7266
메일   bokokibong@naver.com

ⓒ 복고기봉 2025
ISBN 979-11-969433-6-3

값 28,000원

아주 사적인 밤

박화강 음악 에세이

복고기봉

1장 옅은 회색과 짙은 회색의 사이

2장 깔맞춤

들어가는 글

길을 걷다가, 혹은 여행을 하다가, 주위에서 들려오는 소리에 걸음을 멈추고 한참을 그 소리에 귀를 기울여 본적이 한 번씩은 있을 겁니다. 졸졸 흐르는 물소리에, 새가 지저귀는 소리에, 멀리서 큰 개가 짖는 소리나 뻐꾸기 우는 소리 같은 것들에 걸음을 멈추고 그 이외의 시간은 정지된 듯한 환각 같은 경험 말입니다.

음악의 경우도 마찬가지입니다. 마트에서 손질된 대파를 고르다 들려오는 아주 단순한 BGM 피아노 연주에 대파를 한참 들여다보고, 혼자 순두부찌개를 먹다 낯익은 음악임에도 반찬으로 나온 나물을 그저 뒤적이며 먹먹한 기분에 잠기고, 다방에서 커피에 각설탕을 넣다가 흘러나오는 음악에 스푼으로 휘젓는 걸 잠시 잊었던 순간들 말이죠.

시간이 지나면 중요하지는 않지만, 기억이 좀 가물가물해지는 경우가 있습니다. 임지훈의 곡 〈그댈 잊었나〉를 참 좋아하는데 처음 들었던 때와 장소가 내겐 그런 경우입니다. 이 곡을 처음 들은 건 재수하던 해로 기억하지만, 발매 연도를 보면 대학교 1학년 때이고, 거리 어디선가 스피커를 통해 흘러나오던 음악이었는데, 그 장소가 레코드 가게 앞이었는지, 옷 가게 앞이었는지 확실하지 않습니다. 또 무엇인가 기다리고 있었는데 그게 지금의 집사람인지 친구인지 아니면 버스인지 그것도 확실하지 않습니다. 그건 아마 그저 그 노래가 너무 가슴속에 치고 들어와 멍하니 모든 기억을 잊게 했는지도 모르겠습니다. 그리고 보면 음악은 자연의 소리와 다를 게 없습니다.

중세의 철학자 보에티우스는 음악을 세 가지로 분류했습니다. 천체가 움직이는 질서와 비례를 의미하는 우주의 음악인 '무지카 문다나(Musica Mundana)' 신체의 각 부분이 이루는 질서와 비례를 의미하는 인간의 음악 '무지카 후마나(Musica Humana)', 그리고 악기나 목소리로 만들어내는, 지금 우리가 생각하는 음악을 의미하는 '무지카 인스트루멘탈리스(MusicaInstrumentalis)'. 그러고 보면 세상의 모든 것은 음악인 셈입니다.

참 오랫동안 음악을 들어왔습니다. 중학교 때부터 FM 라디오에 귀를 기울이고, 음반을 사 모았습니다. 그러니 음악을 들으면 여러 가지 생각이 납니다. 여기에 쓴 글들은 음반을 꺼내며, 그것들을 들으며 문득문득 생각난 것들을 적은 것입니다. 음반에 대한 감상평이나 리뷰는 더더욱 아닙니다. 음악이 흐르고 거기에 덧댄 BGM 같은 글이라고 보면 됩니다.

제프 다이어(Geoff Dyer)의 『그러나 아름다운』에 나오는 한 구절을 옮겨봅니다. '하루가 끝나갈 때면 종일 점점 더 강해져야 한다는 쓸데없는 생각의 괴롭힘 속에서 더 이상 빠져나올 수 없었던 사람들도, 이제 잠이 들고 새로운 아침 햇살을 맞으면 한결 좋아지리라는 것을. 하지만 하루하루는 적막한 고립감 속으로 또 자신들을 빠지게 만든다는 것을 깨닫습니다.…모든 것을 후회할 수도 있고 동시에 아무것도 후회하지 않을 수도 있는 시간. 그때 모든 남자가 오직 바라는 것은 자신을 사랑하는 사람, 설사 지구 반대편에 있을지라도 자신을 떠올리는 누군가의 존재입니다. 한 여인이 눅눅하게 젖어 내려가는 도시를 느끼면서 어딘가에서 흘러나오는 라디오의 음악을 들을 때 그녀는 노란빛으로 물든 창문 너머에 존재하는 삶들을 바라보며 상상합니다. 싱크대 앞에 선 한 남자를, 텔레비전 앞에 놓인 한 가족을, 커튼을 치는 연인을, 라디오에서 나오는 같은 곡을 들으며…'

길고, 지루했던, 그리고 공포스럽던 팬데믹의 시절이 끝나고 일상으로 돌아왔지만, 팬데믹 이전의 활기는 더 이상 찾을 수 없습니다. 젊은이들이 많이 모이는 번화가는 어떤지 모르겠지만 이곳 소도시의 동네는 별반 다르지 않습니다. 사람들이 몸에 밴 습관이 무서워서인지 예전에 북적이던 가게도 여전히 빨리 문을 닫습니다. 오늘 가게가 좀 바빠서 평소보다 좀 늦게 마치고 집사람과 저녁을 먹고 들어오려고 하니 식당들이 거의 마감했더군요. 겨우 한 고깃집에서 마지막 손님으로 저녁을 먹고 왔습니다.

그리고 맥주 두 캔을 사 들고 와 늘 그렇듯 음반을 뒤적이고 음악을 안주 삼아 맥주를 마십니다. 하루를 마감하고 혼자 맥주 한잔하는 이 시간이 참 좋습니다. 이제 나만의 아주 사적인 밤이 시작됩니다. 큰 걱정은 없지만, 앞에서 인용한 제프 다이어의 『그러나 아름다운』에 나오는 이런 문장들처럼 비슷한 생각들을 하게 됩니다. 떠들썩하게 모여서 마시는 술보다 훨씬 맛난 이유지요.

대부분 중년의 밤이 비슷할 거라고 생각합니다. 나처럼 음악을 즐기지 않더라도, 술 한잔 마시지 않더라도 모두에게 아주 사적인 시간인 거지요.

이제 시간은 자정쯤으로 향해가고 곧 잠자리에 들 테고 일어나면 내일이 되어 있겠지요. 아주 비슷하겠지만 절대 똑같을 수 없는 내일 말입니다.

내일 뵙지요.

1장

옅은 회색과
짙은 회색의 사이

⦿ 두 번 죽은 김일성

그러니까 김일성은 두 번 죽은 셈이다.

첫 번째가 1986년 죽었다고 오보가 떴던 때인데, 나는 그때 학력고사가 한 달도 남지 않았음에도 한 무리의 재수생들과 학원 건물 지하에 있던 중국집에서 짜장면에 배갈을 마시다 그 소식을 들었다. 우리 재수생들도 무척 흥분했는데 곧 전쟁이 나서 대학이 아니라 군대에 갈지 모르겠다는 비관론과 금방 통일이 돼서 우리는 이제 군대에 가지 않을 수도 있겠다는 낙관론을 안주 삼아 술을 마셨다. 두 번째는 진짜 김일성이 죽었을 때다. 그때는 훨씬 담담했다. 나 또한 진짜 어른이 되어 직장생활을 할 때였는데 그 소식을 듣고 가장 많이 신경이 쓰인 건 대출까지 받아 몰두하던 주식이었다.

뜬금없이 김일성 이야기를 한 까닭은 순전히 천용성이라는 가수 때문이다. 그는 2013년 첫 번째 앨범을 발표했는데 제목이 '김일성이 죽던 해'였다. 세상에 이런 제목을 생각할 수 있는 뮤지션이 있다는 사실에 놀랐고 음악을 듣고 그 담담함에 반했다.

그의 두 번째 앨범 '수몰'을 듣는다. 수몰이라는 제목도 범상치 않고 자켓 사진도 그렇다. 아주 거대한 댐이 생각난다. 그리고 그 시퍼렇고 깊은 심연에 잠겨있을 마을과 학교, 그리고 고향을 잃은 사람들이 떠오른다. 어릴 적 외식이라고는 거의 해보지 못했지만 아주 가끔 여름이면 아버지는 황지로 우리를 데리고 가 냉면을 사주셨고, 겨울이면 지금은 이름을 잊어버린 중국집에 데려가 짜장면을 사주셨다. 중국집에 들어가 따뜻한 작은 온돌방에 여섯 식구가 빼곡히 앉아 있으면 주인아저씨는 오봉에 갈색과 회색이 섞여 있던 작은 엽차잔을 가져다주고 홀의 난로 위에서 온기를 잃지 않고 있던 주전자에서 보리차를 잔마다 따라주었다. 그러면 나와 동생들은 엽차잔의 온기에 언 손은 녹이고 호호 불어가며 보리차를 홀짝이며 짜장면이 어서 나오기를 기대했다.

천용성의 앨범 중에 〈보리차〉를 듣는다. 놀랍도록 담백하고 덤덤하다. 노래를 피처링한 강말금이라는 이름이 궁금해 검색해보니 부산 출신의 배우다. 고개가 끄덕여졌다. 그녀의 덤덤한 목소리에 덧입혀진 플루트 소리는 바람에 일렁이는 보리밭 속 보리 같다. 그래서 또 추억 속으로 걸어간다.

천용성 - '수몰'(2021)

추천곡
〈보리차〉

◉ 옅은 회색과 짙은 회색의 사이

Jean-Jacques Goldman – 'Entre Gris Clair Et Gris Foncé'(1987)

내가 유년을 보낸 곳은 옅은 회색과 짙은 회색으로 뒤덮인 곳이었다. 사택이라 불렸던 줄지어 선 일본식 목조 건물, 예배당 건물, 신작로라 불렸던 아스팔트, 도로, 마당에 널어놓은 신생아의 새하얀 기저귀마저도 온통 옅거나 짙은 회색이었다.

계절마저도 회색이었다. 봄이면 지천으로 피어나던 진달래와 개나리도, 가을이면 익어가던 단풍도 회색에 그 빛을 잃었고, 겨울이면 소년의 허벅지까지 쌓이던 흰 눈도 한 꺼풀 벗겨내면 짙은 회색 속살을 드러냈다. 계절이 온전히 제 색깔을 드러낼 수 있을 때는 초록이 정말 눈부신 여름의 아주 짧은 시간이었다.

당연히 아버지는 광부였다. 하루 종일 막장에서 일하는 전문 노동자는 아니었지만, 하루에 한 번씩 갱도에 들어가 방진 마스크를 뚫고 들어오는 짙은 회색 가루들을 마셔야 했다. 여름철 장마에 축대 무너지듯 들려오던 갱도가 무너졌다는 소식이 들려오면 우리는 그가 일하는 갱도가 아니기를 기도했다. 서울로 온 후 아버지는 예전의 웃음을 잃었고 그 짙은 회색 가루와 콩팥 하나를 바꾸었다.

아버지의 기일을 잊고 지나쳤다. 바쁘다는 핑계로 나도 집사람도 그 끈을 놓고 있었다. 그가 떠난 여름날 난 한가하게 핸드폰이나 들여다보고 있었다. 누구의 말처럼 SNS는 인생의 낭비가 맞지 않을까….

오늘처럼 기분이 처지는 날이면 한 번씩 듣는 장 자크 골드먼(Jean-Jacques Goldman)의 〈Puisque tu Pars〉가 들어있는 앨범 제목은 'Entre gris clair et gris fonce(옅은 회색과 짙은 회색의 사이)'다.

추천곡 〈Puisque tu Pars〉

◉ 홍상수

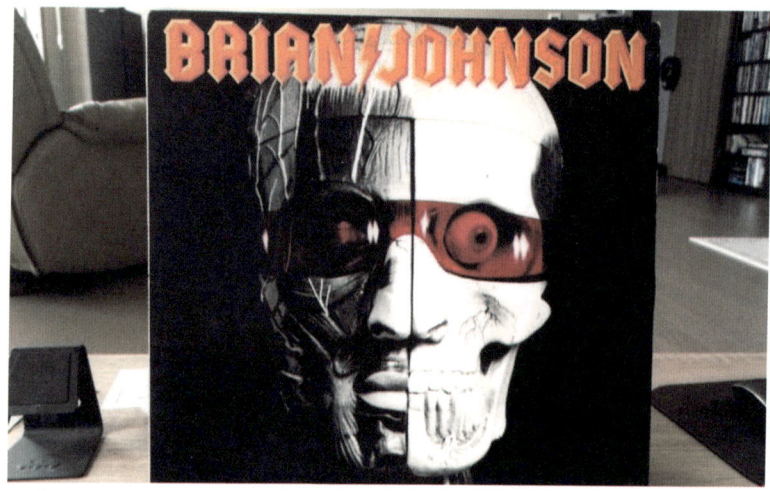

Brian Johnson - 'Strange Man'(1982)

86년의 겨울, 눈이 제법 오던 밤이었다. 이젠 더 이상 학생도 아니고 그렇다고 어른이라고 보기도 그렇고 그런 시절, 친구와 나는 강남 고속 터미널에서 집까지 눈을 맞으며 걸어가기로 했다. 몇 번을 미끄러워 넘어지다가 우리는 홍상수 영화에 나오는 김상중의 단골집 '소설' 같은 분위기가 풍기는 술집에 눈을 털며 들어갔다.

그곳에서 우리는 가시가 수만 개가 박힌 청어를 구워 체온처럼 데워진 정종을 마시며 어릴 적 헤어진 친구의 어머니에 대해 이야기했다. 나도 어머니께 보여준 무례하기 짝이 없던 태도를 반성했던 거 같다. 그렇게 우린 불쌍한 자식들에게 과분한 친절을 베푼 우리 어머니들에게 사과했었는데 그 이유는 그 술집에서 흘러나오던 애니멀스의 음악 때문이 아니었나 한다. 그렇게 우리는 음악에 약했다.

AC/DC의 두 번째 프론트맨인 브라이언 존슨이 몸담았던 조르디 시절의 〈house of

the rising sun〉이다. 서양이나 우리네나 구전민요가 주는 처연함은 다를 바가 없다. 포크로 편곡하던, 록으로 편곡하던, 그것도 마찬가지다.

홍상수 감독이 모 영화배우와 교제할 때 불륜이니 뭐니, 말들이 많았다. 왜들 이렇게 난리인가. 언론의 속성이야 원래 그러니 그냥 그렇구나, 하고 넘어가면 되는 일에 왜 이리 많은 소모적인 논쟁이 필요할까. 작가든 감독이든 배우든 우린 그 작품만 보면 된다. 그들 됨됨이가 중요한 게 아니다. 욕을 할 일도 옹호할 일도 아니다. 작가나 감독이 지탄받을 일은 '표절'과 같은 문제이다.

◉ 급식이 맛있을까? 도시락이 맛있을까?

Alice Cooper - 'Welcome to My Nightmare'(1975)

지금은 학교에서 아이들이 급식을 먹지만 우린 도시락 세대다. 사물함 따위도 없었다. 책가방에는 그날 든 수업 수와 비례하는 책과 공책들이 들어있었고 거기에 부모님이 싸주신 도시락도 들어있었다. 야간 자율학습을 하던 고등학교 때는 점심, 저녁 두 개의 도시락을 쌌다. 청춘의 무게만큼 무거운 책가방에 더 얹혀진 밥들이었다. 하교할 땐 들돌처럼 무겁던 책가방은 그 밥의 무게만큼 가벼워졌었다.

오늘 남자 중학교에서 강의하고 학교 급식을 먹었다. 3, 4교시 수업을 강의해도 밥을 먹고 가라는 학교가 없었는데 오늘 학교는 밥을 먹고 가라고 한다. 별것 아닌데 정이 느껴졌다. 주꾸미볶음, 감자전, 메추리알 장조림, 꽃게 된장국이 나왔다. 맛있었다. 학교 선생님이 밥을 먹고 가라고 한 이유가 있었다. 혹시 밥을 남길까 싶어 밥과 반찬을 조금씩만 식판에 담았다. 밥을 다 먹고 자리를 일어서는데 들어올 때 급식실을 가득 메웠던 아이들은 어느새 사라지고 없고 선생님들만 남아 밥을 먹고 있었다. 내가 비교

적 밥을 빨리 먹는 편인데도 아이들은 이미 밥을 다 먹고 사라졌다.

아이들에게는 맛있는 음식을 음미하는 것보다 중요한 게 있다. 노는 것이다. 아무리 맛있는 반찬이 나와도 그것보다 중요한 건 긴 시간 같지만 순간적으로 지나는 점심시간을 알차게 놀면서 보내는 것이다. 또 그게 맞다. 우리가 학창 시절 2교시가 끝나면 도시락을 까먹던 이유도 비단 배가 고파서가 아니었다. 점심시간에 빨리 운동장에 나가 공을 차던, 테니스공으로 야구를 했든 간에 그 시간에 알차게 놀고 싶어서였다.

나이가 들어서 우린 노는 법을 잊어버렸다. 대학입시가 코앞이었지만 공부보다 음악 듣던 게 더 좋았던 시절, 공부는 정말 손톱만큼의 관심도 없었던 친구 녀석이 빽판 한 장을 학교에 가져왔다.

그날 친구에게 빌린 그 빽판은 지금도 내 LP 장에 꽂혀있다. 내가 돌려주지 않은 걸까?

◉ 아버지의 음식

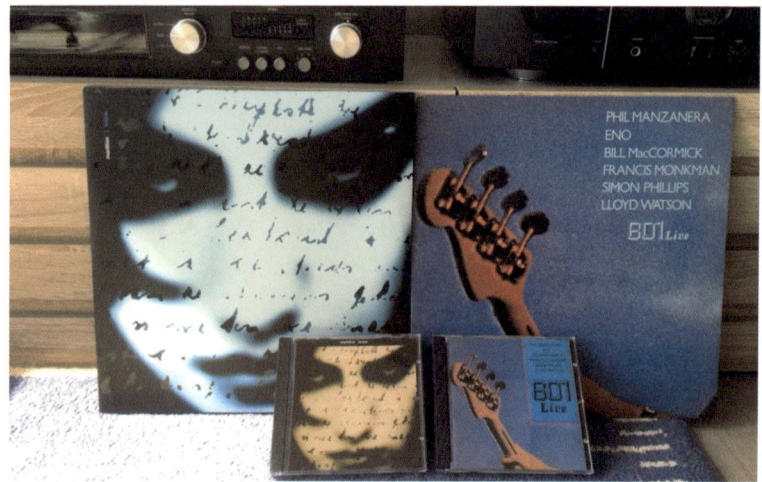

Marillion - 'Brave'(1994) / 801 - '801 Live'(1976)

살아생전 아버지가 미역 같은 해조류를 제외하고 드시던 해산물은 딱 세 가지밖에 없었다. 조개젓, 자반고등어, 그리고 맛있게 삶은 문어. 눈치 빠른 분들은 예상했겠지만, 아버지의 고향은 경북 북부지방이다. 나는 아버지와의 벽만큼 이 음식들을 싫어했다. 아버지가 돌아가시고 나는 일방적으로 그와 화해하고 그를 이해한다고 스스로를 다독거릴 때, 비로소 이 음식들의 맛까지 이해하게 되었다.

CD보다는 LP를 선호하지만 CD로 가지고 있는 음반을 LP로 재구매 하지는 않는데 지난주에는 뭐가 씌웠는지 CD로 가지고 있는 음반 두 장을 LP로 덜컥 질렀다. 뭐 그만큼 좋아하는 음반이라는 소리도 되겠다.

⊙ 폭력이 문젠가 섹스가 문젠가?

Aphrodite's Child – '666'(1972)

어렸을 때, 주말의 명화나 명화극장을 하는 주말 밤이면 온 가족이 흑백 TV 앞에 둘러앉아 영화를 보곤 했다. 총을 맞아 피를 철철 흘리는 장면이나 깡패들이 흉기를 휘두르는 폭력적인 장면은 잘 보다가도 주인공 남녀가 키스라도 하는 장면이 나오면 순간 분위기는 어색해졌다. 아버지는 연신 헛기침을 하셨고 어머니는 밀린 숙제 이야기를 하셨다. 고등학교 때 놀란스라는 여성 그룹의 〈Sexy Music〉이라는 곡이 히트한 적이 있었다. 그 당시 우리 반 한 녀석의 말이 생각난다. "난 이 음악 집에서 전축으로 못 듣겠어. 섹스 뮤직이라고 하는 거 같아 엄마가 들을까 봐." 비단 이런 광경이 집안이라는 작은 테두리에서만 일어나는 일일까? 폭력에는 관대하고 성에는 노이로제적인 경기를 일으키는 나라에 살고 있다. 성이 상품화되고, 포르노가 범람하는 오늘에도 그 경직된 사고에는 변함이 없는 듯하다. 식구들이 다 있는 거실에서 볼륨을 높이고 이 음악을 들을 자신이 당신들에게는 있는가? 반젤리스와 데미스 루소스가 몸담았던 그리스 그룹 아프로디테스 차일드의 앨범 '666'은 논란이 된 이 곡을 빼고라도 프로그레시브 록의 명반이라고 할 수 있다.

◉ 플레이보이

Chet Baker and Art Pepper - 'Playboys'(1956)

고등학교 때 아이들 사이에 돌고 돌던 『플레이보이』와 『허슬러』 따위의 잡지를 몇 권 가지고 있었다. 물론 공부를 열심히 하다가 잠깐잠깐 머리를 식히고 힐링을 얻기 위함이었다. 이 잡지들은 식구들이 모르는 장소에 감춰둬야 했는데 책장 아래 안 쓰는 가방들을 모아둔 곳이 있었다. 그 가방 중 하나에다 이 잡지들을 숨겨 두었다.

어느 날 역시 공부를 열심히 하다가 머리를 식힐 겸 책장 문을 열었는데 가방이 하나도 보이지 않았다. 어머니가 모조리 버린 것이었다. 가방이 비워진 빈자리에는 벗은 여자가 가득한 책들이 질서정연하게 정리되어 있었다. 가방을 버리시면서 나온 책들을 어머니는 나의 힐링을 위해 버리지 않고 정리해주신 것이다.

그날 나는 차마 그 잡지들을 볼 수 없었다. 지금 생각해보면 『플레이보이』는 도색잡지가 아니라 아트(Art)였다. 쳇 베이커와 아트 페퍼의 이 음반처럼.

◉ 서스페리아

Goblin - 'Suspiria'(1977) / Thom Yorke - 'Suspiria'(2018)

초등학교 때 아직 처녀였던 이모를 따라 극장에 갔었다. 지금 생각해 보면 영화를 보고 싶은 이모가 혼자 가기가 뭐해서 날 보디가드 삼아 데려간 거다. 근데 놀라운 것은 그 영화가 전설적인 이탈리안 공포 필름의 거장 다리오 아르젠토(Dario Argento)의 "서스페리아"였던 것이다.

거짓말이라고 생각될지 모르지만, 난 강렬한 핏빛 색채의 영화와 전편에 흐르는 긴박한 사운드에 공포 이외의 두근거림으로 영화를 지켜보았다. 물론 때때로 내 눈을 가리는 이모에 의해 방해받았지만. 그래서 그런지 몰라도 난 공포영화를 매우 좋아한다. 이 놀라운 영화가 리메이크되었다. 놀랍게도 영화의 사운드트랙을 라디오헤드의 톰 요크가 맡았다. 라디오헤드와 톰 요크의 팬들에게는 미안하지만, 아르젠토 감독의 거의 모든 영화의 음악을 담당했던 이탈리아 그룹 고블린의 OST만 못하다. 리메이크된 영화도 아르젠토 감독의 원작을 넘어서지 못했다고 말하고 싶다.

◉ 아쉬움

신촌블루스 - '1집'(1988)

거의 매일, 아니 진짜 매일 소주 반병과 두세 캔의 맥주를 마신다. 물론 집에서다. 보통 소주 반병에 맥주 두 캔을 작은 볼륨의 음악을 안주 삼아 마시면 딱 좋은데 오늘처럼 아쉬운 날이 있다. 그러면 맥주 한 캔을 더 따는데 마침 맥주가 딱 떨어졌다. 이런 겨울 날 주섬주섬 옷을 챙겨입고 편의점에 가기도 귀찮지만, 무엇보다 집사람의 눈총이 따가워서 포기한다.

그래도 너무나 아쉬워 반병 남은 소주를 떠올리는데 이 소주는 맥주랑은 좀 달라서 안줏거리가 필요하다. 먹다 남은 김치찌개는 좀 물리고 냄비에 물을 올린다. 라면을 끓이는 건 허전해서가 아니라 술이 좀 아쉬워서 그렇다. 라면은 거들 뿐이다.

물이 끓을 동안 오랜만에 가요를 듣는다. 아쉬움이다.

정말 좋아하는 앨범인데 요즘은 왜 이런 가요앨범이 나오지 않을까? 하는 아쉬움도 들고, 아니 어쩌면 내가 관심이 없으니 최근 가요앨범 중에 좋은 앨범들이 있을지 모른다는 생각도 해보지만, 예전엔 라디오에서도 TV에서도 이런 좋은 가요곡들을 들을 수 있었는데 요즘은 트로트니 아니면 남의 노래나 부르는 이상한 경연 프로그램뿐이니 그것도 또 아쉬움이다.

추천곡 〈아쉬움〉

◉ 브람스와 깡통 그리고 재활용

Yes - 'Fragile'(1971)

오늘 집안일의 아주 사소한 한 가지인 재활용을 하고 느낀 점이 있어 집사람에게 말했다.
"우리 식구가 달랑 두 사람인데 일회용품을 너무 많이 쓰는 거 같아. 얼마 전에 재활용했는데 오늘도 산더미야."

그랬더니 무심하게 한마디 한다.
"그거 다 네가 먹은 맥주캔 아니야?"

그랬다. 재활용할 때 플라스틱 페트병 몇 개와 스티로폼 몇 개 버리고 와르르 맥주캔을 쏟아부어 간단하게 분류했구나.

그룹 Yes의 중추적인 키보드를 담당했던 토니 케이가 너무나 하몬드 오르간에 집착한 나머지 스티브 하우와 불화를 겪고 팀을 떠난 후, 스트롭스 출신의 릭 웨이크먼이 그 자리를 맡아 발매한 이 명반에는 멤버들의 멋진 솔로 연주곡들이 실려있다. 릭 웨이크먼이 이후 공연에서 솔로 연주를 할 때 단골 레퍼토리가 되는 브람스의 교향곡 4번 3악장의 소절은 제목이 〈깡통(Can)과 브람스〉다.

그는 왜 브람스 앞에 깡통을 두었을까? 들어보면 그의 키보드 소리가 깡통을 재활용 더미에 던질 때처럼 경쾌하다. 재활용의 묘미는 깡통을 집어 던질 때다.

추천곡 〈Cans And Brahms (Extracts From Brahms' 4th Symphony In E Minor, Third Movement)〉

◉ 미국에 관한 오해

Bruce Springsteen – 'Nebraska'(1982)

미국이라는 나라에 호의를 둔 적이 없다. 한때 그들이 만든 야구라는 운동을 좋아했던 때가 있었지만 그것도 시들해진 마당이라 미국이라는 나라가 남긴 유산 중에 그래도 괜찮은 건 이제 재즈 정도가 전부이다.

보스라고 불리우는 브루스 스프링스틴의 노래를 처음 접한 건 고등학교 때 〈Born in the U.S.A〉였다. 라디오를 통해 줄기차게 흘러나오고 어떤 대통령의 선거유세를 통해 날개를 단 듯 팔려나가던 그 음악이 마음에 들지 않았다. 그 시절 함께 히트했던 〈Dancing in the Dark〉나 〈Cover Me〉 같은 곡들도 듣기 싫었다.

사람을 좀 가리는 것처럼 음악도 좀 가리는 편이라 스프링스틴의 첫 이미지는 굳어졌고 그의 음악을 외면했다. 이건 모두 빌어먹을 〈Born in the U.S.A〉 때문이었다. 아주 꼴 보기 싫은 제목, 미국의 찬양가로 알았던 그 곡 때문이었다.

사람과 사람 사이를 틀어지게 만드는 일 중의 하나가 '오해'다. 난 대부분의 사람처럼 〈Born in the U.S.A〉를 오해하고 있었다. 이 곡은 미국을 찬양하는 노래가 아니었다. 오히려 그 반대로 죽을 때까지 구원도 출구도 없다는 건 바로 미국에서 태어났기 때문이라는 절망을 담고 있는 곡이라는 사실을 알았다. 물론 'Born in the U.S.A'의 의미를 바로 알았다고 해서 스프링스틴이 바로 좋아졌을 리는 없다.

그가 정말 좋아진 건 앨범 'Nebraska' 때문이었다. 1982년, 그러니까 'Born in the U.S.A'가 나오기 바로 전 앨범이다. 이 앨범을 관통하는 주제는 절망이고, 외로움이며 잔인할 정도인 황폐함이다. 실업으로 고통받는 사람들, 기회 없는 사람들, 그 내면의 범죄를 노래한다. 19세 연쇄 살인범의 삶, 범죄자가 된 자신의 형제와 대면해야 했던 경찰, 일확천금을 노리는 사람들로 가득한 도박의 도시….

그러나 이런 가사의 내용을 전혀 모르고 들어도 쓸쓸한 하모니카가 절망처럼 떠도는 연주에 입혀진 그의 황폐한 목소리를 듣기만 해도, 어느 평론가의 말처럼 록의 영역에서 가장 가까운 위치에서 우디 거스리의 유산을 상속한 사람이 바로 스프링스틴이라는 말에 고개가 끄덕여진다.

듣고 있으면 어떤 다른 일을 하기가 어렵다. 그냥 멍하니 듣고 또 듣는다.

◉ 왜 남자들은 여자들의 혀짧은 소리에 약해질까

Yngwie Johann Malmsteen – 'Concerto Suite For Electric Guitar And Orchestra In E Flat Minor Live With The New Japan Philharmonic'(2002)

오래전 내가 약간 잘나가던(?) 시절 아내 몰래 비자금을 좀 챙긴 적이 있다. 매달 적금을 부어서 일 년 동안 천만 원이 살짝 넘는 목돈을 만들었다. 적금을 찾는 날 은행에 가니 최지우를 닮은 은행원이 혀 짧은 목소리로 "원당님~~~"하고 유혹하는 바람에 덜컥 그 돈을 모두 정기예금에 들었다.

"감사합니당. 원당님~"하면서 사은품이라고 챙겨준다. 뭐 사은품이라 해도 치약 샴푸들이 들어있는 선물 세트였는데 학원에 와서 열어보니 봉투가 하나 있고 안에 백화점 상품권 50만 원이 들어있었다. 좀 이상했다. 그 은행과 거래를 하지만 VIP 근처에도 못 가고 억도 아닌 천만 원에 50만 원 상품권을 주다니. 대출이자는 비싸게 받으면서 예금 이자는 쥐꼬리만큼 주는 은행이 아닌가.

전화를 할까 망설이다가 아니야 정말 내게 준 것일 수도 있겠다는 생각도 들었다. 그러는 참에 휴대폰이 울린다.

"원당님~ 혹시 안에 상품권~~~"
그러면 그렇지.

요즘은 비자금은커녕 아내 몰래 쓴 카드 결제 값이 신경 쓰일 처지가 되었지만, 어깨 펴고 살자. 돈은 없어도 가오는 남아있다.

스웨덴의 기타 영웅 잉베이는 한때 정말 어마어마하게 잘 나갔다. 하늘에서 갑자기 뚝 떨어진 이 천재가 평범한 뚱땡이 아저씨처럼 변할지는 아무도 몰랐다.

◉ 에어 스윙

Deep Purple – 'Machine Head'(1972)

학원에 있다 보면 항상 저녁을 거른다. 습관이 되어 괜찮다. 한 번씩은 못 참을 정도로 허기지면 분식 정도로 빠르게 해결한다. 오늘도 삼천 원짜리 쫄우동을 먹는데 한 아저씨가 김밥을 포장하러 왔다. 김밥을 마는 동안 그 사내는 허공에 대고 골프 스윙을 연습한다. 몇 번 스윙하다 뭔가 뜻대로 안 된다는 것처럼 고개를 갸웃거리며 인상을 쓰고 또 스윙을 한다. 한참을 쳐다보았다. 테니스나 탁구를 배우는 사람들이 그런 스윙 연습하는 걸 보지는 못했다. 볼링을 배우는 사람이 밖에서 공 굴리는 흉내를 내는 것도 보지 못했다. 왜 유독 골프를 배우는 사람들은 허공에다 팔을 휘둘러 댈까?

딥 퍼플의 이 곡은 수십 년 동안 방구석에서 허공에다 기타를 치는 에어 기타리스트들을 배출해 냈다.

추천곡 〈Smoke on the Water〉

궁합

Eleni Karaindrou - 'The Suspended Step Of The Stork' (1992)

ECM 레이블의 음악들은 호불호가 갈린다. ECM의 음악을 듣다 보면 '이제 시대는 변했어'라는 무언의 압박과 지나치게 탐미적인 약간의 허세가 느껴지기도 한다. 영화감독과 그 영화의 음악을 책임지는 뮤지션들 사이에 궁합을 넘어선 합일을 이루는 경우가 있다. 내가 좋아하는 장르의 영화와 음악이 만난 이탈리아의 다리오 아르젠토(Dario Argento) 감독과 역시 이탈리아 밴드 고블린(Goblin)이 그 좋은 예다.

시선을 좀 반대 방향으로 돌리면 그리스의 테오 앙겔로폴로스(Theo Angelopoulos) 감독과 그리스 음악가 엘레니 카라인드루(Eleni Karaindrou)를 만날 수 있다. 테오 감독은 그녀의 음악은 영화를 관통하며 분리할 수 없는 일부분이 된다고 말했다. 음악이 영화의 정신을 맡고 있다고 했는데 영화에 흐르는 음악을 들어보면 그 말의 의미를 어렴풋이 알 듯하다. 엘레니 카라인드루는 뛰어난 작곡가이면서 연주자지만 아테네 대학에서 역사와 고고학 석사학위를 받고, 파리의 박물관에서 민속 음악학 연구자로 일했던 내가 아는 가장 지적인 여성이다.

◉ FM 방송에 엽서를 보내본 적이 있으신가?

Marillion – 'Script For A Jester's Tear'(1983) / 'Recital of the Script'(2009)

요즘도 라디오 프로그램에 사연들을 보내고 그 사연이 소개되어 치킨 상품권 같은 선물도 받고 하는 모양인데 이건 거의 인터넷 홈페이지나 앱을 통해 키보드를 두들겨 보내는 방식이라서 순전히 엽서로만 소통하던 그 시절의 낭만은 확실히 없다.

별로 꺼내기 싫은 기억이지만 지금껏 라디오 방송에 딱 한 번 엽서를 써본 적이 있다. 고등학교 1학년 때 '황인용의 영팝스' 라는 프로그램을 즐겨 들었는데 거기서 일일 DJ 라는 코너를 했었다. 자신이 DJ가 되었다고 생각하고 그 음악에 대한 사연이나 느낌을 엽서로 보내서 채택되면 황인용 씨가 읽어 주는 코너였다. 뭐 그 나이쯤이면 나도 한 번 음악 프로의 DJ가 되어보는 것도 나쁘지 않겠다고 생각했던 터라 한번 보내볼까 하는 생각이 들어 엽서를 썼다. 어떤 곡을 보낼까 별로 고민도 하지 않았다. 딱 그때 꽂혀 있던 마릴리온의 곡을 골라 엽서를 썼다.

어떻게 되었을까?

엽서를 보내고 거의 한 달을 집중해서 들었다. 야간 자율학습을 어떻게든 빠져서 들었고, 그러지 못한 날엔 감독 선생님의 감시를 피해 들었지만 끝내 내 이름은 나오지 않았다. 내가 사람 이름과 전화번호 같은 건 잘 외우지 못해도 소소한 추억은 잘 기억하는 편인데 이상하게 내가 그 프로에 보낸 엽서의 내용은 정말이지 하나도 기억이 나지 않는다. 그 프로그램에서 내 엽서가 까이고 나서 나의 뇌세포는 아마 자동으로 그 쪽 팔린 기억을 지웠지 않았을까 생각이 든다.

아마 내가 보낸 내용이 고등학생이 쓴 엽서라고 생각하기엔 너무 수준이 높지 않았을까. 그래서 논쟁에 휘말리고 싶지 않은 피디나 작가들이 애써 눈물을 머금고 내 엽서를 탈락시켰다고 뭐 그렇게 생각했다.

그래도 난 얼마 동안 영팝스와 마릴리온을 듣지 않았다. 뭐 그런 게 인지상정이니까.

추천곡 〈Script for a Juster's Tear〉

◉ 콩나물국밥 먹는 법

Rod Steward - 'An Old Raincoat Won't Ever Let You Down'(1969)
/'Gasoline Alley'(1970)

나이가 들어감에 따라 입맛도 조금씩 변해서 예전에 싫어했던 음식들이 좋아지고, 좋아했던 음식들이 싫어지기도 하는데 지금도 도무지 싫은 음식이 있다. 바로 콩이다. 짱구가 피망을 싫어하는 것처럼 어릴 때부터 콩을 싫어했는데 지금도 콩이라면 질색이다. 줄기 끝에 노란 콩이 매달린 콩나물도 좋아할 리 만무하다. 콩이 들어간 반찬은 물론이고 좋아하는 짬뽕에 딴에 시원한 맛을 낸다고 콩나물을 넣는 집은 믿고 거른다.

볶음밥에도 푸른 완두콩이 들어있으면 다 먹고 난 접시에 완두콩만 소복이 남는다. 콩이 들어간 음식 중에 최악은 콩밥이다. 배가 고파서 들어간 식당에서 콩밥이라도 나오면 그 시장기가 아무리 심해도 먹고 싶은 생각이 없다. 언젠가 집사람에게 콩밥의 맛을 마치 밥 위에 과자를 얹어 먹는 맛이라고 표현한 적이 있다. 정말 그 정도면 내가 봐도 정도가 심하다.

술을 좋아하다 보니 여럿이 어울리면 콩나물 해장국을 먹어야 할 경우가 생긴다. 스스로 돈을 내고 먹어 본 적은 없지만, 다수결의 의견을 존중해 따라가서 콩나물국밥을 먹을 때면 이렇게 먹는다. 보글보글 콩나물이 수북하게 담긴 뚝배기가 나오면 먼저 젓가락으로 콩나물 전부를 건져 접시에 담는다. 그리고 날달걀을 깨서 넣고 새우젓 조금과 땡초 다대기를 아주 듬뿍 넣어서 먹는다. 그럼 좀 먹을 만하다. 건져낸 콩나물은 콩나물을 좋아하는 친구의 그릇에 부어준다.

콩처럼 도무지 적응되지 않는 가수들이 있다. 휘트니 휴스턴, 셀린 디옹 같은 '디바'라 불리는 팝송 가수들, 그리고 생긴 것도 아메리칸 지골로 같은 마이클 볼튼. 물론 콩에 영양이 풍부한 것처럼 노래는 잘 부르지만, 음식을 영양가만 따지고 먹는 것은 아닌 것처럼 노래도 잘 부른다고 감동을 주는 것은 아니다. 하루키가 훌리오 이글레시아스가 성공할 수 있었던 비결은 100% 텅텅 비어있기 때문이 아닐까 추측했는데 난 마이클 볼튼을 보면 그 생각이 나서 키득키득 웃음이 나온다.

생긴 것과 행동은 텅텅 비어있는 것처럼 보이는데도 노래는 내 맘에 쏙 들게 부르는 가수가 있는데 바로 로드 스튜어트다. 짝 달라붙는 가죽바지에 섹시하게 몸을 흔들며 노래를 부르는 그를 보면 진짜 머릿속이 텅 빈 것처럼 보이지만, 레코드 컬렉터들의 표적이 되고있는 영국 Vertigo 레이블에서 발매된 그의 첫 번째와 두 번째 솔로 앨범을 들어보면 그 생각이 얼마나 잘못된 것인지 알게 해 준다.

⦿ 보잘것없지만 쉽게 버리지 못하는 것

Triumvirat - 'Illusions on a Double Dimple'(1974) 중앙
/'Spartacus'(1975) 좌 / 'Old Loves Die Hard'(1976) 우

내가 기억하는 첫 번째 이사는 초등학교 삼 학년 때다. 강원도의 한 탄광 도시에서 또
다른 탄광 도시로 옮기는 거지만 전학을 가고 새로운 친구들을 만난다는 건 어린 나
에게 있어 분명 설레는 일이었다. 그러나 그 설렘도 잠시였고 나에게는 커다란 고민
이 있었다. 그 당시 나는 별과 만화와 글씨가 새겨진 동그란 딱지놀이에 심취해 있었
는데 어머니는 그 딱지들을 매우 못마땅하게 생각했다. 그래서 나는 아이들과 따먹
기 놀이에서 전리품처럼 획득한, 시멘트 포대로 한 포대가 되는 딱지들을 어머니 몰
래 광속에 보관하고 있었던 것이다. 차마 그것들을 가져간다는 말은 못 하고 십 원에
백 장씩 친구들에게 팔기도 하고 또는 눈물을 머금고 공짜로 나눠주었다. 어떤 물건
들, 어떤 이미지들은 누군가에게는 하찮게 보일 수 있겠지만 그 보잘것없는 삶의 비밀
들은 당사자들에게 있어 쉽게 버릴 수 없는 시간이 있었다는 걸 알려준다. 독일 그룹
Triumvirat의 생쥐 3종 세트를 세운상가에서 빽판으로 사 온 날 기억이 난다. 친구는
빨간 잡지를 샀고 난 초록색 빽판을 샀다. 빨간색과 초록색은 내 청춘의 이미지다.
빽판도 보잘것없지만 쉽게 버리지는 못하는 것이다.

📀 내장 좋아하세요?

Iron Maiden - 'Iron Maiden'(1980)

내장을 좋아한다. 순대도 좋아하지만 곁가지로 딸려 나오는 간과 허파에 손이 더 간다. 치킨을 시켜도 프라이드 반 양념 반이 아닌 프라이드 반 똥집 반(똥집도 내장인가?)이다. 꼬지 집에 가도 염통을 굽는다. 고깃집에서 주는 천엽 또한 기름장에 찍어 먹으면 고기보다 맛난다. 곱창, 대창, 막창 또한 얼마나 소주와 궁합이 맞는가. 전복을 먹어도 내장을 후루룩 마셔줘야 제대로 먹은 것 같다. 그래도 내장으로 만든 음식 중에 최고는 내장탕이다. 위에 언급한 내장들이 혼합되어 뚝배기에서 보글보글 끓고 거기에 뻘건 선지 한 덩어리가 들어있으면 밥 두 공기는 후딱이다.

"너의 췌장을 먹고 싶어"라는 특이한 영화의 제목을 보고 주절거린다. 췌장은 어떤 맛일까? 췌장은 먹어보지 못했지만, 지라라고 불리는 비장은 먹어봤던 기억이 난다. 한겨울 노가다 꾼들이 체온을 유지하기 위해 생으로 먹었던 김이 모락모락 나는 시뻘건 내장. 브루스 딕킨슨 시절의 아이언 메이든이 잘 고아진 고깃국 같았다면 폴 디아노 시절의 아이언 메이든은 그야말로 날것의 내장탕 같다.

◉ 개인적인 체험

Rush – 'Moving Pictures'(1981)

"개인적인 체험 중에도 혼자서 그 체험의 동굴을 자꾸 나아가다 보면, 마침내 인간 일 반에 관련된 진실의 전망이 열리는 샛길로 나올 수 있는 그런 체험이 있지? 그런 경우 어쨌든 고통스런 개인에게는 고통 뒤의 열매가 주어지는 것이고. 흑암의 동굴에서 괴 로운 경험을 했지만 땅 위로 나올 수가 있음과 동시에 금화 주머니를 손에 넣었던 톰 소여처럼! 그런데 지금 내가 개인적으로 체험하고 있는 고역이란 놈은 다른 어떤 인간 세계로부터도 고립되어 있는 자기 혼자만의 수혈을 절망적으로 깊숙이 파들어 가는 것에 불과해. 같은 암흑 속 동굴에서 고통스레 땀을 흘리지만, 나의 체험으로부터는 인간적인 의미의 단 한 조각도 만들어지지 않지. 불모의, 수치스러울 따름인 지긋지긋 한 웅덩이 파기야. 나의 톰 소여는 끝없이 깊은 수혈 밑바닥에서 미쳐 버릴지도 몰라."

일본 작가 오에 겐자부로(大江 健三郞)의 『개인적인 체험』에 나오는 한 부분이다.
어릴 적 집에는 계몽사에서 나온 어린이 세계 명작 전집이 있었다. 50권 세트로 이루어진 겉이 빨간 양장본이었는데 나는 이것들을 닳고 닳도록 읽으며 독서의 재미를 알아갔다. 특히 톰 소여의 모험, 허클베리 핀의 모험, 해저 이만리, 아라비안나이트는 정말이지 외울 정도로 읽곤 했다. 물론 그중에 손도 대지 않은 책도 있었는데 그건 소공녀와 소공자 풍의 작품이었다. 그때의 취향이 아직까지 이어지는 걸 보면 사람의 취향은 쉬 변하는 게 아니라는 생각이 든다.

아~ 옛날 우리가 어릴 적에는 우리 모두가 허클베리 핀이고 톰 소여였는데….

톰 소여가 수록된 Rush의 음반 'Moving Pictures'는 러쉬가 이제는 다른 길로 들어서고 있음을 분명히 드러낸 음반이다. 치밀한 실험정신을 포기하고, 곡은 짧아졌으며 전자악기의 비중은 높아졌다. 그렇지만 그들은 이 앨범에서 대중성을 지니면서도 우아하고, 세련되고, 섬세한 음악이 가능하다는 걸 보여주었다.

◉ 음모론

UFO – 'Phenomenon'(1974)

그룹의 이름은 UFO(Unidentified Flying Object)다. 그들의 최고 명반이라고 할 수 있는 이 음반의 자켓을 보면 우리나라가 이념(과연 그게 이념인가?)으로 양분되어 양산해내는 가짜 뉴스와 얼토당토않은 음모론에 대해 생각하게 한다. 자켓의 하늘에 떠 있는 물체는 그룹 이름을 생각하면 당연히 비행접시를 떠올릴 것이다. 의심하는 사람들은 없을 것이다. 이 커버를 만든 이유를, 커버를 만든 디자인 그룹 힙노시스 멤버인 오브리 파웰은 이렇게 회고했다.

'비행접시 사진 대신 우리는 미확인 물체 사진을 찍고 있는, 아니 정확히 말하자면 날조하고 있는 한 교외의 커플의 사진을 썼다. 그 UFO는 사실 남편이 공중에 던진 자동차의 휠캡이다. 우리는 그녀가 나중에 사실이라고 주장할 사진을 날조하는 현장을 담아냈다. 그녀의 사진은 약간 흐릿하게 처리된 전형적인 UFO 촬영이 되었을 것이다. 게다가 사진에 신빙성을 부여하고, UFO가 얼마나 정기적으로 교외 지역을 방문하는

지를 보여 주기 위해 틀림없이 자신의 방갈로 지붕을 포함시킬 것이었다.

그녀의 사진은 진짜처럼 보이기 위해 아마도 흑백에 즉흥적이거나 '자연스러운 척'하는 사진이었을 것이다. 반면 우리는 그림엽서 같은 싸구려 느낌을 강조하기 위해 손으로 이미지를 그렸고 신중히 조정한 색깔을 넣었다. 난 항상 우리 모델 맨디(Mandy)가 분노와 죄책감에 배인 누구라도 납득할 만한 감정 표현을 보였다고 생각한다.'

록 음반의 커버에도 통쾌한 풍자가 있고 철학이 있던 시대가 있었다. 그 커버 안에 들어있던 음악 또한 지금은 들을 수 없는 깊이가 있었음은 말할 필요도 없다. 가짜와 음모가 판치는 세상. 치유가 절실한데 아무도 자신이 아픈지 모른다. 그저 남이 병들었다고 생각한다.

"아니 내가 언제 비행접시를 찍었다고 했어? 증거 있어? 난 하늘에 떠 있는 미확인 물체라고 말했다고!"

◉ 어머니의 손맛

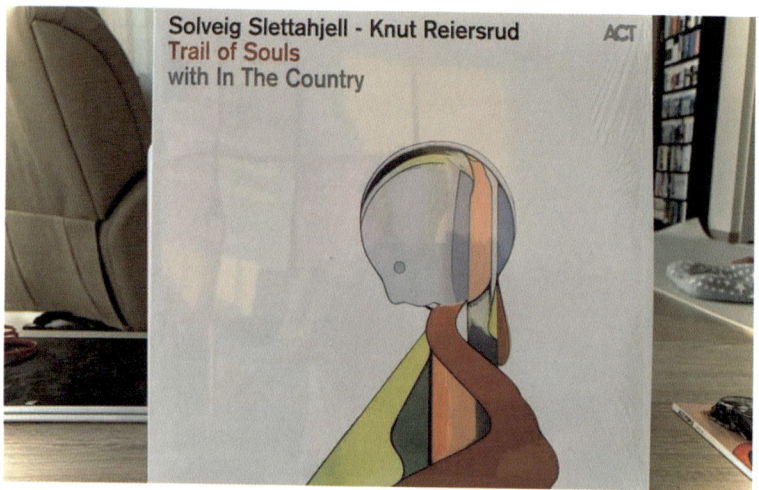

Solveig Slettahjell, Knut Reiersrud With In The Country - 'Trail Of Souls'(2015)

사실 어머니가 해준 음식이 맛있다고 느껴본 적이 없었다. 결정적으로 학교 다닐 때 싸주신 도시락 반찬을 먹으면서 어머니는 음식 솜씨가 없다고 확신했었다. 도시락을 펼쳐 놓고 같이 먹으면 내 반찬은 친구들보다 못했다. 똑같은 멸치볶음인데도 친구들 것이 맛있었고, 병에 담아 오던 김치찌개나 볶음은 돼지고기 숭숭 들어간 친구들 것과 비교하면 뭔가 부족했다. 감자볶음도 윤이 나는 친구들 것과 달리 푸석푸석하게 느껴졌다. 하물며 밥 위에 올려진 계란후라이마저 맛이 없게 느껴졌다.

나이가 들어 겨울이면 해주시던 양미리 조림은 꽤 좋아했는데 그것마저 어머니의 솜씨보다는 양미리라는 작은 생선을 내가 너무 좋아하는 이유라고 생각했었다. 결혼하고 오랫동안 지방에 떨어져 있다가 한 번씩 올라가면 어머니가 해주시는 음식들이 맛있게 느껴지기 시작했다. 김치도 맛있고 멸치볶음도 맛있고, 김치찌개도 맛있다. 집에서 집사람이나 내가 한 음식에서 느낄 수 없는 맛이 났다. 최근에 서울에 갔을 때 어머니가 갈비찜을 내오셨다. 그래도 큰아들이 온다고 특별히 준비하신 모양이다.

"어때 먹을 만하냐?"
"맛있어요. 그래도 힘든데 뭐 이런 거까지 해. 그냥 있는 대로 먹으면 되지."
"그거 맛나게 보이길래 홈쇼핑에서 샀어. 다행이다, 맛있어서."
"……맛있네."

음식이란 요리하는 사람의 정성과 맛도 중요하지만 어떤 이와 어떤 자리에서 먹는가가 그 첫 번째가 아닐까 하는 생각이 든다.

여성 재즈 보컬을 그리 즐기지 않는다. 빌리 할리데이, 엘라 피츠제럴드, 에비 링컨, 니나 시몬 이후는 거의 듣지 않는 편이다. 너무 애송이 팝 가수 느낌의 노라 존스. 있던 음반도 남을 주어 버린 다이애나 크롤 등등….

그러나 노르웨이 출신의 이 가수 '솔베이그 슬레타엘'의 소리는 참 좋다. 이 앨범에서 부르는 레너드 코헨의 곡을 들어보면 정반대 성질의 목소리를 가지고도 코헨이 떠오르도록 부른다.

추천곡 〈Come Healing〉

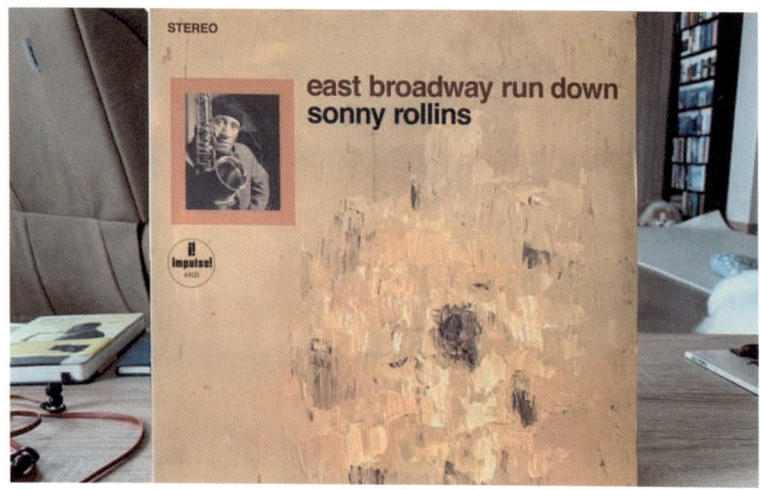

● 굿

Sonny Rollins - 'East Broadway Run Down'(1967)

어릴 적 동네에서 무당을 불러 굿을 하는 모습은 그리 낯설지 않은 풍경이었다. 어느 집, 어떤 곳에서 굿이라도 벌어지는 날은 알 수 없는 짜릿한 흥분을 느꼈다. 신비하고 비밀스럽고 공포감마저 들기도 했던 그 광경을 먼발치에서 바라보고 있자면 최면에 걸린 듯 몽롱해졌다.

작두를 타는 무당을 본 기억은 없지만, 무당이 춤을 추는 동안 똑같은 소절을 반복하며 내내 울려대던 꽹과리와 징 소리는 정말 정신을 혼미하게 만들었다.

소니 롤린스의 앨범 'East Broadway Run Dawn'의 타이틀곡을 들을 때면 그때의 굿판이 생각이 난다.

◉ 진달래꽃

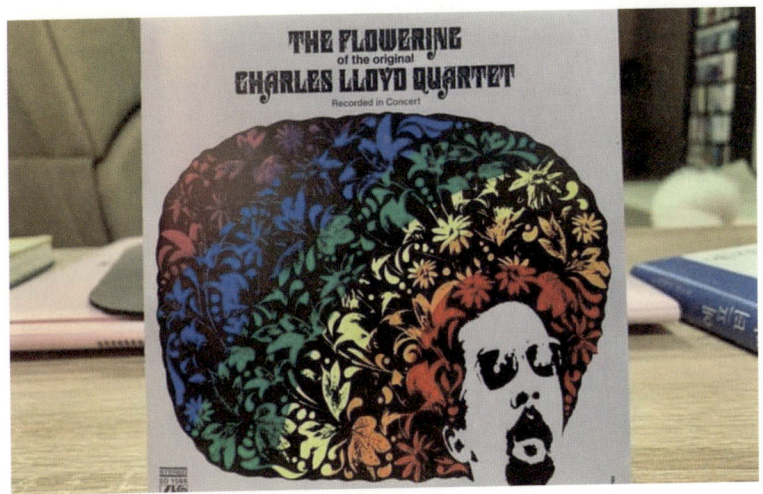

Charles Lloyd – 'The Flowering'(1971)

어릴 때 봄이면 지천으로 진달래가 피었다.

아이들은 놀다가 그 꽃을 따먹었고 어른들은 꽃을 따다 술을 담갔다.

그 술을 몰래 국자로 떠먹고 대청마루에 누워 빙글빙글 돌아가는 하늘을 보았다.

Charles Lloyd의 이 음반은 Keith Jarrett의 가장 멋진 순간을 담고 있다.

◉ 실연(失戀)과 소맥

오늘 하나 얻어온 작은 술잔으로 소맥을 말아본다. 오래전 높으신 양반들이 위스키에 맥주를 말아 드시던, 소위 폭탄주는 한 번도 마셔본 적이 없지만, 맥주에 소주 탄 듯, 소주에 맥주 탄 듯 술술 넘어가는, 영감님들이 마시던 폭탄주의 화끈한 맛과는 거리가 먼, 스멀스멀 은근한 화톳불마냥 취기가 오르게 하는 소맥. 그래도 이놈으로 술집에서 달리면 안줏값보다 술값이 더 나오게 만들어 한두 잔으로 족한 소맥을 말며 음악을 듣는다.

실연(失戀)이란 걸 한 번도 해본 적이 없고 앞으로도 그럴 일도 없는 나이가 되었지만, 실연이라는 단어는 술을 떠올리게 된다. 만약 누군가가 실연을 당해 술을 찾는다면 소맥을 권하겠다. 내가 오늘 얻은 소주잔보다는 크고 맥주잔보다는 작은 뻔히 속내가 보이는 이 판촉 잔 같은 사이즈에 소주와 맥주를 적당한 비율로 섞어 마시며, 왜 우리는 이렇게 서로 부드럽게 어우러지지 못했을까를 돌아보기 바란다.

Mickey Jupp이 이끌던 그룹 Legend의 데뷔앨범에는 실연을 노래한 멋진 곡이 있다. 데이비드 보위의 곡과 제목은 같지만 다른 〈Five Years〉다. 5년 동안 사귀었던 연인에게 버림받은 사내의 심정을 좀 신파적으로 노래하는데 가사는 유치해도 노래는 꽤 절절하다. 실연에 너무 좌절하지 말고 소맥 한잔하면서 이런 노래를 들어보길 바란다.

Legend—
'Legend'(1971)

추천곡
〈Five Years〉

◉ 누가 보살(菩薩)인가

Flute & Voice - 'Imaginations Of Light'(1971)

얼마 전 아들과 아들의 여자 친구에 대해 이야기하다 여자들의 잔소리에 대해 감정을 공유했다. 아들 녀석은 예전에는 몰랐는데 여자 친구를 사귀고 보니 정말 아빠는 보살이구나 하는 생각이 들었다고 했다.

그 말을 들으니 전혀 뿌듯하게 느껴질 일이 아님에도 왠지 어깨가 으쓱해져 집사람을 쳐다보았다. 그러자 집사람은 거실에 있는 오디오를 쳐다보며 난 저런 음악 같지 않은 음악을 삼십 년 동안 참고 들어줬다며 보살은 자신이라고 아들에게 말했다.

◉ 피아노 레슨

Porcupine Tree - 'Stupid Dream'(1999)

일곱 살이면 엄마 손에 이끌려 배우는 피아노레슨에 대해 생각해본다. 지식처럼 암기하는 레슨을 시키면서 훌륭한 피아니스트는 되지 못해도 아이들의 감성과 지성에 도움이 되리라 확신하는 그 어리석은 꿈들에 대해서 말이다.

영국밴드 Porcupine Tree의 스티븐 윌슨은 어린 시절 음악적 감각이 없어서 피아노 레슨을 받고 수많은 시간을 연습했지만, 끊임없이 실수하고 아름다운 음악을 망가뜨렸다며 이 앨범 수록곡 〈Piano Lessons〉에서 회고한다.

⦿ 여름의 냄새

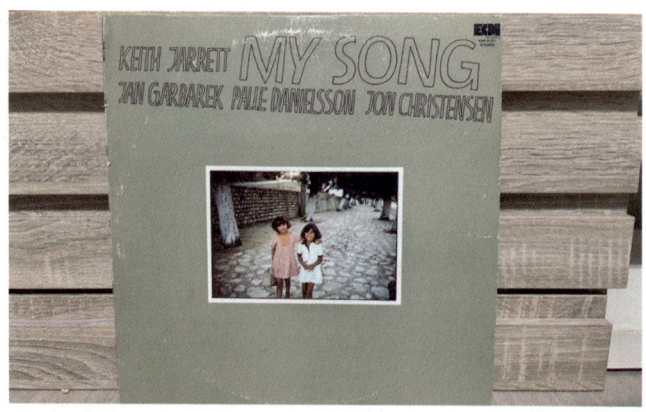

Keith Jarrett - 'My Song'(1978)

어린 시절 강원도에 살 때 우리 집 옆에는 예비군 훈련장으로 사용하다 버려진 곳이 있었다. 낡은 삼단봉 경사판과 막타워 따위가 어린 나의 허리만큼 자란 잡초 사이에 버려져 있는 곳이었다. 여름 아침 나는 일어나자마자 그곳으로 가곤 했다. 밤새 이슬에 젖은 잡초를 밟고서 산에서 나는 뻐꾸기 소리를 듣고 있자면 그곳에선 여름의 냄새가 났다. 그 냄새가 좋아서, 그 기분이 너무 좋아서 드러난 종아리가 가시풀에 쓸리는 줄도 모르고 한참을 서 있곤 했다. 여름의 냄새였다. 고등학교 야간 자율학습 시간에 이 앨범에 들어있는 〈My Song〉을 들었다. 어떤 라디오 프로그램이었는지는 기억이 나지 않지만, 교실 창가 쪽에 앉아 헤드폰으로 FM을 듣던 내 귀에 들려온 이 음악은 어둠이 내려앉은 텅 빈 운동장과 간간이 별이 떠 있는 검은 하늘마저 신비롭게 느끼게 해주었다. 그 후 라디오를 통해 몇 번을 더 들을 수 있었고 어느 날 레코드 가게에 걸려 있는 이 앨범을 손에 넣을 수 있었다. 앨범을 산 후 난 약간의 충격과 부끄러움을 느꼈다. 사실 앨범을 사기 전까지 이 앨범의 주인공 키스 자렛이 당연히 색소폰 연주자로 생각했다. 'My Song' 전체를 휘감고 있는 청아한 소프라노 색소폰 소리에 마음을 빼앗긴 나는 키스 자렛이 당연히 그 색소폰 소리의 주인공이라 생각했던 거였다.

◉ 재수는 꼭 성적이 올라야 성공한 걸까

Jens Thomas - 'Speed of Grace'(2012)

재수하면서 삶에 위안을 주는 요소가 음악 말고도 여럿 있음을 알게 되었다. 그렇게 담배와 술 그리고 이성을 알아가며 음악에 투자하던 시간과 돈을 엉뚱한 곳에 탕진하며 보내던 어느 날 재수하면서 알게 된 친구의 집에 들르게 되었다. 음악 이야기라고는 나눠본 적이 없던 그의 집에는 엄청난 양의 LP가 있었는데 알아본즉 그 LP들은 군대에 간 그의 형의 것이었다. 더 놀라웠던 건 대부분이 라이선스 판이 아니라 두꺼운 비닐이나 얇은 랩 비닐에 쌓인 원판이었다는 거다. 부모님이 자릴 비운 빈집에 밤새 술 마시러 가서는 술도 많이 마시지 않고 판 구경을 하는 나에게 친구 녀석이 불쾌해진 얼굴로 한마디한다. "갖고 싶은 거 있으면 가져라. 형은 내가 책임질게." 생각 같았으면 한 열 장 집어오고 싶었는데 소심한 나는 세 장만 들고나왔다. 그중의 한 장이 까닥까닥한 비닐이 씌워져 있던 AC/DC의 음반이다. 혹 친구의 형이 휴가 나와서 분노한 결과 다시 돌려달라할까 걱정도 했으나 그런 일은 일어나지 않았다. 30년이 지나도 난 여전히 AC/DC를 듣는다. 그리고 이런 재즈 앨범에 손이 가는 것도 어쩌면 당연한 일인지도 모른다.

⊙ 전설의 고향이 재미있을까
오징어 게임이 재미있을까

Daft Punk - 'Random Access Memories'(2013)

가족과 같이 '휴가'를 다녀온 지가 십 년이 훌쩍 넘은 것 같다. 그래도 오늘은 쉬는 날 집사람과 짧게 야외에 나가 바람을 쐬고 왔다. 점심을 먹으며 집사람이 지나가는 소리로 옛날에는 정말 무슨 재미로 살았을까 묻는다. 글쎄 옛날에는 정말 재미가 없었을까? 지금처럼 많은 영화와 드라마가 쏟아져 나오지는 않았지만, TV에 안경 낀 아저씨가 소개했던 주말의 영화를 목 빠지게 기다려 주말이 되면 볼록렌즈 같은 브라운관에서 나오던 영화를 정말 재미있게 보았고, 딱 오늘처럼 더웠던 여름날 이불을 뒤집어쓰고 보았던 '전설의 고향'은 지금의 어떤 공포영화보다도 무서웠다.

먹거리는 또 어떤가. 먹을거리가 많지 않았던 시절 어머니가 김을 꺼내 신문지를 펼치고 참기름이나 들기름을 바르던 날 오늘 저녁에는 그 고소한 김을 먹을 수 있다는 설레임도 있었다. 방학이면 외갓집에 갈 때 타고 가던 기차는 신비롭기조차 했다. 물론 만약 그 시절로 돌아간다면 잠깐의 재미보다는 불편함이 클 것이다. 영화나 드라마를 보다가 재미없으면 건너뛰며 다른 영화를 찾아볼 수도 없고, 여러 인플루언서들이 소개하는 맛있다는 먹거리를 찾아다니며 사진을 찍어 SNS에 올리는 재미도 없고, 돈과 시간이 있다 하더라도 세계 여러 나라에서 휴가를 즐길 수도 있는 시대가 아니었으니 말이다.

더운 날 좀 걸었다고 진이 빠진다. 늘 그렇듯 음악을 듣는다. Daft Punk의 이 음반을 처음 들었을 때 선입견이 깨졌다. 단순한 일렉트로닉, 하우스, 신스팝을 넘어선 음악들로 채워져 있다. 이 음악은 80년대 디스코텍으로 우리를 소환하고, 이천년대를 넘어 미래로까지 이끄는 진보적인(Progressive) 음악이다. 어쩌면 이 음반이 그들의 최후의 만찬이 된 건 사실 이 장르에서 더 이상 능가할 작품을 만들기 어렵다는 걸 그들도 알았기 때문일지도 모른다.

◉ 인연

The Cars - 'Heartbeat City'(1984)

운전면허를 서른다섯에 땄다. 첫차를 가지게 된 것도 그때다. 그전까지 차가 필요한지 몰랐다. 내 아버지도 평생 차가 없었고, 학교를 졸업하고 직장생활을 할 때도 지하철권이었고 게다가 날마다 술을 마시니 차가 필요한 존재라고 생각해본 적이 없었다. 쫓기듯 내려온 부산에서도 늦게까지 지하철과 버스를 타고 다니면서 크게 차를 사야겠다고 생각하지 않았다. 그런데 주말이면 열세 평 전세 아파트 베란다에서 친구들이 아빠 차를 타고 놀러 가는 모습을 물끄러미 쳐다보며 빠이빠이 하는 아들의 모습이 들어왔다. 좀 마음이 아팠다. 그래도 아빠 우리는 왜 차가 없어 같은 말을 한 번도 하지 않는 아들이라 더 아팠다. 그때 우린 첫차를 샀다. 우리 부부는 동네의 자동차 대리점에 쭈뼛쭈뼛 어색하게 문을 열고 들어가 모기만한 소리로 차를 사려고 한다고 이야기했었다. 그때 아주 풍채도 좋고 목소리도 좋은 영업사원이 우리를 반겨주었다. 우리에게 자신감을 심어주었고 작은 소형차였지만 최고급 세단을 산 고객처럼 대해주었다. 그 차를 타는 내내 끊임없이 관심을 보내주었다.

첫차를 몇 년 타고 조금 여유가 생겨 좀 큰 차로 바꿨다. 타던 차와 다른 브랜드였다. 이전의 그 영업사원에게는 좀 미안했지만, 소비자라는 게 그런가. 그래도 타사의 차를 타는 내내에도 문자에 DM을 보내고 가끔 전화도 해서 불편한 점이 없냐고 물어보았다. 아주 쑥스럽게 다른 브랜드를 샀노라 말했더니 잘하셨다고 했다. 그 브랜드의 차가 좋다는 게 아니라 고객의 선택을 존중한다는 의미였다. 한 번쯤 배신감이 들 만도 한데… 우린 몇 년간 그 차를 탔고 그사이 조금 더 여유로워진 우리는 처남에게 차를 양도하고 다시 처음 타던 브랜드의 차를 그 영업사원에게서 구입했다.

십몇 년이 지나 그분을 다시 만났다. 그리고 우리의 네 번째 차이자 어쩌면 우리의 마지막이 될지 모르는 차를 계약했다. 풍채가 당당했던 모습은 야위어 있었고 마스크 위로 비친 얼굴은 주름과 검버섯이 언뜻언뜻 보였지만 그 예의 바르고 차분한 멋진 목소리는 그대로였다. 계약을 끝내고 그는 한참 나이가 어린 나에게 이렇게 잊지 않고 불러주셔서 감사하다고 깍듯이 예의를 표했고 우리 부부는 항상 대단한 분이라는 생각을 갖고 있었다고 진심 어린 인사를 건넸다. 그분은 우리에게 판 차를 마지막으로 은퇴했다.

Cars라는 그룹이 있었다. 고등학교 때 학교를 일찍 마치는 토요일 집에 와서 라디오를 켜면 빌보드 차트의 음악을 틀어주었는데 거기서 흘러나오던 음악. 좋아해서 레코드로도 샀지만, 지금은 어디론가 사라진 레코드…

⦿ 즐거운 정전(停電)

Electric Light Orchestra - 'Discovery'(1979)

아파트 전기설비 검사를 한다고 약 두 시간 정도 정전이 되었다. 겨우 두 시간 남짓이었지만 습하고 무더운 여름날 에어컨은 물론 선풍기도 사용이 안 되고, 엘리베이터도 멈춰서고, 인터넷도 사용할 수 없고, 도시가스도 차단되고 불편한 시간이었다. 겨우 두 시간이라 다행이었지만 이런 정전이 오랜 시간 지속되었다면 어땠을까.

정전이 불편하기는커녕 즐거웠던 시절이 있었다. 30촉, 60촉 전구로 불을 밝히던 어린 시절 정전은 아주 흔한 일이었다. 낮에 일어나는 정전은 산으로 들로 쏘다니며 노느라 정전이 되었는지도 몰랐다. 그러나 오늘 같은 여름밤의 정전은 아주 신비한 일이었다.

예고도 없이 모든 불이 꺼지고 흑백 TV의 화면이 사라지면 아버지는 벽장에 있던 초를 꺼내 UN 성냥으로 불을 붙이셨다. 그 모습은 마치 성스러운 의식을 치르는듯한 경건함이 느껴지기까지 했다. 서로의 얼굴을 알아볼 수 있는 작은 온기와 빛이 주위를 감싸고, 작은 소년의 그림자가 촛불로 거인처럼 벽을 비추었다. 그러면 미닫이문 너머 하늘에 떠 있던 무수히 많은 별들은 그날따라 더 밝게 비춰주곤 했다. 그리고 나와 어린 동생들은 정전이 더 오래 지속되었으면 하고 촛불을 보며 속으로 속삭였다.

혁신가 제프 린이 이끌던 ELO의 〈Midnight Blue〉는 라디오를 통해 지겹게 흘러나왔지만 지금 들어도 참 좋다. 처음엔 좋다가도 쉬 질리는 곡도 많지만, 이 곡처럼 언제 들어도 좋은 곡도 있다.

전깃불이라는 좀 삭막한 단어에 오케스트라라는 단어를 붙임으로 '전깃불 오케스트라'라는 정감으로 탄생한 밴드의 이름도 참 멋지다.

⦿ 포장마차

Kenny Burrell & John Coltrane -
'Kenny Burrell & John Coltrane'(1963)

대학교 때 자주 가던 포장마차가 있었다. 복학생 같기도 하고 고시생 같기도 했던 주
인장은 늘 푸른 야상 차림이었다. 놀라웠던 건 그곳에 가면 선반 위에 놓인 카세트에
서 흘러나오던 음악들이었다. Manfred Mann의 〈Father of day father of night〉 같
은 음악들….

그런 음악들이 흘러나오면 우린 아는 체를 하고 싶어 안달이 났다. 그래서 음악 이
야기를 건네면 그 주인장은 아무 대꾸도 하지 않고 묵묵히 나무젓가락으로 소주병을
따주거나 오이 따위를 썰어 주었다. 그 시절 그때를 생각해보면 그는 음악을 듣는 어
른이었고 우리는 그저 철없는 아이들이었다.

SNS로 인사를 나누던 고등학교 후배를 만났다. 처음 보았지만 같은 시절 같은 장소를 공유했던 우리기에 어색함은 없었다. 자갈치에서 곰장어에 소주를 마시며 철도라 불리던 교장과 실로폰 채로 머리를 때리던 음악 선생님, 교실에서 교장과 맞짱 뜨던 불어 선생님, 교실 바닥에 침을 찍찍 뱉던 아줌마 국어 선생님 이야기를 했다. 같은 부대를 나왔던 군대 이야기도 했다. 이백 킬로 행군, 유격, 혹한기, 특공무술, 팔십 킬로짜리 텐트를 지고 연병장을 돌던 이야기를 하면서 그래도 우린 방위라고 불린다고 낄낄댔다.

부산역 포장마차로 자리를 옮겨 고갈비에 우동을 먹으며 맥주를 마셨다. 대학 시절 그 포장마차처럼 우리가 좋아하는 음악이 흘러나오지는 않지만 우린 음악으로 충만했다. 그가 선물로 가져온 LP를 앞에 두고 케니 버렐과 존 콜트레인에 대해 이야기했고, 작은 핸드폰으로 핑크 플로이드와 스티브 하우의 음악을 들었다.

그렇게 그는 예정된 차 시간을 놓쳤다. 이 겨울 따끈한 우동 한 그릇 같은 시간이었다.

⊙ 콜라와 사이다 혹은 LP와 CD

New Trolls - 'Concerto grosso per l'(1973)

휴가 중에 가족들과 고깃집에서 고기를 구워 먹는데 내 바로 아래 여동생이 사람들은 대부분 콜라와 사이다의 맛을 구별하지 못한다는 말을 꺼냈다. 물론 모두 말이 안 된다고 반응했다. 여동생이 말하길 눈을 가리고 사이다와 콜라를 건네주면 대다수 사람이 틀린 대답을 한다는 것이다. 나를 포함한 가족들은 그걸 구별 못 할 수 있냐는 반응들이었고 바로 실험에 들어갔다.

첫 번째 실험 대상은 아빠와는 다르게 소주, 맥주보다는 콜라, 사이다를 훨씬 좋아하는 우리 아들이었다. 눈을 감게 한 후 사이다를 따라서 줬더니 사이다라고 정확하게 대답한다. 두 번째로 또 사이다를 따라줬더니 호기롭게 대답한다.

"이건 콜라지!"

모두들 빵 터졌고 고기를 구워주던 종업원도 웃음을 참지 못하고 집게를 내려놓았다. 두 번째 도전자는 아들보다 두 살 어린, 막 의경을 전역하고 여행에 합류한 조카 녀석이었다. 눈을 감고 콜라가 담긴 잔에 입을 대고 바로 말했다.

"사이다네!"

내가 나설 차례였다. 기껏 키우고 공부도 시켰더니 사이다와 콜라도 구별 못 하는 한심한 인간들이 되었다는 핀잔을 주고 눈을 감고 받은 음료를 음미했다. 이럴 수가! 이 맛이 콜라인지 사이다인지 알지를 못하겠다. 콜라 같기도 하고 사이다 같기도 했다. 놀라운 경험이었다. 어쩌면 우리는 사소한 것도 분별하지 못하면서 많은 것들을 알고 있는 척하고 있는지도 모르겠다.

당연히 나는 음악을 들으며 LP가 내는 소리와 CD가 내는 소리를 구별할 수 있다고 장담해 왔지만, 눈을 감고 누군가가 틀어준 음악을 듣는다면 그 소리가 CD인지 LP인지 모를 수도 있을 것이다. 백 퍼센트 알고 있다는 믿음은 정말이지 어처구니없는 자만이다.

◉ 치즈 맛 음악

비교적 저렴한 입맛이라 서양이나 일본 등에서 들어온 음식을 그리 좋아하지 않는다. 그중 치즈라는 음식은 어려서 서양 된장이라는 말에 한번 입에 넣었다가 똥 맛을 느껴 뱉은 이래로 지금도 좋아하지 않는다. 치즈가 들어간 햄버거, 돈가스 이런 것들도 입에 대지 않는다.

저녁에 장을 보러 집 앞 슈퍼에 간 집사람이 뭐 필요한 거 없냐고 전화가 왔다.
"맥주 안주하게 천하장사 소시지나 사 와."

이 저렴한 소시지가 스팸 따위와는 비교가 되지 않게 맛있다. 그런데 집사람이 사 온 천하장사 소시지를 보니 한숨이 나왔다.
'치즈를 통째로 넣었다⋯.'

아! 이거 '치즈만 빼고' 먹는 방법은 없을까.

음반에 Best, Greatest 같은 단어가 붙은 앨범은 별로 좋아하지 않는데 Roxy Music의 Best가 붙은 이 앨범을 산 이유는 정규 앨범에는 없는 곡이 들어있기 때문이다. 그 곡은 존 레논의 〈Jealous Guy〉다.

정말 치즈가 생각나는 브라이언 페리의 록시 뮤직은 전 앨범이 아름다운 여성의 모습을 담고 있다. (사람이 아닌 마네킹이 있는 앨범 하나만 빼고) 참 느끼한데 매력이 있는 외모와 보이스다. 물론 록시 뮤직을 좋아하는 이유는 필 만자네라와 앤디 맥카이 같은 멋진 연주자들이 있기 때문이기도 하다. 하지만 페리가 그의 솔로 앨범에서 부르는 재즈곡들은 정말이지 느끼해서 들어줄 수가 없다.

송충이는 솔잎을 먹어야 한다. 브라이언 페리에게 어울리는 음악은 성인 취향의 간드러진 글램록이지 어설픈 재즈가 아니다.

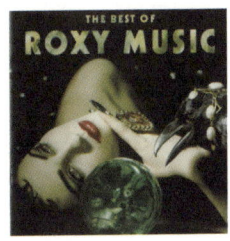

Roxy Music - 'The Best Of Roxy Music'(2001)

추천곡
〈Jealous Guy〉

◉ 누나

Nico - 'The End...'(1974)

누나. 이 말이 참 어색하다. 그러고 보니 지금껏 한번도 누구에게 '누나'라고 살갑게 불러본 적이 없다. 실제 친누나도 없고 외사촌 누나가 한 명 있기는 한데 나이가 같고 생일만 빨라서 어른들의 꾸지람을 들어도 꿋꿋하게 이름을 불렀다. 대학 시절 여자 선배들도 마찬가지다. 친한 선배도 없었지만 부를 때는 그냥 선배였다. '누나 밥 좀 사주세요' 하고 따라다니던 녀석들을 볼 때면 뭔가 나사가 하나 빠진 것처럼 보였다.

지금이라고 다르지 않다. 누나, 누님(이 말은 정말 극도로 어색하다. 예전 드라마 서울의 달에 나오는 한석규나 김용건 같은 제비족이 떠오른다)이라는 말을 써본 적이 없다. 집사람은 한 번도 오빠라는 말을 쓴 적이 없다고 한다. 학교 다닐 때도 선배들은 다 아저씨였다. 참 끼리끼리 만난다. 말 걸기도 힘든 아우라를 가진 Nico라는 여가수를 레너드 코헨이 들이댄 적이 있었는데 그녀는 콧방귀도 뀌지 않았다. 그녀는 그 당시 오로지 젊고 잘생긴 연하에게만 관심이 있었다고 한다. 그때 그녀가 밥도 사주고 술도 사주며 데리고 놀았던 어린 동생은 잭슨 브라운이었다.

◉ 학력고사나 수능이나

Quella Vecchia Locanda – 'Quella Vecchia Locanda'(1972)

아이들이 그저 영문도 모른 채 수능이라는 시험을 친다. 재수를 하고 두 번째 학력고
사를 친 그 다음 날 동해로 가는 기차를 탔다. 비릿한 내음이 후욱 풍기는 북평항 부두
근처 허름한 여인숙을 잡고 술을 마셨다. 담배를 사러 나오는 길에 눈이 내렸다. 노란
색 작은 나트륨등 사이로 눈은 둥둥 북소리를 울리며 나부꼈다. 여인숙에 들어와 무엇
이 서러웠던지 한참을 울었다. 휴대용 카세트에서는 분명 음악이 흘러나왔다. 그때 내
가 어떤 음악을 들었는지 기억나지는 않지만 지금 그때의 그 기분으로 돌아간다면 이
런 음악을 들었겠지…. 수능이 지나고 눈이 내릴 때가 되면 꼭 생각나는 곡이다.
어떤 곡들은 지겨울 수 없는 이유가 있는 법이다.

Quella Vacchia locanda – 〈Sogno, Risveglio E...〉
(추천곡: 아주 오래된 여인숙 – 〈꿈에서 깨어나 그리고....〉)

⊙ 최초의 재즈 LP

The Quintet - 'Jazz at Massey Hall'(1953)

살아오면서 대단한 기쁨과 희열을 주었던 순간들이 누구에게나 있다. 중학교 2학년 때 출장에서 돌아오신 아버지의 가방에서 워크맨이 나왔다. 정확히는 소니 제품이 아닌 아이와 제품이었다. 그동안 폼 안 나는 금성 휴대용 카세트를 듣다가 간지나는 일본산을 듣는 다는 건 까발로나 아티스 운동화를 신다가 처음 나이키나 아식스 운동화로 갈아탄 기분보다 몇 배는 컸다. 속으로 내일부터는 공부를 열심히 해서 부모님을 기쁘게 해드려야겠다고 헛된 다짐도 스스로 했었으니까.

고1 때 공부에 도움이 될 거라고 부모님을 협박해서 컴포넌트 전축을 들이던 날도 잊을 수 없다. 전축이 도착하기 전 레코드 가게에 달려가 LP 세 장을 사고 전축이 오기만 기다리던 설레임을 똑똑히 기억한다. 진짜 성적이 올랐냐는 어리석은 질문은 하지 말기 바란다.

이건 느낌이 좀 다른데 대학교 1학년 때 이 음반을 샀다. 내가 산 최초의 재즈 LP다. 물론 칙 코리아, 키스 자렛, 밥 제임스 등의 퓨전 재즈 음반을 사서 들은 적이 있지만, 정통 재즈로는 처음 구입했다. 설레임과는 거리가 멀었다. 그저 혼돈된 사운드로만 다가왔다. 이런 게 재즈인가? 몇 번 듣다가 그냥 꽂혀있는 음반이 되고 말았다.

그러나 먼 훗날 이 음반을 설레며 듣게 될 줄은 누가 알았겠는가.

⦿ 산에 갔는데 바다가 있었다

Mountain - 'Nantucket Sleighride'(1971)

학력고사를 마친 겨울, 친구들과 여행을 다녀오겠다고 집에 거짓말하고 혼자 무작정 동해행 고속버스를 탔다. 북평의 허름한 여인숙에서 하룻밤을 보내고 망상 해수욕장의 겨울바람을 맞으며 돌아다니다가 설악산에 가보고 싶었다.

밤늦게 속초행 시외버스를 타고 물치 삼거리에 내린 건 캄캄한 밤이었다. 버스 정류장에서 호객하던 민박집 아주머니에 이끌려 방을 잡아놓고 산책을 나왔다. 사방은 칠흑처럼 어두웠고 길옆으로 물소리가 들렸다. 설악산이니 당연히 계곡이 있을 것이고 그 계곡을 따라 흐르는 물소리거니 생각했다.

그렇게 밤을 보내고 산행을 하리라 생각하며 아침 일찍 일어난 나는 눈 앞에 펼쳐진 거대한 장관에 얼어붙고 말았다. 눈앞에는 바다가 있었다. 어젯밤 들었던 물소리는 바다가 뒤척이는 파도 소리였다.

'산'이라는 그룹명을 가진 Mountain의 이 곡은 바다에 관한 곡이다.

매사추세츠 지방의 낸터킷(Nantucket)섬은 고래잡이로 유명한 곳이었다. 1820년 낸터킷의 포경선 에식스(Essex) 호는 거대한 향유고래의 습격을 받아 난파하는 사건이 발생한다. 이 사건은 멜빌(Melville)의 소설 『모비딕』의 모티브가 된다. 에식스 호에서 탈출하여 보트를 타고 망망대해를 표류하던 선원들은 굶주림을 견디다 못해 제비로 뽑힌 사람을 생존을 위한 식량으로 삼는다. 그때 희생자는 열일곱 살의 오웬 코핀이었다.

〈Nantucket Sleighride〉는 어린 오웬에게 헌정하는 곡이다.

추천곡 〈Nantucket Sleighride〉

◉ 록키드의 기억

Rush - 'Grace Under Pressure'(1984)

영국의 미술 평론가이자 작가인 존 버거는 우리의 기억은 직선의 끝이 아니라고 했다. 물론 기억이 직선의 끝처럼 단절되는 경우가 있다. 네트워크상에 무수히 처넣어야 비로소 열리는 무수한 비밀번호를 까먹는 경우가 허다하다. 대문자와 특수문자를 포함해 연속된 수가 있으면 안 되는 비밀번호를 급조한 경우 오랜만에 접속한 사이트는 단절된 기억에 우리를 분노하게 만든다.

그러나 우리가 살아온 기억들은 희미하지만 수많은 갈래를 만들어낸다. 특히 음악에 관한 기억들은 각별하다. 어린 시절부터 음반을 한장 한장 사 모으며 음악을 들은 록키드들은 특히 더 하다. 나이가 들어 경제적 여유가 생겨 좋은 오디오를 갖추고 많은 음반을 구매하는 사람들은 도저히 추억할 수 없는 각인된 기억들이 존재하는 것이다.

내가 그룹 Rush를 처음 만난 건 고등학교 1학년 때다. 『월간 팝송』의 표지를 넘기면 나오는 성음 라이선스 신보 광고를 통해서다. 처음 들어보는 밴드였지만 이 앨범의 강렬한 커버가 호기심을 자극했다.

'Grace Under Pressure'

수학을 못 하는 사람들이 공식을 알아도 문제를 못 푸는 것처럼 나처럼 영어를 못하는 사람은 다 아는 단어들로 구성된 문장이지만 해석이 어려운 경우가 있는데 이 앨범의 제목이 그랬다. 그래도 뭔가 멋진 분위기를 풍기는 제목이 좋았다. 레코드 가게로 달려가서 앨범을 샀다. Rush와의 긴 인연이 시작되는 순간이었다.

나중에 알게 되었는데 앨범 제목은 어려운 상황에서도 이성을 잃지 않고 평정심을 유지하는 능력을 가리키는 말이란다. 사진은 그때 샀던 바로 그 음반이다. 40년이 지난 지금도 난 이 앨범을 플레이한다.

 닭백숙

Ry Cooder - 'Chicken Skin Music'(1976)

'닭백숙'이라는 음식은 지금은 나처럼 배 나온 아저씨들이 거의 비슷한 옷과 모자, 배낭 차림으로 지팡이를 짚고 등산을 하고 술추렴 하는 음식, 혹은 여름 피서철이면 계곡 주변에 해변의 파라솔처럼 줄지어 선 평상에서 마지못해 시켜 먹는 그저 그런 음식이 되었지만, 예전엔 아주 특별한 음식이었다.

어릴 적 어머니가 백숙을 큰 냄비에 끓이는 날에는 그 냄새부터 들뜨게 만들었다. 집 안 가득 퍼지는 그 구수한 냄새는 빨리 아버지가 퇴근하기를 재촉하는 냄새였다. 그런데 그 맛있는 음식도 도무지 싫어하는 부위가 있었다. 닭 껍데기였다. 기름지고 미끈거리는 식감에 도무지 조금도 입에 넣지 못했다. 내 몫의 그릇에 껍데기가 들어있으면 건져서 어머니나 아버지의 그릇으로 옮겨주었다. 그럼 그걸 맛있게 드시는 부모님이 도무지 이해되지 않았다.

시간은 많은 것을 변하게 한다. 나오는 배, 점점 하얗게 되는 머리칼은 어쩔 수 없지만, 입맛도 변한다. 그렇게 징그럽게 느껴졌던 닭 껍질이 지금은 가장 맛있는 부위가 되었다. 지금도 가끔 집사람과 집 앞 닭칼국수 집에 가는데 그때마다 집사람은 닭 껍질을 내 그릇으로 옮겨준다. 물론 그러면 나도 건강한 맛을 내는 부위인 닭가슴살을 집사람의 그릇으로 옮겨준다.

음악도 그렇다. 예전 같으면 도무지 매력도 느끼지 못하고 귀에 들어오지도 않던 음악이 닭살 돋는 감동으로 느껴진다. 영화 '파리 텍사스'에서 소름 끼치던 슬라이드 기타로 알려졌고, 쿠바의 부둣가에서 기타 치고 노래하던 영감님들을 세상으로 끌어낸 '부에나 비스타 소셜 클럽'의 공로로 기억되는 라이 쿠더의 솔로 앨범들이 그렇다.

'닭살 돋는다'라는 관용적 표현은 서양에서는 닭 대신 거위로 표현해 'Goose-bumps'라고 쓰지만 하와이에서는 우리와 정서가 비슷한 모양이다. 아주 놀랐을 때, 공포를 느꼈을 때, 그리고 큰 감동을 받았을 때 하와이에서는 우리처럼 'Chicken Skin'이라는 표현을 쓴다고 한다. 라이 쿠더의 이 앨범은 한번 걸면 두 번 이상은 다시 듣게 되고 잔잔한 감동에 닭살(Chicken Skin)이 돋는 음악(Music)이다.

이제 잘 시간이다. 예전 같으면 어림도 없는 시간이었지만.

추천곡 〈Stand By Me〉

🔘 냉면이 참 비싸다

Grand Funk Railroad - 'Live Album'(1970)

어릴 때부터 냉면을 참 좋아했다. 아버지는 여름날 읍내에 있는 풍보냉면 집에 데리고 가셨다. 어린 나이였지만 매콤한 비빔냉면이 너무 맛있었다. 그때부터 냉면 특히 함흥식을 좋아했다. 세월이 지나 제법 나이가 드니 평양식 물냉면이 좋았다. 그래서 줄곧 물냉면을 먹었다. 그런데 어느 순간 냉면이 도무지 맛이 없어졌다. 물냉면도 비빔냉면도 내게는 그저 그런 음식이 되었다. 입맛이 변한게지.

서울 쪽은 평양냉면이 대세인 모양이다. 수십 개의 냉면집이 어마어마한 가격에도 불구하고 저마다 원조와 특별한 맛을 내세우며 경쟁한다. 거기에 대해 사람들은 저마다 순위를 매기며 동참한다. 궁금하다. 도대체 어떤 맛일까? 세 번은 먹어야 맛을 알 수 있다고 한다. 이런 표현도 봤다. 먹을 때는 몰랐는데 집에 와 자려고 누우니 그 슴슴한 맛이 생각나 도저히 잠을 잘 수 없었다고 한다.

정말 궁금은 하다. 그러나 난 그 맛을 알기 위해 이 더위에 긴 줄을 서서 비싼 돈을 지불하며 세 번을 먹어볼 생각은 전혀 없다. 정말로 제각각인 입맛에 표준을 자처하며 TV에 얼굴을 비추며 유명해진 황 모 씨에 따르면 부산에도 제대로 된 평양냉면집이 있다고 하길래 어딘가 봤다가 씁쓸해졌다. 그곳은 100g에 오만 원이 훌쩍 넘는 가격을 자랑하는 해운대의 유명 한우집이었다.

더울 때 냉면 따위로 이기려 하지 말고 부딪치자.
Into the Sun...

추천곡 〈Into The Sun〉

◉ 한강뷰 아파트

Grateful Dead - 'Wake of the Flood'(1973)

내가 대학 때까지 살던 잠실의 아파트의 복도 끝으로 나오면 한강이 한눈에 보였다. 만약(의미가 없는 말이지만) 우리 가족이 이 아파트에 지금껏 살고 있었다면 십수억의 자산을 가진 가족이 되었을 것이다.

그것뿐인가. 연탄보일러를 때던 5층짜리 주공아파트를 사서 가스보일러로 개조해 신혼살림을 살았던 아파트도 지금껏 가지고 있었더라면 또 십수억의 재산을 가지게 되었을 것이다. 내가 학원을 운영하면서 보통 직장인들보다 좀 더 많이 번 적도 꽤 있었지만, 지금의 이 가격의 아파트를 사들인다는 건 불가능하다.

서울의 아파트값을 보고 놀라 이야기가 옆으로 샜는데 학창 시절 아파트 복도 끝에 가서 한강을 자주 한참 동안 바라보곤 했다. 언뜻언뜻 비늘 같은 빛을 번뜩이며 흘러가는 강물을 바라보며 스스로 담배도 터득했다. 요즘 같은 장마철에 불어난 황톳빛 강물을 바라보는 즐거움도 있었다. 불어나 세차진 강물에는 여러 가지 것들이 떠내려왔다. 나무들, 집의 지붕 같았던 건축물들. 직접 눈으로 본 적은 없지만, 돼지 같은 가축들이 떠내려갔다는 소문도 들은 적이 있다.

제법 장마다운 비가 내리는 오후, 서울 아파트의 반의반 가격도 안 되는 소도시의 아파트 우리 집에서 좋아하는 빗 노랠 듣는다. 낮술이 감미롭다. 비싼 아파트가 부럽지 않다. 부러움이란 그 대상을 간절히 갈구할 때 생기는 감정이다. 어쩌면 밟아도 밟아도 올라가는 서울의 아파트값은 그 부러움이라는 유령이 만들어낸 결과가 아닐까.

◉ 그때는 틀렸고 지금은 맞다

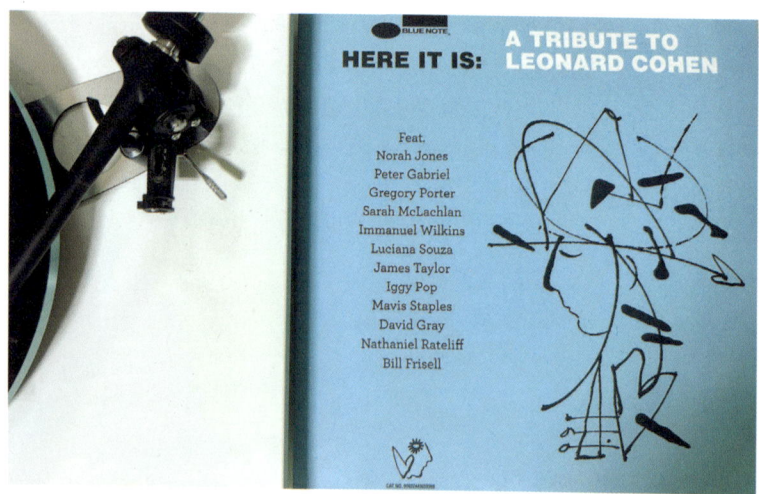

Various Artist - 'Here It is: A Tribute to Leonard Cohen'(2022)

코헨 영감님이 니힐리즘에 가득 찬 까랑까랑한 목소리를 포기하고 천장 높은 성당에서 울리는 오르간 소리 같은 저음으로 〈I'm Your Man〉을 불렀을 때 정말이지 깊은 배신감과 좌절을 느꼈었다. 이제 이 영감님도 끝이구나…

세월이 지나면 모든 것이 어떤 형태로든 변한다. 즐겨 먹는 돼지국밥도 예전의 맛과는 다르다. 식초와 겨자를 듬뿍 쳐서 먹던 냉면도 요즘은 가위로 잘라도 질기고 이상하기만 하다. 그래도 우리는 곧 적응한다.

다시는 듣지 않았을 것 같던 코헨 영감님의 말년 양식 같은 음반들을 이제는 더 즐겨 듣는다. 간과한 게 분명히 있다. 코헨 영감님이 나이를 먹듯 나 또한 나이를 먹는다는 사실이었다. 시간은 늘 공평하다. 그저 상대방의 시선으로 시간을 바라보니 그 틀에 갇혀 있는 것이다.

'그때는 틀렸고 지금은 맞다.' 아니다. 애달픈 감정을 배제하면 '그때도 맞았고 지금도 맞다.'

블루노트에서 발매된 영감님의 추모앨범을 듣는다. 블루노트라니… 레코드를 턴테이블에 걸면 Deep Groove(깊은 홈)를 통해 뿜어져 나오던 색소폰이나 트럼펫 소리, 넘실거리던 오르간과 드럼의 경쾌한 타격감이 생각나는, 그 유명한 재즈 레이블에서 코헨 영감님의 음악을 듣는 것 또한 시간이 지나면 모든 것은 어떤 형태로든 변한다는 사실을 작게나마 증명한다.

내 차에 누군가가 동승을 하고 음악을 튼다면 난 거의 이 음반의 음원을 틀어준다. 코헨 영감님이 누군지 모르는 사람도, 재즈(특히 오리지날 50~60년대 블루노트 음악 같은)라면 질색하는 우리 집사람 같은 사람들도 모두 좋아한다. 이 음반에 실린 12곡 모두 훌륭하다. 예전 누군지도 모르고 마트에서 2,000원 주고 사서 듣고 감탄한 여가수 사라 맥라클란(Sarah McLachlan)이 부른 〈Hallelujah〉, 곰돌이 같은 푸근한 이미지의 그레고리 포터(Gregory Porter)가 부른 〈Suzanne〉, 젊은 시절 나처럼 깡말랐던 이기 팝(Iggy Pop)이 그야말로 노년의 코헨 영감님과 구별하기 힘들게 비슷한 목소리로 부른 〈You Want It Darker〉도 좋다. 그래도 이 앨범의 백미는 제임스 테일러(James Taylor)의 〈Come Back to You〉다.

시간이 흐르면 어떤 형태로든 변한다는, 그리고 그것이 좋아질 수도 있다는 걸 그는 이 곡에서 또 증명한다. 그의 잘생겼던 얼굴이 변하듯 목소리도 세월의 무게만큼 변했지만, 그 울림은 두 배가 되었다.

추천곡 〈Come Back To You〉

◉ 연애편지

Dire Straits - 'Making Movies'(1980)

연애편지를 써 본 기억들이 있으신가? 난 정확히 28년 전에 '연애편지'라는 이름을 가진 낭만적 행위를 마지막으로 했다. 지금도 그 연애편지들의 일부를 보관하고 있다. 그것은 마치 판도라의 상자와 같아서 그것을 다시 열어보는 날에는 그 극심한 오글거림으로 정상적인 생활을 할 수 없을지도 모른다.

뭐니 뭐니 해도 남이 쓴 연애편지를 몰래 읽는 재미를 빼놓을 수 없다. 대학교 때 후배가 고백을 위해 써놓은 연애편지를 읽다 걸려서 맞아 죽을 뻔했던 일이 생각이 난다.

남의 연애편지 중 인상적인 대목이 있어 적어본다.
「희망과 기대 사이에는 아주 큰 차이가 있어요. 처음에는 그저 그 지속되는 시간에서만 차이가 있는 줄 알았죠. 희망이 좀 더 멀리 있는 일을 기다리는 거라고 말이에요. 내가 잘못 생각하고 있었어요. 기대는 몸이 하는 거고 희망은 영혼이 하는 거였어요. 그게 차이점이랍니다. 그 둘은 서로 교류하고, 서로를 자극하고 달래주지만 각자 꾸는 꿈은 달라요. 내가 알게 된 건 그뿐이 아니에요. 몸이 하는 기대도 그 어떤 희망만큼 오래 지속될 수 있어요. 당신을 기다리는 나의 기대처럼요.」

물론 이 편지는 일반인의 연애사를 훔쳐본 건 아니다. 너무 유명한 A가 X에게 쓴 편지의 일부분이다. 존 버거(John Berger)의 소설 『A가 X에게』는 지극히 개인적인 연애 이야기처럼 보이지만 세계화나 신자유주의에 반대하는 저항을 담고 있다. 짓밟히고 절박한 사람들의 아름다운 저항의 연애편지다.

2020년대 우리는 어떤 희망을 품고 기대를 가지며 살아야 할까. 로미오와 줄리엣도 끝까지 희망을 버리지 않았는데….

마크 노플러는 항상 읊조리는 톤으로 노래를 하는데 이 앨범의 수록곡 로미오와 줄리엣은 그 읊조림이 아주 단단히 한몫한다.

추천곡 〈Romeo & Juliet〉

◉ 비틀즈와 문어

Beatles - 'Abbey Road'(1969)

경북 북부 출신의 우리 아버지는 해산물을 거의 드시지 않았는데 문어만큼은 아주 즐겨 드셨다. 그 덕에 어렸을 때부터 문어를 많이 먹었다. 그래선지 문어라는 음식이 딱히 맛있다는 생각이 들지 않는다. 맛이 없지도, 그렇다고 맛있지도 않은 음식, 있으면 먹지만 굳이 돈을 내고 사 먹지는 않는 음식이랄 수 있다. 내가 먹어본 가장 맛있는 문어는 아버지의 고향과 그리 멀지 않은 안동의 재래시장에서 먹은 문어였다. 바다는 고사하고 산으로 둘러싸인 지방의 시장에는 문어를 삶아 파는 집이 꽤 많았고 그중 한 곳에서 파는 삶은 문어의 맛은 아주 기가 막혔다. 그때 그 문어를 먹으며 아버지가 왜 그렇게 문어를 좋아하셨는지 알 것 같았다. 비틀즈의 이 음반은 세상에서 가장 유명한 앨범 커버가 아닐까. 수천수만의 패러디로 지금도 살아 숨 쉬는 역동적인 커버의 음반이다. 여기에는 내가 참 좋아하는 예쁜 노래가 있다. 너무나 유명해서 말이 필요 없는 존 레논, 폴 매카트니, 그리고 왠지 신비하고 고독해 보이는 조지 해리슨 사이에서 왜소하게 보이는 링고 스타의 곡 〈Octopus's Garden〉이다. 문어 가든… 이렇게 쓰고 보니 문어 전문 요릿집 같다.

◉ 아무래도 문학이 음악보다 위겠지?

John Saxby, Lionel Gibson With Cirkus - 'Future Shock'(1977)

우리 집사람은 음악을 문학의 하위단계, 그것도 몇십 단 아래로 보는 게 분명하다. 이놈의 맥주잔이 뭐라고 인터넷 서점 책들 검색하다 무라카미 하루키 책을 사면 맥주잔을 끼워준다고 하기에 평소 담아두었던 책 몇 권과 예정에 없던 하루키의 산문집 한 권을 주문했다.

새 잔이 온 김에 새 술을 사다가 따라 마시고 있으니 집사람이 한마디 한다. "못 보던 잔이네. 또 판 샀구나." 세상에 음반 산다고 맥주잔을 주는 건 못 봤다. 나는 오로지 책만 샀을 뿐이다. 억울해서 주문내역을 보여주었더니 아무 말 하지 않는다.

내가 아무리 시끄럽고 집사람 표현처럼 이상한 음악을 들어도 음악은 문학과 동급의 예술 장르라고 생각한다. 음반을 사는 행위는 책을 사는 행위와 다르지 않다. 그런데 왜 책을 사면 아무 말 하지 않으면서 음반을 사면 잔소리를 할까. 진짜 오랜만에 책만 주문했다. 진짜다. 저 뒤에 무섭게 나온 여자가 그려진 음반은 옛날에 산거다. 진짜라니까!

◉ 카프 박사

Curly Curve - 'Curly Curve'(1973)

로봇 태권브이의 악당 카프 박사는 왜 세상을 정복하려는 음모를 품게 되었을까.

사실 카프 박사는 타고난 악당이 아니라 뛰어난 과학자였다. 그런데 알다시피 그의 외모는 우스꽝스러웠다. 역삼각형 커다란 머리의 이등신이었던 그는 세계 과학자들이 모인 자리에서 연설한다. 키가 작았던 그는 발판을 밟고 올라서 연설을 하는데, 그만 발판에서 미끄러져 거꾸로 처박혀 버둥거리게 된다. 그 모습을 본 세계의 과학자들은 박장대소를 한다. 이 창피함을 갚아주기 위해 카프 박사는 세상을 정복하기로 마음먹는다. 카프 박사가 악당이 되었던 건 조롱과 비웃음 때문이었다.

인터넷 기사들의 댓글을 둘러보면 조롱과 멸시가 넘친다. 이편저편 할 것 없다. 남산 위로, 해운대 바다 위로 괴물 로봇이 나타나 서울, 부산의 도심을 쑥대밭으로 만들어도 이상하지 않을듯싶다.

음악 듣자.

정의의 사도 같은 로봇이 그려진 이 앨범은 만화 주제가 앨범이 아니라 Curly Curve 라는 멋진 이름의 독일밴드 음반이다. 이 당시 독일의 록 음악을 크라우트 록(Kraut Rock)이라고 부르는데 양배추에서 유래된 Kraut라는 표현은 1, 2차 세계 전쟁 당시 영국군이 독일군을 경멸적으로 부른 표현이었다고 한다. 그러나 이 장르는 경멸을 넘어선 멋지고 독특한 사조가 되었다.

이 음반이 1973년에 나왔으니 로봇 태권브이보다는 좀 형님이다.

◉ 십 분간 휴식!

King Crimson - 'Thrak'(1995)

정말이지 꿀맛같이 황홀한 소리다. 학창 시절 졸리고 지겹고, 혹은 공포스럽던 50분의 수업 시간이 지나면 황홀한 십 분간의 해방을 안겨주었던 종소리가 울렸다. 어처구니 없는 군시절도 그야말로 십 분간 휴식은 칼같이 지켜졌다. 피가 튀고 알이 배고 이가 갈린다는 PRI 도중에도 십 분간 휴식은 있었고, 첩첩산중 진지구축 훈련에서 산등성이로 폐타이어를 나르는 도중에도 메아리처럼 십 분간 휴식이 울려 퍼지면 들것을 놓고 자리에 주저앉아 담배를 빼 물었다.

호랑이 담배 피우던 시절 나이트클럽에 가면 십 분간 휴식 같은 블루스 타임이 있었다. 무리를 지어서 원형을 만들어 흔들며 소리를 지르던 떼거리도, 혼자 벽을 보며 머리를 흔들며 도취해 춤을 추던 또라이들도 파트너가 없으면 정신을 차리고 자리로 돌아가야 하는 시간이었다. 물론 이 시간을 노리고 오는 이들이 더 많았다. 춤을 추며 눈여겨보았던 상대방의 손목을 잡으며 추파를 던지던 그런 시간이었다.

그런데 정말 이해할 수 없었던 것은 블루스 타임인데도 불구하고 정작 블루스 음악을 들어보지 못했던 거다. 블루스 타임에 로버트 존슨이나 머디 워터스, 심지어 비비 킹의 노래를 한 번도 들어본 적이 없다. 아, 에릭 클랩튼 형님의 곡은 종종 나온 적이 있다. '아름다운 밤이에요.' 이거.

블루스에 영향을 받지 않은(또 이러면 세상에 블루스에 영향을 받지 않은 록 음악가가 어디 있냐고 아는 체를 하고 싶어 하는 사람들이 있겠지만) 기타리스트 로버트 프립 영감님이 계시는 킹 크림슨의 후반기 작품 'Thrak'의 수록곡 〈Walking on Air〉를 듣고 있으면 난 나이트클럽의 블루스 타임으로 돌아가 낯선 여자와 블루스를 추고 싶어진다. 타고난 몸치이지만 아주 우아하게 허공을 가르며 스텝을 밟을 자신감이 생긴다. 그리고 그 곡이 끝날 즈음 나지막이 귓속말을 할 것 같다.

"이제 우리 뭘 하지…."

추천곡 〈Walking on Air〉

◉ 아주머니들에게 인기 있는 남자

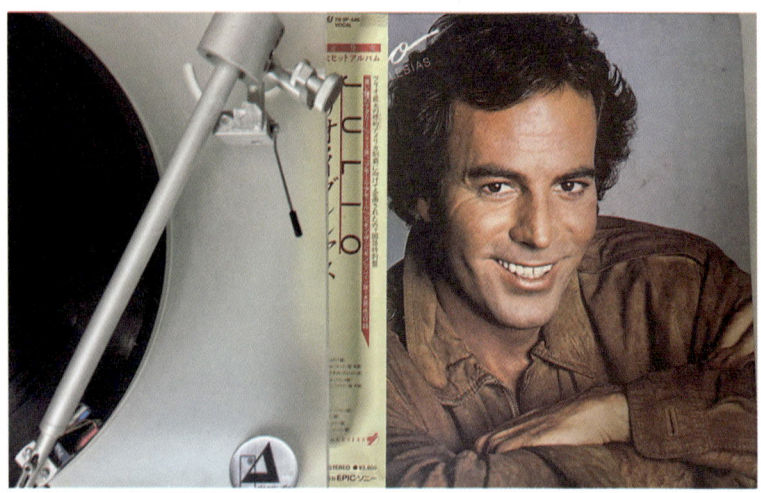

Julio Iglesias - 'Julio'(1983)

내가 이래 봬도 여자들에게 인기가 좀 있다는 사실은 집사람도 인정하는데 그럼에도 전혀 질투하지 않는 건 그 여성들이 고깃집이나 횟집 같은 음식점의 여 주인장이거나 서빙하는 아주머니들이라는 점이다. 나도 사실 신기한 게 음식점이나 술집 같은 곳에 딱 두 번만 방문하면 단골 같은 대접을 받는다. 물론 남자 주인장이 있는 곳은 예외다. 예전에 처음 가본 횟집이 마음에 들어 두 번째 가기 전에 혹시나 해서 예약전화를 했더니 내 목소리를 알아듣고 지난주 언제 오셨던 분 아니냐고 반기던 분도 있었다.

오늘 이런 인기를 또 실감했다. 아파트 정문 건너편 편의점 주인장이 아주머니로 바뀐 지가 좀 되었다. 거기는 자주 가는 곳이 아니라 담배 정도 사러 가끔 들르는 곳인데 갈 때마다 살갑게 반겨준다. 어제 집사람과 그 편의점 근처에서 저녁을 먹고 편의점에 들러 맥주 한 캔과 새우깡 하나를 집어 나오는 데 여 주인장이 살갑게 말한다.

"내일 먹태깡 들어와요. 하나 빼놓을까요? 아~아사히 맥주도 들어와요. 같이 빼놓을 테니 내일 두 시 이후 아무 때나 들려요."

집으로 오는 길에 집사람이 묻는다.
"여기서 맨날 맥주사?"
"아니. 집 앞 편의점에 가지."
"그런데 왜 이렇게 친절해, 저 아주머니."
"나도 모르지…"

전 세계 아주머니들을 한때 설레게 했던 훌리오 아저씨… 내가 설마 이런 삘?

◉ 담배와 술을 끊으면 부자가 될까?

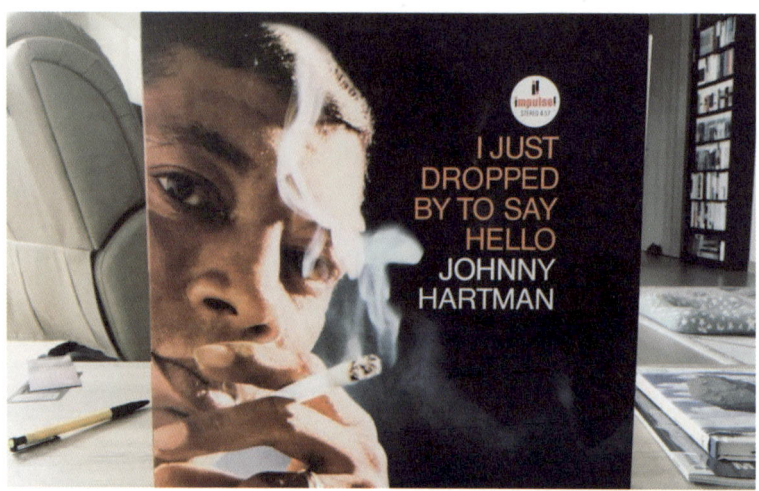

Johnny Hartman - 'I Just Dropped by to Say Hello'(1964)

소파에 앉아 핸드폰을 보고 있는데 집사람이 그런다. "계산기로 계산 좀 해봐" 가게 장부 정리를 할 때 흔히 하는 부탁이라 핸드폰 계산기를 열고 부르라고 했다. "4500 곱하기 30 더하기 2500 곱하기 30!" "21만 원!" "21만 원이라…. 너 한 달에 이 돈보다 음반 더 사지?" 뜨끔했지만 냉정하게 말했다. "무슨 소리. 나 판 안 산 지 오래되었어. 요즘 있는 거나 열심히 듣고 있는데." 물론 거짓말이다. "당신이 피우는 하루에 한 갑 담배, 마시는 맥주 한 캔을 안 하고 모으면 21만 원이네. 그걸로 음반 사. 내 아무 말 안 할게. 맨날 도둑고양이처럼 숨겨 들어오지 말고."

이참에 금연 금주를 선언할까. 담배는 끊을 생각이 있는데 밤에 마시는 맥주는 아무래도 힘들다. 담배 끊을 테니 맥주는 집사람에게 조달해달라고 해볼까. 나도 당당히 대문 앞에서 택배를 받고 싶다. 개인적으로 여성의 보컬보다 남성 보컬을 선호한다. 특히 자니 하트만의 목소리가 참 좋다. 아~ 이 아저씨 담배 너무 맛있게 피우네.

⊙ 종이신문

Jethro Tull - 'Thick as a Brick'(1977)

종이신문이 사라진다. 버스 정류소와 지하철 가판대에서 즐비하게 손님을 맞던 산문들, 지하철 선반 위에 버려져 있던 신문 구경하기가 어렵다. 그래도 우리 집에는 신문이 수북이 쌓여있다. 신문을 구독하는 건 물론 아니다. 강아지들 배변판 밑에 깔아두기 위해 주어오는 것들이다. 배변판 밑에 깔아두면 소변 냄새를 많이 잡아준다.
예전에 명절이면 신문의 TV 프로그램 안내는 필수로 챙겨야 했다. 그 부분이 보이도록 접어놓고 연휴 동안 TV에서 해주는 특집 영화에 밑줄을 그어가며 순서를 정했다.

이 시간엔 KBS 저 시간엔 MBC…. 재미있는 영화가 겹치기라도 하면 그만큼 선택도 신중해야 했다. 요즘은 너무 풍요롭다. 그래도 사람들의 마음은 각박해진다.
펼쳐놓은 사진은 신문이 아니고 LP 자켓이다.

⦿ Guilty Pleasure 1

Sweet People - 'A Wonderful Day'(1981)

고등학교 일학년 때 컴포넌트 오디오가 들어오고 내가 제일 먼저 산 레코드는 슈퍼그룹 아시아의 두 번째 앨범과 기타리스트 존 윌리엄스가 있던 프로그레시브 연주 그룹 스카이의 앨범이었다. 이 사실만 보더라도 난 분명 팝송을 즐겨듣는 팝키드는 아니었다. 한정된 용돈으로 살 수 있는 음반들은 한정되어 있었지만 딥 퍼플, 레드 제플린, 블랙 사바스 같은 헤비 밴드에서 제프 벡, 로이 부캐넌 같은 기타리스트 음악에 빠졌고, 킹 크림슨, 핑크 플로이드, 이엘피, 제스로 툴 같은 아트록에 심취해 음반을 샀다. 그러니 반에서 음악 듣는다고 빌보드 차트를 꿰고 팝 음악을 듣는 아이들이 유치해 보이는 건 당연했다. 그런데 그놈들이 흥얼거리고 라디오에 줄기차게 나오는 것 중에서도 귀가 솔깃해지는 음악들이 가끔 있었다.

영어에 '길티 플래저(guilty pleasure)'라는 표현이 있다. 뭐 분명 좋기는 한데 뭔가 죄책감이 드는 행위를 표현하는 말인데 이런 음악을 들으면 딱 그런 느낌이었다. 에어서플라이, 가제보, 루이스 터커, 탑슨 트윈스, 니콜... 등등. 아 그리고 퀸의 라디오 가가. 이런 음악이 든 음반은 레코드가 아닌 테이프로 샀다. 혼자서 몰래 듣다가 친구들이 집에 놀러 오는 날이면 심지어 안 보이게 감춰두기도 했다. '너도 이런 거 들어?' 이 말이 나올 것이 뻔했기 때문이다.

중고음반 판매 사이트를 뒤적이다 스위트피플의 이 음반이 눈에 띄어 냉큼 집어 들었다. 이 음반은 그야말로 길티 플래저 음반이다. 폴 모리아, 제임스 라스트 같은 악단들도 깔보던 내가 잠실 지하상가 레코드 가게를 지나칠 때 줄기차게 흘러나오던 이들의 음악에 멍하니 서서 듣고 테이프로 3집(?)까지 샀었다. 방안에 불을 끄고 책상 등 불빛 아래 빨간 카세트 레코더에서 이들의 음악이 흘러나오면 공부나 대학 따위는 정말 의미 없는 존재였다. 거의 사십 년이 지난 오늘 테이프가 아닌 레코드로 이들을 들었다. 좋았지만 그때 그 기분 아니 감정이 전달되지는 않았다.
더 이상 이들은 길티 플래저가 아니기 때문일까.

◉ 택시 드라이버

Marillion - 'Marbles'(2004)

지금은 그런 택시기사들이 거의 없는데 예전에는 택시를 타면 기사 아저씨들은 죄다 정치, 시사 평론가였다. 정부가 내놓은 정책, 여러 정치인 이야기, 현재 이슈가 되고 있는 전반적인 사회문제에 대해서 쉴 새 없이 떠들어대곤 했다. 물론 상대방 이야기는 귀를 기울이지 않는다. 자신의 이야기만 주구장창 떠들고 상대가 그에 동의하기를 바란다. 그런 기사를 만날 때 최선의 대처는 그저 들어주는 것이었다.

이런 택시기사들은 어떻게 전문가가 되었을까? 이 양반들이 정치, 시사에 관한 많은 책을 읽고 지식을 쌓았을 리는 만무하다. 이 양반들의 철학은 라디오에서 나왔다. 하루종일 택시 안에서 라디오에서 각종 뉴스와 시사 프로그램을 듣다 보면 누구나 전문가가 된다. 거기에 살을 붙여 어설픈 전문가 행세를 했던 것이다.

이제는 페이스북에 그 추억의 택시기사를 대신하는 분들이 많다.

온종일 인터넷을 뒤적이고, 다른 사람들의 글을 보며 자신의 감정을 이입시켜 정치, 경제, 시사의 전문가 노릇을 하는 사람들이 너무 많다. 그래도 옛날 택시기사들은 손님과 언쟁을 하더라도 목적지에 도착하면 언제 그랬냐는 듯 "수고하세요." "안녕히 가세요"를 주고받으며 내렸지만, 페이스북 택시 드라이버들은 자신의 논지에 어긋나면 폐절과 차단이라는 돌을 던질 뿐이다.

마릴리온의 후반기 명반이다. 대곡들 사이를 마블이라는 짧은 곡이 연결해주는 구조를 지닌 멋진 음반이다. 마치 무소르그스키의 '전람회의 그림'을 듣는 느낌이다.

◉ 비 오는 날 수선집

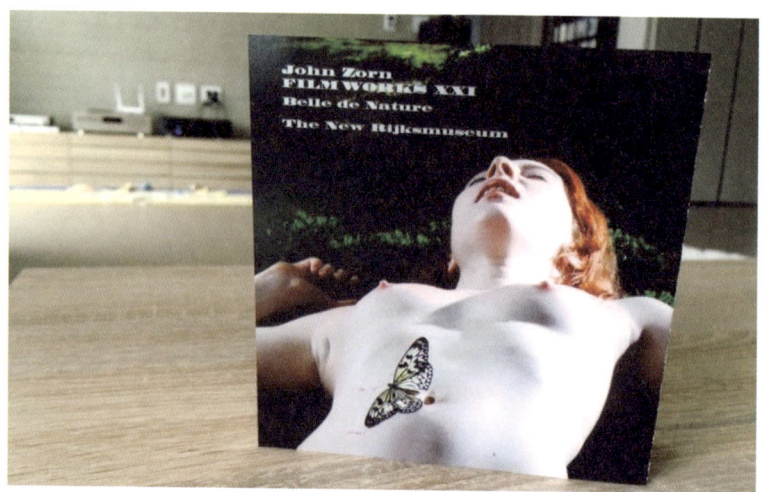

John Zorn – 'Filmworks XXI: Belle de Nature/The New Rijksmuseum'(2008)

그날도 오늘처럼 비가 오는 날이었지. 예년과 다르게 나온 아랫배의 부피를 감당하지 못하고 터져버린 바지의 후크를 수선하러 동네 수선집에 들어갔었지. 수선집엔 멋있게 채색된 은발과 조금은 지적으로 보이기까지 하는 안경을 쓴 노인이 수선을 하고 있었지. 수선하는 동안 수선집에는 아주 멋진 재즈 음악이 흘러나오는 거야. 추적추적 내리는 비와 몹시 어울리는.

놀랍기도 하고 익숙한 선율이었지만 도무지 제목을 기억해 낼 수가 없었어. 한창 수선 중인 멋진 주인장에게 물어볼 기회를 엿보고 있었지. 재즈를 좋아하시냐는 물음과 함께. 그 말들이 입안에 맴돌고 있을 때 곡이 끝났지. 그리고는 바로 DJ 멘트가 나오는 거야. 그러니까 그 멋진 곡은 수선집 노인이 선택한 곡은 아니고 틀어 놓은 라디오에서 나오는 곡이었던 거지.

이렇게 비가 오는 날이면 어떤 가게에 들어가도 멋진 음악이 흘러나왔으면 좋겠어. 문구점, 작은 옷 가게, 떡볶이를 파는 가게에도.

꼭 분위기 있는 전문점에만 멋진 음악이 흘러나오리란 법은 없잖아.
혹시 알아? 택시를 탔는데 John Zorn의 이 멋진 곡이 흘러나올지.

추천곡 〈Orties Cuisantes〉

◉ 어머니의 손맛 2

UFO - 'Lights Out'(1977)

어릴 적, 어머니가 보글보글 찌개를 끓여주실 때, 조물조물 나물을 무쳐주실 때 찬장의 높은 곳에서 작은 항아리의 뚜껑을 열고 마법의 가루인 양 조심스레 솔솔 뿌려주시던 미원, 그것이 엄마의 손맛이다. MSG가 그리운 비 오는 오후다. 미원이 듬뿍 담긴 칼칼한 묵은지 꽁치찌개에 소주가 당기는 하루다.

예전 팝송 잡지의 편집장으로, 심야 FM 디제이로 명성을 떨치던 분께서 군대 시절 백령도에서 보초를 서며 이 곡을 듣다가 울었다고 한다. 쌍팔년도 군번이 최전방 해안초소에서 한 손엔 총을 들고 귀에는 헤드폰을 끼고, 음악을 들으며 눈물을 흘린다⋯.
딱 봐도 영화지만, 정말 그런 추억이 절로 만들어지는 곡이다. 마이클 쉥커의 기타는 필 모그의 안개 같은 목소리와 합해질 때 더 처절하다. MSG 시절의 어떤 곡도 UFO의 발라드에 미치지 못한다.
힙노시스가 하드락 밴드를 만나면 커버가 에로 해진다. 불 좀 꺼주자.

◉ 재즈가 뭔지도 모르면서

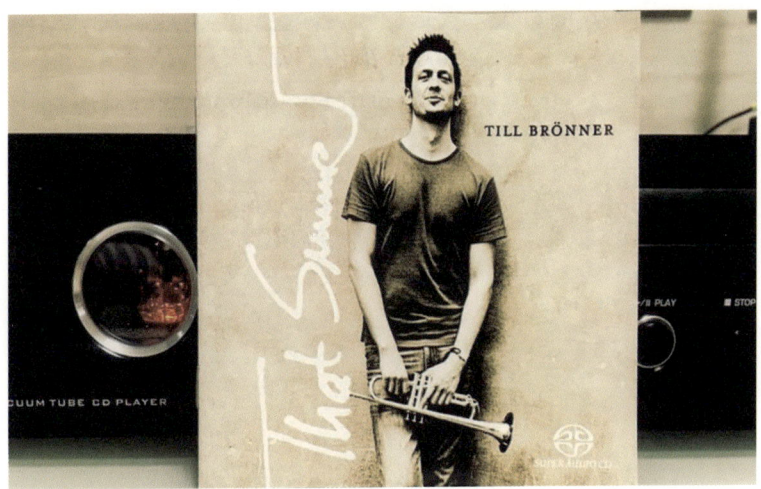

Till Brönner - 'That Summer'(2004)

대학 시절 철학을 전공하던 예쁜 후배의 자취방에서 그녀가 마이클 프랭스(Michael Franks)의 곡을 틀어주더군요. 오늘처럼 비가 추적추적 오는 날에 말이지요. 아주 예쁜 찻잔에 담긴 향긋한 차와 함께 말입니다. 차를 마시며 제가 한마디 했습니다.

"이런 건 재즈라 할 수 없어. 그냥 무드음악이지."
재즈가 뭔지도 잘 모를 때였지만 잔뜩 어깨에 힘이 들어간 시절이었으니까요.

한술 더 떠서 이런 게 재즈라고 그 당시 라이선스로 나왔던 마일스 데이비스의 유럽실황 앨범을 사주기도 했어요. 만약에 그녀를 다시 만난다면 이 음반을 선물해주고 싶습니다. 그때 들려준 음악이 너무 좋았다는 말과 함께요.

◉ 클래식 음악이 나오는 소줏집

Jacqueline du Pré – 'Her Early BBC Recording'(2022)

술을 마시며 바흐의 첼로 조곡을 듣고 있다. 이런 생각이 든다. 왜 술집에서는 이런 곡을 연주하거나 틀어주지 않는 걸까? 아! 내가 잘못 생각했다. 프랑스산이나 스페인산의 고급 와인을 파는 와인바나, 흰 크림을 얹은 농어 요리를 파는 레스토랑, 장인의 포스 물씬 풍기며 맨손으로 한점씩 만들어주는 초밥집에서는 와인, 코냑, 사케를 마시며 이런 음악을 들을 수 있을지 모른다.

와인, 코냑, 위스키는 물론 '아빠 힘내세요' 같은 이름이 붙은 그저 그런 사케도 돈을 내고 마셔본 적이 없는 나 같은 사람이 말하는 술집이란 소주, 맥주, 막걸리를 파는 술집을 말한다. 이런 술집에서 첼로라는 악기 소리를 들어본 적이 없다.

격(格): 주위 환경이나 형편에 자연스럽게 어울리는 분수나 품위. 소줏집이나 맥줏집에서 바흐가 나오지 않는 건 어떤 격(格)의 문제일까? 음악의 격일까, 사람의 격일까.

◉ 중요 부위 가림막

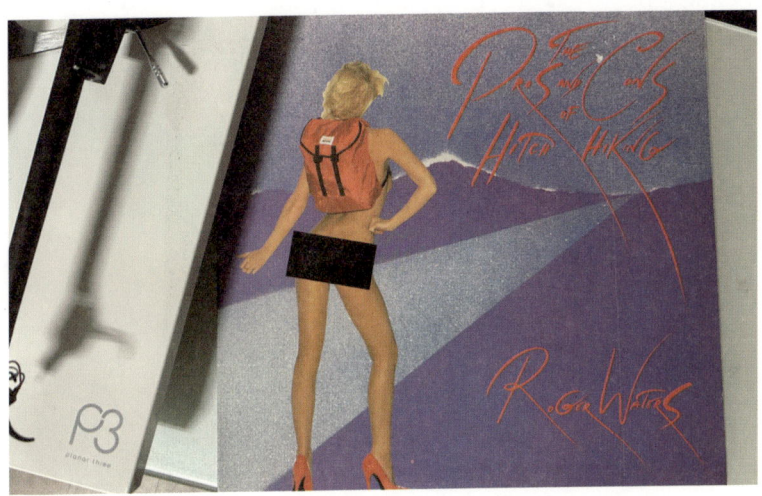

Roger Waters - 'The Pros and Cons of Hitch Hiking'(1984)

"나는 외국 잡지의 누드 가랑이 사이를 더럽게 칠해버린 까만 매직을 볼 때마다 불합리한 국가 권력과 대치하는 기분이 든다네."

일본의 극작가 이노우에 히사시(井上 ひさし)가 쓴 『나는 강아지로소이다』의 주인공이자 잡종견인 돈 마쓰고로의 주인이 중요 부위에 까맣게 매직이 칠해진 누드 잡지를 보고 내뱉은 탄식이다. 나도 비슷한 느낌을 받은 적이 있다. 기다리고 기다리던 로저 워터스의 솔로 앨범이 라이선스로 발매된다는 사실에 얼마나 기뻐했는가.

그러나 엉덩이에 덧씌워진 까만색 줄에 분노를 금치 못했다. 빌어먹을 나라 같으니라고. 폭력에는 관대하고 성에는 보수적인 나라. 그러나 관음증이 지배하는 나라. 성욕을 해결하지 못해 여관에 불을 지르는 사람이 나오는 나라. 참 마음마저 가난한 나라다. 그런데 미국 판에도 까만 줄이 있을 줄이야…

⊙ 엘리트체육과 폭력

Pink Floyd - 'The Division Bell'(1994)

강원도에서 초등학교에 다니던 때 우리는 하루 종일 공을 찼다. 그때는 정말 축구만한 놀이가 없었다.

그날도 편을 갈라 축구를 하고 있었다. 그때 교문 안으로 유니폼을 갖춰 입은 한 무리가 열을 지어 노래를 부르고 구호를 외치며 뛰어왔다. 읍내 초등학교의 축구부원들이었다. 자전거를 탄 코치의 인솔하에 우리 학교 운동장을 몇 바퀴 돌더니 우리에게 게임을 제안한다. 까짓것 한번 붙자는 오기로 시합을 했다. 매일 연습하고 축구만 하던 녀석들에게 동네 오합지졸들이 상대가 될 턱이 없다. 전반에 두 골인가 세 골을 먹었다.

휴식 시간에 우린 헉헉거리며 수돗가로 가 수도꼭지에 주둥이를 처박고 물을 마시며 놀라운 장면을 목격했다. 상대방 축구부 아이들은 쉬지도 않고 엎드려뻗쳐 코치로부터 무자비하게 맞고 있었다. 맞을 때마다 비명 대신 악에 받친 구호를 토해내면서.

후반전이 되었을 때 우리는 얼어붙었고 상대는 독기를 품었다. 셀 수도 없는 무수한 골을 먹고 경기는 끝났다. 경기 후 축구부 아이들은 열을 맞춰 노래를 부르며 학교를 떠났고 우리는 한동안 무서워 아무 말도 하지 못했다.

오랜 시간이 지났지만, 스포츠계의 이런 폭력은 아직 남아 있는 모양이다.

핑크 플로이드의 이 앨범 'The Division Bell'은 그들의 유년을 추억한다. 마음껏 동네에서 뛰어놀며 공을 차던 우리에게 그 시절은 다시 돌아가고픈 추억이지만 구타로 얼룩진 축구부 시절을 보낸 상대 팀 아이들에겐 지우고 싶은 악몽일 것이다.

🔘 카우보이의 노래

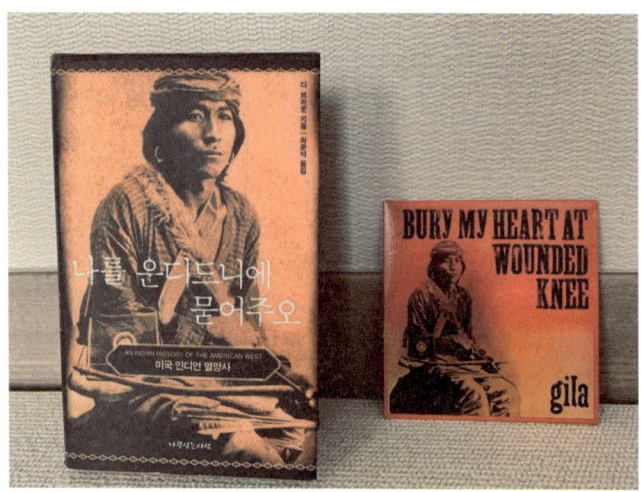

Gila – 'Bury My Heart at Wounded Knee'(1973)

넷플릭스에서 코언 형제의 "카우보이의 노래"를 본적이 있다. 영화에 조예가 깊은 분들이 이구동성으로 극찬해서 나도 보았다. 좀 불편한 장면들이 있었다. 바로 아메리카 대륙의 원주민인 인디언들에 대한 묘사였다. 유명한 감독이 만든 서부의 휴먼스토리 영화에도 여전히 몇 에피소드에서 등장하는 인디언들은 야만적이고 희극적으로 그려졌다.

아무리 역사가 승자를 위한 기록이라도 '노란 곰' '노래하는 물' '바람의 아들' '옥수수 심는 자' '큰 나무' '잘생긴 호수' 같은 이름을 지녔던, 그야말로 자연을 경외하고 순리에 따르며 터전을 지켜왔던 사람들을 단지 그들의 총부리에 대항하던 야만인으로 그린 영화가 어떻게 감동적일 수 있을까.

히스테리한 전쟁을 일으킨 나라 독일의 그룹 Gila는 미국 인디언 멸망사를 다룬 디 브라운(Dee Brown)의 저서 『나를 운디드니에 묻어주오』를 음악으로 해석했다. 앨범 자켓도 책의 표지와 같은 사진이다. (표지의 사진은 우리들 할아버지와 닮은 나바호족 전사의 모습이다.)

코언 형제에게 물어보고 싶다. 누가 야만인인지.

들소가 온다.
여보게 저게 들소 오는 소리 아닌가?
아하, 들소가 오는구나!
올 듯 말 듯 가슴 태우더니
그예 오는구나!
아! 들소가 온다.

⏺ 그래봐야 팝송이지

Barclay James Harvest – 'Gone to Earth'(1977)
Black Sabbath – 'Heaven and Hell'(1980)
King Crimson – 'In the Court of the Crimson King'(1969)
Led Zeppelin – 'The Song Remains the Same'(1976)
Leonard Cohen – 'Songs from a Room'(1969)
Pink Floyd – 'Atom Heart Mother'(1970)
New Trolls – 'Concerto grosso per I New Trolls'(1971)
Asia – 'Asia'(1982)

"팝송이 가장 깊숙이, 착실하고 자연스럽게 마음에 스미는 시절이 인생에서 가장 행복한 시기라고 주장하는 사람도 있다. 정말로 그런지도 모른다. 혹은 그렇지 않은지도 모른다. 팝송은 그래봐야 팝송일 뿐인지도 모른다. 그리고 우리의 인생은 결국, 그저 요란하게 꾸민 소모품일 뿐인지도 모른다."

하루키의 최근 작품을 읽다가 이 대목에서 책을 내려놓고 생각한다. 그리고 그의 말처럼 음악이 가장 깊숙이, 착실하고 자연스럽게 마음에 스며들었던 그 시절의 음반들 몇 장을 꺼내 본다. 하루키의 말이 맞다. 팝송은 그래봐야 팝송이고 우리의 인생은 그저 소리만 요란할지도 모른다. 그럼에도 이런 음악이 없었으면 얼마나 심심했을까.

그때 그 시절처럼 음악이 자연스럽게 마음에 스며드는 일은 드물지만 그래도 이마저 없다면 어떤 식으로 나이를 먹고 있을까.

"음악은 때로 보이지 않는 화살처럼 똑바로 날아와 우리 마음에 꽂힌다. 그리고 몸의 조성을 완전히 바꿔버린다. 그런 때면 마치 열일곱 살로 돌아가 다시 한번 격렬한 사랑에 빠진 기분이다. 그렇게 근사한 체험은 자주 할 수 있는 게 아니다."

하루키 이 형님은 말을 정말 졸라 잘해. 아, 아니지 글을 졸라 잘 써.

◉ 내슈빌 사운드와 곰표 밀맥주

Dire Straits - 'Brothers in Arms'(1985)

그 유명한 '내슈빌 사운드'를 만드는 데 일조했던 기타리스트 쳇 앳킨스는 누군가 내슈빌 사운드를 정의해달라고 요청하자 주머니에 있던 동전을 찰랑거리며 말했다.

"바로 이겁니다. 바로 돈의 소리죠."

쳇 앳킨스가 듣고 싶어졌다. 저녁을 먹고 맥주를 한 캔 따고 음반을 뒤적이는데 두 장 있던 그의 음반이 보이지 않는다. 그랬다. 작년에 음반도 정리할 겸 재미 삼아 음반을 판 적이 있는데 그때 오천 원에 팔았던 기억이 난다. 음반이란 게 그렇다. 잘 듣지 않아서 줘버리거나 처분하면 꼭 그 음반을 간절히 듣고 싶을 때가 생긴다. 이건 과학이다!

철학자 테오도어 아도르노가 재즈(대중음악)를 극도로 혐오한 이유는 대중음악은 그 근본이 예술을 배제한 상업성에 있기 때문이었다. 대중들이 미스터 기타로 추앙 했던 쳇 앳킨스도 그랬고 록 음악을 거의 예술의 경지까지 끌어올렸던 로저 워터스도 사실 그들이 추구하는 목적은 부와 명성이었음을 밝힌 바 있다.

쳇 앳킨스 대신 앳킨스를 존경했고 그와 닮고 싶었던 마크 노플러의 Dire Straits를 듣는다. 디스코가 득세하던 시절 그의 사운드는 정말 돈과는 거리가 먼 무모한 도전이었지만 그의 음반들은 불티나게 팔려 나갔다.

'Money is Everything'(돈이 전부)인 시대에 〈Money for Nothing〉(공돈)을 듣는다.

아, 맥주!

어린 시절 집에 한 포대씩 있던 곰표 중력 밀가루. 어머니는 그걸 반죽해서 국수를 만들고 수제비도 만들어 주셨다. 이젠 추억의 이름으로 차용되어 지갑을 열게 만든다.

곰표 맥주라니….

◉ 아가씨 1, 그리고 아가씨 2

Billie Holiday - 'Lady Sings the Blues'(1956)

지난주 교통사고 때문에 계속 병원에 다니고 있다. 병원의 접수대에는 나란히 아가씨 1과 아가씨 2가 앉아있다. 번호표를 뽑아 딩동 소리가 나는 곳으로 가면 아가씨 1 혹은 아가씨 2가 나를 번갈아 맡는다. 거의 비슷한 횟수로 접수했는데, 대하는 태도가 사뭇 다르다. 아가씨 1은 이제 내 이름을 외운다. 번호표를 주기도 전에 내 이름을 부르며 접수해주고 차량번호도 알아서 입력해 준다.

반면 아가씨 2⋯.

"성함이요?"
"박화강 입니다."
"박화랑..."
"박 · 화 · 강이요."

"처음 접수하시는 거예요?"

"아니요…."

"차량번호는요?"

"3027요."

"3827요?"

"아니 3027요."

병원을 운영하는 입장이나 환자의 입장에서는 당연히 아가씨 1이 모든 면에서 낫다. 하지만 일을 떠나 퇴근 후에 아가씨 2는 블루스 음악을 즐기고 영화 "아가씨"보다는 세라 워터스(Sarah Waters)의 소설을 더 좋아하는 감성의 소유자인지도 모르지 않겠는가. 일을 잘한다고 혹은 일을 못 한다고 그것으로 인격을 평가할 문제는 아니다.

◉ 어떤 음반을 선물할까요?

난 소프트 머신(Soft Machine)을 좋아하는데 내가 관심이 있는 그녀는 요즘 텔레비전에 나오는 28호, 29호, 30호 같은 제품 번호가 붙은 사람들이 부르는 음악을 좋아한다고 하자. 그녀에게 음반을 선물한다고 가정했을 때(가정이다. 요즘은 그녀의 마음을 얻고 싶으면 절대로 음반을 선물해서는 안 된다.) 어떤 종류의 음악을 선택해야 할까?

호기롭게 소프트 머신의 음악을 선물했다고 하자. 그것도 모자라 '소프트 머신'이라는 밴드명은 영화 "네이키드 런치(Naked Lunch)"의 원작자인 비트 세대의 영웅 윌리엄 버로스(William S. Burroughs)의 작품에서 따온 이름이고 그들의 음악은 마일스 데이비스가 획기적인 재즈록을 선보일 수 있었던 단초를 제공했다 하는 따위의 설명을 부연했다고 하자.

만약 그녀가 조금이라도 관심을 보인다면 그건 이미 그녀는 다른 이유로 당신에게 빠졌기 때문이지 당신이 듣는 음악 때문은 아니다. 만약 당신에게 전혀 관심을 보이지 않는 그녀에게 당신이 좋아하는 음악을 선물한다면 불행히도 이 곡의 제목처럼 될 것이다.

〈Dedicated to You, But You Weren't Listening.〉

난 대학 시절 좋아했던 그녀에게 음반, 정확히는 테이프를 선물한 기억이 있다. 그 가수는 김범룡이었고 난 그녀와 결혼해 잘살고 있다.

물론 지금도 소프트 머신의 음악은 그녀가 없을 때만 듣는다.

Soft Machine - 'Volume Two'(1969)

⦿ 내 아버지

Dream Theater - 'Black Clouds &
Silver Linings'(2009)

기뻤던, 혹은 슬펐던 기억 모두를 잃어버린 아버지를 부산으로 모시고 오던 날 전국은
대설경보가 발령 중이었다. 눈과 차로 꽉 막힌 고속도로. 그 고립된 시간의 사설 응급차
안에서 우린 그때껏 살아오며 보낸 시간 중 아마 가장 긴 시간을 함께했다. 휴게소에서
산 호두과자를 맛있게 먹으며 연신 "맛있어요, 고맙습니다"를 반복하는 그와 꼬박 12시
간을 함께했다. 우리는 서로가 알아들을 수 없는 언어로 대화했고, 그때 난 당신을 이해
했고 당신은 나를 용서했다. 그리고 부산에 온 얼마 후 당신은 떠나셨다. 그때의 속절없
는 눈처럼… 잘 듣지 않고 처박아 둔 이 앨범을 오랜만에 꺼내 듣는데 이 순간이 최고의
순간들이었다고 술회하는 〈The Best of Times〉, 이 곡이 마음을 흔든다.
내 아버지…

추천곡 〈The Best of Times〉

⊙ 께름칙한 물건

Black Sabbath - 'Born Again'(1983)

반드시 있어야 하는 물건임에도 곁에 두기 께름칙한 물건들이 있다. 블랙 사바스라는 밴드를 좋아한다. 이 앨범 CD를 구입하고 참 설레였다. 집에 도착한 CD의 자켓을 보니 생각보다 더 께름칙했다. 그래도 기다렸던 앨범이고 개봉을 해서 차에 가져갔다.

그때는 내가 사직동에서 일하던 때였다. 일을 마치면 밤 11시 반. 나는 사직동과 온천 3동의 산 마디를 따라 나 있는 산복도로로 만덕 1터널을 지나 퇴근했다. 아는 사람은 알겠지만, 이 길은 평일 11시가 넘으면 차도 거의 다니지 않는 으슥한 곳이고, 터널 진입하기 전 급커브를 지나면 한 번씩 무당이 굿판을 벌이기도 하는 그런 곳이었다.

12시가 다 되어가던 퇴근길 나는 이 앨범을 들으며 그 길로 차를 몰고 퇴근하는데 대시보드 아래에 놓인 이 앨범의 자켓이 자꾸 신경이 쓰였다. 솔직히 무서웠다. 자꾸 흘금흘금 쳐다보게 되었다. 아 그런데 커브를 도니까 정말 하얀 옷을 입은 무리가 불을 밝혀 놓고 삶은 돼지머리를 꺼내놓고 있더란 말이다. 정말이지 CD를 창밖으로 버리고 싶었다. 시뻘건 아기가 뾰족한 손가락으로 내 사타구니를 더듬는 일은 일어나지 않았지만, 그 후 난 이 앨범을 절대로 차로 가져가 듣는 짓은 하지 않았다.

앨범 제목도 'Born Again'. 이거 사탄이 나오는 공포영화의 단골 레퍼토리 아닌가.

◉ 편의점 알바

Carla Bley – 'Heavy Heart'(1984)

우리 집 앞 편의점의 야간 알바는 삼십 대 중반의 노총각(?)이 하고 있다. 꾀죄죄한 몰골이 마치 장기하의 〈싸구려 커피〉 가사에 나오는 주인공 같다. 온종일 집안에서 방바닥이 난지 내가 방바닥인지, 바닥과 한 몸이 되어 뒹굴대다가 밤에 어슬렁 알바하러 나온 모습이다.

난 이 친구의 전직이 추신수나 돼지 아빠 따위의 명찰을 달고 있는 나이트클럽 웨이터였거나 혹은 단란주점 같은 화류계 출신이라 확신한다. 후줄근한 외모와는 달리 몸에 배어 있는 서비스 정신 때문이다. 내가 맥주 따위를 사서 올려놓으면 검은 봉지에 담아 양손으로 정성스레 쭉 밀어준다. 그리고 언제는 이런 인사도 했다.

"즐거운 시간 되십시오!"

어제도 퇴근 후에 맥주 두 캔을 사러 편의점에 갔더니 알바는 없고 사장이 반긴다. 그만두었다고 한다. 그래 이런 곳에 있을 사람이 아니었다. 허심청 아시아드에 가면 다시 볼지도 모르겠다.

유명한 작곡가이자 연주가이며 뛰어난 밴드 리더 칼라 블레이는 한 번도 정규 음악 교육을 받지 않았다. 17세에 뉴욕으로 와 클럽에서 담배를 파는 담배 아가씨로 일하면서 유명 뮤지션들의 연주를 듣고 틈틈이 작곡을 했다.

⊙ 편의점 알바 2

Night Ranger - 'Dawn Patrol'(1982)

화류계 종사자였음이 틀림없는 집 앞 편의점 노총각 알바가 그만두고 새로운 야간 알바생이 왔다. 이번엔 노처녀(?)다. 역시 대단히 싹싹하다. 퇴근 후 맥주를 사러 들르면 알바생 말고 또 한 명이 항상 있다. 태권도복을 입고 있다. 그러고 보니 편의점 앞 도로에 태권도장 봉고차도 보인다. 처음에는 손님인 줄 알았는데 알바생의 남자 친구다. 밤 늦게 알바하는 여자 친구가 불안하고 안쓰러워 같이 가게를 지켜주는 것이다. 편의점 주 입장에서는 그야말로 일타쌍피 알바다. 경비도 서주고 일도 도와주고.

오늘 LP를 뒤적이다 이 음반을 찾았다. 샌프란시스코 출신의 미국밴드 나이트 레인저 (Night Ranger)의 앨범이다. 고등학교 때 몇 번 듣고 대학 이후 거의 들은 기억이 없다. 나이트 레인저…. 도대체 이름이 이게 뭔가.

⦿ 치매는 나이와 상관없다?!

J.J. Cale – 'Naturally'(1971)

항상 깜빡깜빡하기를 잘하는 이제 막 사십이 된 집사람 가게 직원이 ATM 기계에 카드를 꽂아둔 채 왔다고 조로 치매 운운하길래 옆에 있던 내가 난 슈퍼에서 물건 사고 쓰레기통에 영수증을 버린다는 게 카드를 버렸노라고 말해주었다. 옆에서 가만히 듣고 있던 이십 대 초반의 여직원이 자기는 은행에서 돈을 뽑고 명세서를 분쇄기에 넣고 갈아야 하는데 카드를 갈았던 적이 있다고 했다.

이젠 어떤 쪽이든 젊음을 이길 수 없다.

방구석에 앉아 노련한 늙은 너구리 같은 영감님이 들려주는 음악이나 들어야지.

⊙ 라면이 맛이 없다

Brân - 'Ail Ddechra'(1975)

낮에 병원에 들렀다 오니 밥솥에 밥이 없다. 예전 같으면 라면이나 하나 끓여서 냉장고에 있는 파김치랑 먹었을 텐데 도무지 라면이 당기지 않는다.

쌀을 씻어 밥을 했다. 라면을 무척 좋아했었다. 어린 시절 라면은 귀한 음식이었다. 어머니가 라면을 사 온 날은 특식을 먹는 날이었다. 어머니는 라면과 국수를 섞어 끓이셨는데 우리 형제는 자신의 그릇에 꼬불꼬불한 면발을 더 담아주기를 간절히 바랐다.

대학 시절 친구와 자취방에서 커피포트에 끓여 소주와 먹던 라면 맛도 잊을 수 없다. 군대에서 만들어 먹던 뽀글이는 말해서 무엇하랴. 비교적 최근까지도 술을 마시고 온 새벽이면 집사람의 잔소리에도 라면 한 개를 끓여 먹어야 직성이 풀렸다.

이처럼 신이 만든 음식처럼 여겨졌던 라면이 더 이상 맛이 없다. 젊은 시절 도대체 무슨 맛으로 먹을까 생각했던 다싯물 우린 국수가 더 맛있다. 이제는 입이 아닌 몸으로 맛을 느끼는 나이가 된 것일까?

영국 웨일스 출신의 싸이키 포크 밴드 Bran의 앨범으로 보통 두 번째 앨범인 'Hedfan'을 최고로 친다. 나 역시 그랬다. 온 정신을 집중해 음 하나를 놓치지 않고 따라가야 그 삼매경에 빠질 수 있는 음반들을 좋아했다.

이제는 그런 음반들보다 Bran의 데뷔앨범 같은 음반이 좋다. 청소하든 설거지하든, 책을 읽든 딴짓하면서 들어도 그 맛을 음미할 수 있는 음반들.

⊙ 사랑니

Plácido Domingo – 'Perhaps Love'(1981)

사랑니를 뽑아야겠다. 오랫동안 방치해 반쯤 떨어져 나간 이빨, 이제는 뿌리째 흔들린다. 평소 씹던 오른쪽으로 음식을 먹기 힘들고 왼쪽으로 씹으니 도무지 음식의 맛을 모르겠다. 오늘 발치를 하려고 했으나 장인어른 모시고 술 한잔해야 하고, 내일 하려고 했으나 내일은 결혼하는 집사람 가게 전 직원을 축하해주는 자리가 있어서 또 술을 마셔야 하니 아무래도 다음 주에야 사랑니를 보내야 할 듯하다.

'사랑니'라는 이름이 예쁘다. 그 흔하고 의미마저 퇴색된 '사랑'이라는 이름 뒤에 이가 하나 붙었을 뿐인데 예쁘게 다가온다.

고등학교 때 음악도 모르던 방송부 녀석들이 점심시간에 줄기차게 틀어주었던 클래식 곡 중에 간간이 플라시도 도밍고와 존 덴버의 이 곡이 흘러나왔다. 장르의 벽이 느껴지지 않는 플라시도 도밍고의 유연함과 항상 로키산맥을 닮은 존 덴버의 목소리는 지금 들어도 너무 아름답다.

그들은 사랑을 이렇게 노래한다.

Oh, love to some is like a cloud,
(어떤 이에게 사랑은 구름과 같고,)

To some as strong as steel,
(어떤 이에게는 강철처럼 강하기도 하죠,)

For some a way of living,
(어떤 이에겐 삶의 방식이고,)

For some a way to feel.
(어떤 이에겐 느낌이에요.)

And some say love is holding on.
(그리고 누군가는 사랑은 꿋꿋이 버티는 것이라고 해요.)

And some say letting go.
(또 누군가는 보내주는 것이야말로 사랑이라고 하죠.)

꿋꿋이 버티다 이제 보내련다.
사랑니….

⊙ 사랑니 2

Simon & Garfunkel - 'The Concert in Central Park'(1982)

사랑니를 뽑으려고 치과를 예약 했다. 오후 내내 가슴을 졸이다 떨리는 가슴을 진정시키며 3시 30분 집 엘리베이터에 올랐다. 우리 집은 22층이다. 15층에 엘리베이터가 멈춰 섰다. 건강한 아버지가 엘리베이터에 예닐곱 살 정도의 딸을 태워주고 배웅한다.
"잘 다녀와."

10층에서 또 엘리베이터가 멈춘다. 역시 또래의 자녀를 둔 엄마다. 나에게 목례를 하고 아이에게 반갑게 인사한다.
"학원가니? 피아노 학원?"
"저 피아노 안 다녀요."
"그래. 그럼 어떤 학원 가는 길이야?"
"복싱 학원요."

순간 두 어른은 서로를 마주 보며 웃었다. 내가 한마디 해주었다.
"멋진데…."

복싱이 인기 있던 시절이 있었다. 그때는 배가 고파서 권투를 했다. 그래서 권투를 '헝그리 스포츠'라고 했었다. 이젠 배고파서 권투를 하지 않는다. 멋있게 보이려고 권투를 하고, 살을 빼려고 한다. 성장에 도움이 된다고 아이들에게 글러브를 끼게 한다. 도장이 아닌 학원이라는 이름의 장소에서 말이다.

이빨이 중요한데 꼬마애 때문에 뜬금없는 권투 이야기를 했다. 오늘 내가 사랑니를 발치했더라면 아마 이렇게 한가하게 글을 쓰고 있지 못했을 것이다. 무섭게 이리저리 입을 벌려 사진을 찍고, CT까지 찍으며 거의 한 시간을 씨름한 끝에 신경이 너무 뿌리에 근접해 있어서 시술이 불가능하니 대학병원으로 가라고 한다. 왜 슬픈 예감은 틀리지 않나.

그래도, 오늘은 술을 마시지 못할 줄 알았는데 그 덕에 맥주 한 잔 마시며 〈The Boxer〉를 듣는다. 내가 돈을 주고 산 최초의 카세트테이프가 바로 사이먼과 가펑클이었다. 그때 가장 좋았던 노래가 바로 이 곡이었다. 그 곡은 이렇게 시작한다.

"I am just poor boy…"
권투의 본고장에서도 그 운동은 '헝그리 스포츠'였던 모양이다.

⦿ 그럴 때가 있다

Neil Young - 'On the Beach'(1974)

커피숍에 앉아서 창밖으로 지나가는 사람들을 보면 다들 행복하게 보인다. 작은 아이를 번쩍 들어서 미소를 머금고 걸어가는 부부. 자석처럼 붙어서 쉼 없이 재잘거리는 젊은 연인들. 신호에 걸려 서 있는 멋진 세단 사이로 비치는 중년. 그럴 때마다 잠시나마 나도 그들이 되었으면 좋겠다는 생각.

그럴 때가 있다. 지하철을 타고 사람들을 둘러본다. 칭얼대는 아이를 어르는 부부. 서로의 핸드폰만 들여다보는 젊은 연인들. 삶의 무게로 어깨가 무거워 움츠린 중년들. 그럴 때마다 그들보다는 내가 좀 행복해 보인다는 생각. 두 풍경은 다른 듯 보여도 같은 풍경이다. 쓸쓸함을 감추거나 혹은 드러내거나….

밥 딜런의 〈Highlands〉 노래 가사처럼 닐 영을 듣는다.
"닐 영의 음악을 듣고 있어. 소리를 더 키워야겠어.

이럴 때면 꼭 소리 좀 낮추라고 고함치는 사람이 있지.
어딘가를 떠돌고 있는 기분이야. 풍경에서 풍경으로 떠돌고 있어.
난 궁금해. 그 모든 것이 대체 어떤 의미를 가질 수 있는 거지?"

닐 영의 음악을 듣고 있으면 감춰졌던 쓸쓸함이 스멀스멀 기어 나온다. 철 지난 바닷가의 화려한 파라솔처럼.

추천곡 〈See the Sky About to Rain〉

⏺ 내일이 올까 두려워

한영애 - '1집'(1986)

잠이 들면 내일이 올까 두려웠던 시절이 있었다. 그 첫 번째 시기가 재수를 했을 때다.

라디오의 심야 FM을 듣다가 더 이상 전파가 잡히지 않는 시간이 되면 머리맡의 더블 데크 카세트에 한영애의 이 테이프를 틀어 놓고 새벽을 맞았다. 여울목을 거쳐 완행열차를 타고 제주도를 지나 도시의 밤에 다다르면 베갯잇은 눈물로 축축해져 있었다.

누구나 살다 보면 그런 시절이 있게 마련이다.

◉ 가발

Hampton Hawes – 'The Green Leaves of Summers'(1964)

시간별로 항상 다른 장르의 음악을 틀어주는 가발공장에 관한 이야기를 읽다가 이런 생각이 들었다. 종일 지겹도록 남의 머리카락을 만지면서 같은 일을 반복하다 이런 음악이 흘러나오면 문득 가발을 만지던 손을 놓을 것 같다.

창문에 늘어진 녹음을 바라보며 문득 가발 밑의 벗겨진 삶을 생각하지 않을까.

햄프턴 호스 트리오(Hampton Hawes trio)가 멋지게 연주한 〈The Green Leaves Of Summer〉의 가발을 들치면 브라더스 포가 나온다. 눈치채셨나.

◉ 편의점 주인

Gentle Giant – 'Octopus'(1972)

우리집 근처의 편의점 주인 아저씨는 매우 친절하다. 그 과도한 친절이 부담스럽기도 하다. 실제 우리 아들은 부담스럽다고 그 편의점에 잘 가지 않는다.

한번은 집사람이 천 원짜리가 필요하다며 이만 원을 주고 교환해 오라고 부탁했다. 만원으로 담배 한 갑을 사고 천 원짜리로 거슬러 받고 나머지 만원도 교환해 줄 수 있냐고 했더니 흔쾌히 교환해 준다. 계산대에 있던 지폐가 부족하자 가방을 열어서까지 교환해 준다. 다음날 편의점에 들러 물건을 사고 나오는데 오늘은 잔돈 교환할 일 없냐고 묻는다. 필요하시면 언제든지 교환해 가라는 친절한 미소와 더불어서.

오늘 아침 그 편의점에 갔는데 기운이 심상치 않다. 교대하러 온 그의 부인에게 아주 심한 말로 호통을 치고 있다. 욕을 하지는 않았지만, 충분히 모멸적인 언어폭력이었다. 그러나 나를 보는 순간 환한 얼굴로 맞는다.

"어서 오세요. 좋은 아침입니다."

과도한 친절이 일상적인 직업으로서의 일이라면 큰 스트레스가 될 수도 있겠다. 그는 그 스트레스를 어쩌면 가장 가까운 사람에게 풀고 있을지도 모른다는 생각을 해본다. 그러자 그의 친절함이 안쓰럽다.

톨스토이는 말년의 대담에서 이렇게 묻고 대답했다.

"당신에게 가장 소중한 사람은 누구인가?"
"바로 옆에 있는 사람이다."

여러분은 누구에게 친절한 사람인가?

영국 밴드 젠틀 자이언트(Gentle Giant)는 그룹 이름과 상징을 친절하고 포근한 거인 아저씨로 삼았다. 그러나 그들의 음악은 친절하지 않다. 독특한 보컬과 변칙적인 연주, 그래도 그들은 프로그레시브 뮤직 어워드에서 평생 공로상을 받았다.

◉ 죽은 사람도 외로울까….

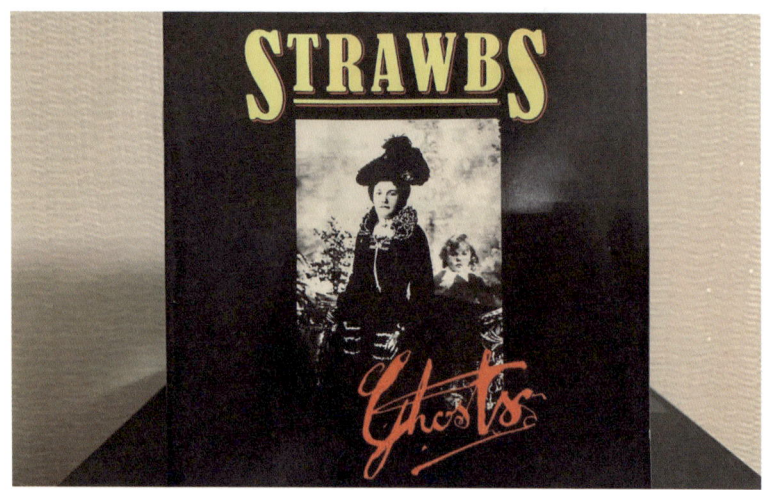

Strawbs - 'Ghosts'(1975)

음반을 듣다가 이런 생각이 들었다. 그 존재를 믿든 안 믿든 간에 익숙한 '유령'이라는 단어는 죽은 사람들이 외롭기 때문에 만들어진 게 아닐까.

사람들과 어울려 있을 때 비로소 행복한 사람들이 있다. 끊임없이 사람들과 친분을 맺고 대화를 통해서만 즐거움을 얻는 사람들. SNS라는 공간에서도 많이 만난다. 친구란 관계에 몹시 집착한다. 끊임없이 댓글로 소통하고 메시지를 보내며 관계에 집착한다. 좀 유명한 사람들과의 친분에는 더더욱 집착한다.

물론 사람들의 감정과 행동은 저마다 다르니 그걸 탓할 수는 없지만 '외로움' '고독' 같은 근사한 감정을 잃어버린 안타까움이 들기도 한다. 개인적으로는 혼자 있는 시간이 좋고 그 시간을 즐긴다. 그래서 음악이 좋고 책을 읽는 것도 즐겁다.

집에서 음악을 들을 때 특정한 곡을 집어서 듣는 경우는 거의 없다. 혹 누군가 우리 집에 방문해 음악을 틀어줄 경우 그럴 때가 있는데 일 년에 한두 번 될까 말까다. CD나 LP를 걸어놓고 처음부터 끝까지 듣는다. 학창 시절부터 이어진 습관이다. 그래서 음악 바 같은 곳에서 신청곡을 써내는 일도 쉽지 않다. 싱글 위주로 발매되는 인기 팝 음악을 잘 듣지 않는 이유이기도 하다. 음반을 처음부터 끝까지 들으면 앨범에 유명한 곡은 없지만 처음부터 끝까지 다 좋은 앨범들이 있다. 그런 앨범들은 마치 처음부터 끝까지 한 곡처럼 느껴진다.

영국밴드 스트롭스(Strawbs)의 75년 작 'Ghosts'가 내겐 이런 음반이다. 가을이면 흘러나오는 〈Autumn〉 같은 유명한 곡은 없지만 물 흐르듯 흘러나오는 음악에 한 번 꺼내면 몇 번씩 듣게 되는 그런 음반이다.

◉ 음악이 우리를 구원할 수 있을까

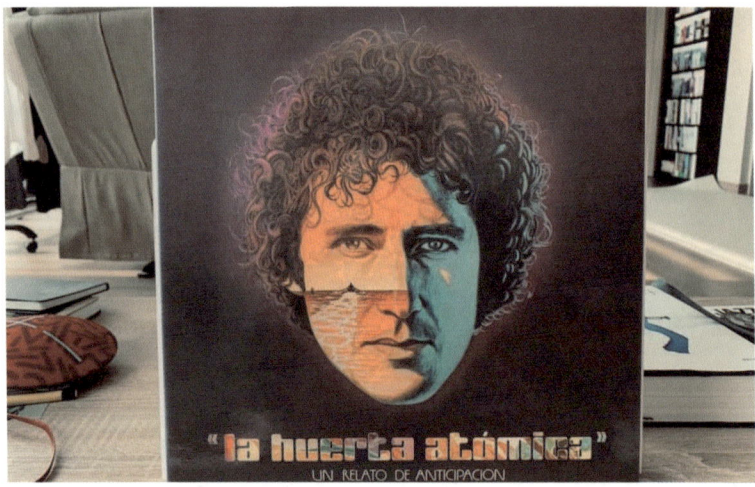

Miguel Ríos – 'La Huerta Atómica (Un Relato De Anticipación)'(1976)

지독히 외로워서, 너무 서글퍼서, 내 사랑이 처절히 나를 외면해서, 삶의 끈을 놓아버리고 싶을 만큼 힘들 때 음악은 우리에게 구원이 될 수 있을까. 구원은 아니더라도 일말의 힘은 될 수 있는 것일까.

만약에 그럴 수 있다고 대답하거나 그런 적이 있다면 아직 밑바닥까지 외롭다거나 죽을 만큼 힘든 경우는 아니라는 것이다. 그래도 나는 그런 적이 있다라고 한다면, 아직까지 나를 버린 님과 삶에 대한 실낱같은 희망이 있기 때문일 것이다. 그러니까 음악이 업(業)이 아닌 우리에게 음악은 삶을 윤택하게 해주는 기호일 뿐이지 전부가 아니라는 것이다. 처절하게 외로울 때나 힘들 때 음악은 귀에 들어오지 않는 법이다. 음악이 가슴속에 들어온다면 우리 삶은 조금은 힘들어도 버틸만하다는 것이다.

페이스북 친구들이 한 번씩 오랫동안 보이지 않을 때가 있다. 그럼 어떤 생각이 들까?

'혹시 안 좋은 일이 생긴 건 아닐까?' 하는 생각을 많이 할 것이다. 아마 이 추측은 사실에 가깝다. 페이스북에 온갖 쓰레기 같은 분노를 쏟아내는 일부를 제외하고는 보통 사람의 경우 페이스북 따위는 눈에 들어오지 않는 법이다.

스페인 가수 미겔 리오스(Miguel Rios)는 내가 즐기는 장르의 가수가 아닌 대중적인 음악을 하는 가수다. 노래도 히트하고 음반도 많이 팔려서 배도 부르고 등도 따뜻했다. 그래서 이 양반이 나도 뭔가 좀 있어 보이는 음반을 만들어야겠다고 만든 음반이 사진의 음반이다. 핵에 대한 경고를 담은 콘셉트 음반으로 제목이 '원자력 과수원'이다. 그가 만약 이전의 음반이 실패했다면 이런 음반을 낼 생각은 하지 않았을 것이다.

◉ 결정적 순간에 빼라

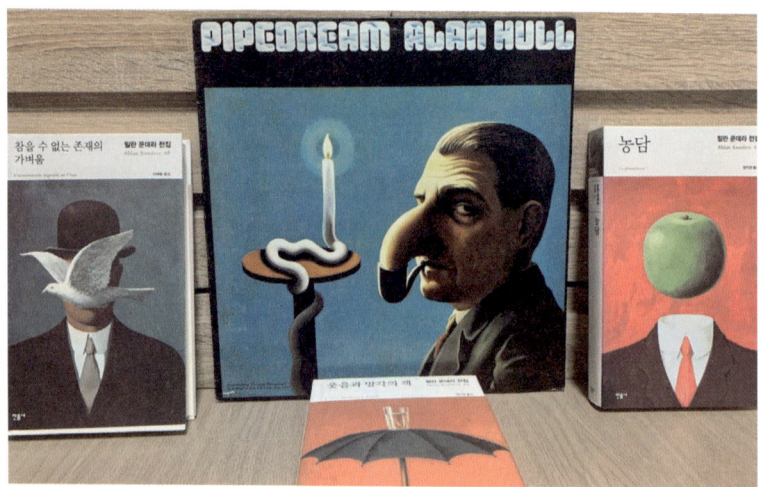

Alan Hull – 'Pipedream'(1973)

중학교, 고등학교에 다니는 여학생들은 말할 것도 없고 이십 대 처자들도 앞머리에 '구루프'라고 불렀던 헤어롤을 감고 다니는 경우를 많이 본다. 머리를 예쁘게 단장하고 싶어 그런 거라는 걸 알겠는데 그럼 집에서 말고 나와야 하는데 그걸 말고 계속 다니는 게 의아했다. 아들놈도 나랑 같은 생각이었던지 항상 헤어롤을 이마 위에 말고 다니는 여자 후배에게 물었던 모양이다.

"왜 그걸 계속 매달고 있어?"

돌아온 대답이 걸작이었다.
"이 오빠가 뭘 모르네. 이건 결정적인 순간에 빼는 거라고."

결정적인 순간이라. 살면서 그 순간에 대해 생각해 본다.

크게 굴곡이 없던 삶을 살아서인가 아니면 큰 욕심을 부려본 적이 없어서 그런지 딱히 그런 순간이 떠오르지 않는다. 아니다. 어쩌면 문학 작품을 접하고 음악을 접하다가 감동했던 순간이 그 결정적인 순간일지도 모르겠다. 그 순간이 비록 나에게 부를 안겨 주거나 명예를 가져다주는 일은 없었을지라도.

영국의 포크 가수 앨런 헐(Alan Hull)의 이 음반을 처음 들었을 때 좀 놀란 기억이 난다. 벨기에의 초현실주의 예술가 르네 마그리트(René Magritte)의 작품 〈La Lampe Philosophique(철학자의 램프)〉를 차용한 커버 때문인지 몰라도 아주 심오하고 복잡한 음악일 거라는 생각을 했지만, 들려온 음악은 생각했던 것과는 거리가 멀었다. 그래도 삶이 의도한 대로 움직여 행복을 얻는 게 아닌 것처럼 이 음반도 내가 생각했던 음악이 아니었지만, 들을 때마다 아주 멋진 기분을 안겨 준다.

좋은 책을 읽고 멋진 음악을 들을 때 그 순간이 결정적인 순간이라고 생각하자.

추천곡 〈I Hate to See You Cry〉

◉ 사랑니 3

Roy Buchanan - 'Live Stock'(1975)

별로 궁금해하시지는 않겠지만 내 사랑니 이야기를 전합니다.

동네 치과에 갔더니 신경이 이빨 근처를 바짝 붙어 지나가니 대학병원으로 가라
고 했던 이야기는 기억하실 겁니다. 그래서 가까운 대학병원에 전화하니 진료 후
발치는 3월에나 가능하다고 하더군요. 뭔 이빨이 아픈 사람이 이렇게 많은지 몰
랐습니다. 흔들거리는 이를 부여잡고 3월까지 기다려야 할지, 아니면 다른 병원을
알아보아야 할지 생각하던 차에 그냥 사랑니가 쑥 빠졌습니다.
진짜예요!

'피'한 방울 나지 않고, 전혀 아프지도 않아요. 옛말에 '앓던 이 빠진 느낌'이라는 말이
있는데 정말 천국이 따로 없네요. 한번 치과에 가서 내심 극악의 고통과 공포를 느끼
길 바랐던 분들께는 죄송하지만 전 정말 치과와는 인연이 없나 봅니다.

오늘 저녁에 등심 탕수육에 이과두주 한 병 비우고 입가심으로 매운 짬뽕도 한 그릇 거뜬히 비웠습니다. 짬뽕에 감칠맛을 더했던 동죽의 껍데기도 씹어 먹을 수 있을 것 같습니다.

집에서 음악 들으며 맥주 한 잔 더합니다. 안주는 육포입니다. 이 맥주 이름이 너무 마음에 들어 사봤습니다. 오늘 듣는 앨범의 자켓과 어울림도 좋네요. 이런 어우러짐은 앞으로 종종 즐겨볼 생각입니다.

아! 사랑니 뿌리는 아직 남아 있을 수 있다고요?
그건 나중에 생각하죠. 벌써 걱정부터 하는 건 제 스타일이 아닙니다.

◉ 한 번이면 충분하다

누군가 나에게 이십 대 시절로 돌아가겠느냐고 물으면 정중히 "아니, 됐어."라고 대답할 것이다. 지금의 생활에 만족해서라기보다 그 시절로 돌아가더라도 또 어떻게 치열하게 살아야 할 것 아닌가. 한 번이면 충분하다. 이십 년을 넘게 해왔던 일을 정리했다. 학원을 인계하고 등록증을 반납했다. 후회도 아쉬움도 없다. 잘해왔다는 뿌듯함도 보람도 없다. 그저 내 일로서 오랜 시간을 견뎌왔을 뿐이다. 커다란 명예를 지닌 자리에 있던 사람들은 그 자리 잃음이 두려워 퇴직을 힘들어한다. 난 그런 명예도 자리도 없으니 그럴 일도 없다. 누군가는 물을 것이다. 앞으로 뭘 할 것이냐고. 왜 그런 질문을 할까? 물론 내가 노후 걱정 없이 살 수 있을 정도로 돈을 벌어둔 건 아니다. 학원을 하면서 병행해 오던 청소년 상담지도사 역할은 계속할 생각이다. 학교에 나가 상담 프로그램을 진행하고 학교 밖 청소년들 검정고시 지도도 하고 사회봉사 명령받은 아이들 데리고 고구마도 심고 딸 것이다. 그러면 충분하지는 않지만 한 달에 책 몇 권과 음반 몇 장은 살 수 있다. 그러면 되지 않는가. 약간의 무게감이 느껴지겠지만 그 무게만큼 비우겠다. 얻으려고만 했던 생각과 행동을 내려놓는다. 꽉 찬 LP 장을 바라보는 것보다 조금은 비어있는 LP 장이 보기 좋다. 딱 이만큼만으로 살아가련다.

거의 매일 자기 전 맥주 한두 캔을 마신다.

호기심이 많아 이런저런 다양한 맥주들을 마시면서 작은 볼륨으로
음악을 안주 삼아 듣는데 맥주캔 무늬와 비슷한 음반의 자켓을 찾아본다.

음악을 오래 듣고 음반들을 주구장창 사다 보니
이미지들이 꽤 많이 떠올랐다.

⊙ 오늘의 깔 맞춤… With Leffe

Banco del Mutuo Soccorso - 'Canto di primavera'(1979)

오늘은 종합소득세 납부 마감일이라 고지서를 뽑아 들고 은행에 갔다. ATM 납입기로 입금하면 기다리지 않고 바로 납부할 수 있지만 카드로 납부하면 수수료를 낸다. 가맹점에겐 카드 계산을 장려하면서 정작 소상공인들 세금 낼 땐 카드 수수료를 받는다. 참 어이없다. 수수료 아까워서 창구로 가서 번호표를 뽑는데 의외로 한산했다. 바로 차례가 왔다. 젊은 청년의 창구직원이 일어서서 구십 도로 인사를 하며 반긴다. 은행 거래를 하면서 이렇게 깍듯이 맞아주는 경우는 없었다. 직원의 목에 걸린 커다란 명패가 눈에 들어왔다. '신입 행원 김OO'

어떤 일로 오셨냐는 깍듯한 물음에 세금을 내러 왔노라 말하고 두 장의 납부서(종합소득세 그리고 지방 개인 소득세)를 내밀었다. 젊은 행원은 납부서를 첫 줄부터 꼼꼼히 읽기 시작한다. 왠지 기분이 싸했다. 두 장을 꼼꼼히 살피던 행원은 안타까운 눈빛으로 나를 쳐다보더니 말한다. "잘 모르겠는데 좀 물어보고 오겠습니다."

그러더니 옆에 있던 아주 기가 세 보이는 여자 직원에게 도움을 청한다. 여직원은 이 럴 줄 알았다는 듯 조금 짜증 섞인 말투로 컴퓨터를 만져주고 나서 수납하고 도장을 찍어주라고 했다. 젊은 행원은 계산기를 두드려 수납하고 수납인이라 인쇄된 곳에 한 치의 오차도 없이 정확하게 도장을 세심하게 찍었다. 그리고 고지서 마지막 납부자 보 관용의 영수증을 가위를 꺼내 줄 눈금에 벗어날까 조심스레 자르기 시작한다. 보던 내 가 너무 안타까워 "그거 자를 대고 자르면 편한데." 말해주니 아주 쑥스럽게 "제가 아 직 자가 없어서"라고 수줍게 말한다. 여튼 20초면 될 일을 거의 20분 치르고 나오려고 하는 데 아까 도움을 준 여행원이 전화번호 하나 남겨 달라고 한다. 참 이런 경우도 처 음이지만 나도 왠지 남겨줘야 할 듯했다. 집에 도착한 순간 전화가 왔다.

"여기 OO은행입니다…. 제가 고객님께 실수로 240원을 더 내드렸네요. 죄송하지만 오셔서 돌려주시면 안 될까요? 번거로우시면 제가 가지러 가겠습니다."
이 신입 행원 때문에 아주 유쾌한 하루였다. 누구나 한 번쯤 그런 시절이 있었을 거다. 아니라고?

◉ 오늘의 깔 맞춤… With IPA 첫사랑

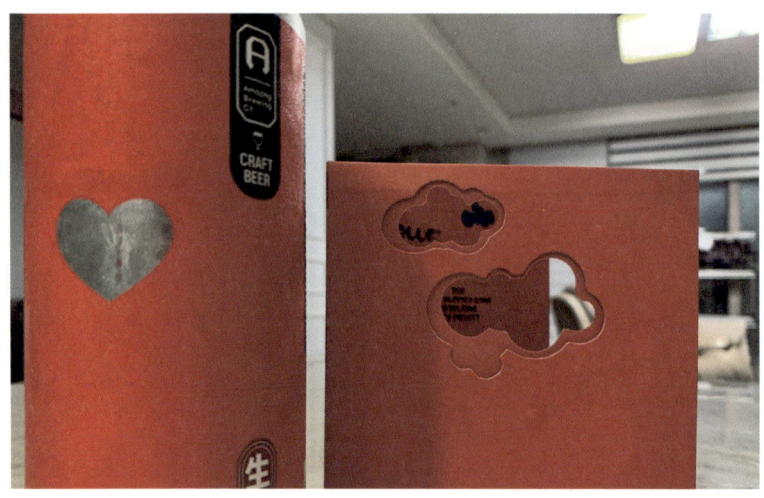

The John Dummer Band Featuring Nick Pickett - 'Blue'(1972)

확실히 난 남자이지만 남성 호르몬보다 여성 호르몬의 분비가 많은 것 같다.
저녁을 먹고 참새가 방앗간을 들리듯 익숙하게 들린 편의점에서 못 보던 맥주 두 종류
가 진열되어 있는 것 아닌가. 하나는 검은색 바탕에 강렬한 해골 비슷한 문양이 그려
져 있고. 또 하나는 보시다시피 빨간색에 깜찍한 하트가 그려져 있는 이놈이다. 당연
히 후자를 집어 와서 마신다. 살 때는 몰랐는데 이 맥주의 이름이 '첫사랑'이다. 첫사랑
이라는 말. 얼마나 설레이나. 내 첫사랑은 뭘 하고 있을까. 아! 안방에서 태블릿으로 드
라마 보다가 디비자고 계시는구나.

첫사랑이라는 이 예쁜 이름의 맥주를 마시다 보니 존 더머 밴드(John Dummer Band)
의 앨범 'Blue'가 생각이 나서 작은 볼륨으로 듣는다. 아주 남성적인 음악이다. 빨간
자켓에 타이틀은 'Blue'라니

⏺ 오늘의 깔 맞춤… With After IPA

Joe Farrell Quartet - 'Joe Farrell Quartet'(1970)

내가 매일 저녁 맥주를 마시니까 혹시 내가 맥주에 대해 많이 알고 입맛도 까다롭지 않을까 생각하는 사람들이 있을지 모르겠는데 전혀 아니올시다. 사실 라거니 IPA니 하는 맥주의 종류도 제대로 모르고 와인 잔을 이리저리 돌려 마시며 평론하는 와인 애호가처럼 맥주 맛을 평가하지도 못한다. 그냥 라면의 신제품이 나오면 먹어보고 싶은 마음과 별반 다르지 않다.

동생들이 서울에서 어머니를 모시고 내려와 어제, 오늘 산으로 바다로 봄바람을 쐬러 다녔다. 산으로 갈 때면 언양불고기를 먹고, 바다에 갔을 땐 기장대게도 먹고, 팔자에도 없는 유람을 했지만 어디로 쏘다니는 건 체질이 아니다. 그래도 엄마가 좋아하시니 그걸로 됐다. 기장의 대게 집에서 처음 보는 맥주를 팔기에 포장(?)해 왔다. 물론 대게를 먹으면서는 소주를 마셨다. 맥주에 환장한 놈으로 보일지 모르겠지만 사실 가장 좋아하는 술은 무향 무미의 소주다. 집에 돌아와 맥주를 마신다. 어떤 명승지에 있는 순간보다, 어떤 산해진미를 맛보는 순간보다 행복한 순간이다. 맥주의 색깔도, 맛도, 음악도 최고는 아니지만 그래서 어쩌면 행복한 딱 그런 기분을 느끼기에 충분한, 그런 것들이다.

◉ 오늘의 깔 맞춤··· With Kloud 생(生)

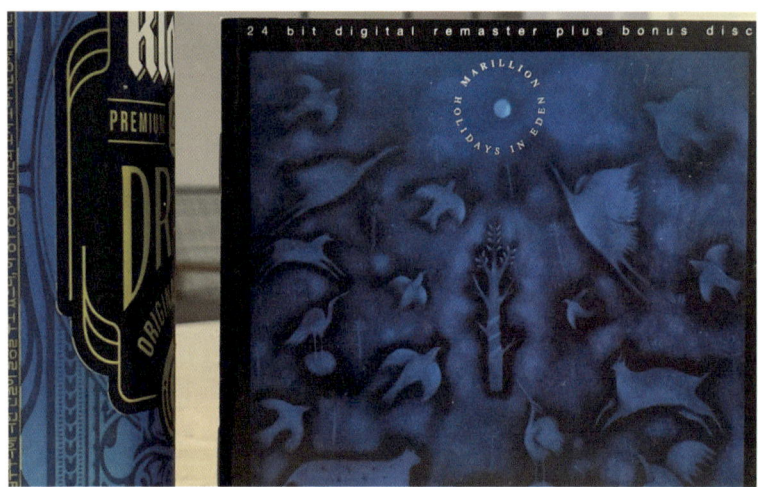

Marillion - 'Holidays In Eden'(1991)

마릴리온(Marillion)은 Fish 시절과 스티브 호가스(Steve Hogarth) 시절로 퉁쳐 나누어지는데 83년 명반 'Script for a Jester's Tear' 이래 87년 네 번째 앨범 'Clutching at Straws'를 끝으로 Fish가 떠난 후 나는 그들의 끝도 얼마 남지 않았다고 생각했다. 그러나 놀랍게도 호가스의 마릴리온은 오늘날까지 네오 프로그레시브록의 절대강자로 남아있다.

호가스의 마릴리온의 음악은 묵직한 멜랑콜리에 있다. 그 멜랑콜리는 쉽게 사람의 마음을 파고들지 않는다. 서서히 오르는 취기처럼 스며드는 음악이다. 그러니까 확 꽂혔다가 쉽게 사그라지는 음악이 아니라 야금야금 스며든다.

이 맥주를 좋아했는데 더 이상 나오지 않는다. 내 입맛이 이상한가.

◉ 오늘의 깔 맞춤… With Bali Hai

Eagles - 'Hotel California'(1976)

이글스의 드러머 돈 헨리가 그랬다. 할 수만 있다면 인간은 천국까지 파괴해 버릴 거라고.

사랑은 쾌락을 추구하게 되지만 쾌락은 그 사랑을 밋밋하게 만든다. 〈Hotel California〉는 사랑이라는 테마가 시니컬한 쾌락주의로 변해버린 상황을 담은 앨범이다.

웨스트코스트 음악이 무엇인지 잘 모르겠다면 이 음반을 들으면 된다. 저절로 고개가 끄덕여질 것이다. 맥주 한잔하면서….

◉ 오늘의 깔 맞춤… With 상상 페일에일

Kayak – 'Kayak'(1975)

오늘 한낮에는 햇살이 좋았어. 바람도 기분 좋게 불어와 괜스레 기분도 좋은 날이었지. 이런 날은 운전도 아주 즐거워.

신호에 걸려 대기하고 있으니 반쯤 열린 차창으로 초여름의 햇빛이 운전석을 비집고 들어와 핸들을 잡은 내 손을 비추더군. 참 고운 손이라는 소리를 듣던 내 손을. 모두들 내 손을 보고 한마디씩 했었지. "고생이라곤 전혀 해보지 않았군." 사람들은 고생이라는 단어에서 육체노동을 연상하는 것 같아. 뿌리 깊은 선입견 같은 거지.

집사람도 내 손을 좋아했어. 한 번씩 진담인지 농담인지 내 손 때문에 나를 좋아했다고 지금도 가끔씩 이야기하곤 해. 하여튼 운전대를 잡은 내 손을 보니 예전과는 많이 주름이 졌더라고. 그런데 갑자기 돌아가신 아버지 생각이 나는 거야. 아버지 살아생전 그의 손을 몇 번이나 잡아보았을까? 하는 생각이 말이야. 그리고 그 느낌을 떠올려 보려고 했지만, 도무지 생각이 나지 않아. 그런데 그 느낌을 내게 전달해 준 사람은 내 집사람이었어. 아버지가 돌아가시기 전에 모셨던 요양원에 가면 아내는 내내 아버지의 손을 꼭 잡고 무엇인가 말을 걸었고 난 그저 병원 밖 뜰에서 담배만 뻐끔거렸지.

어느 날 집사람이 그러더군. "아버지 손이 자기 손이랑 너무 똑같은 거 알아? 아버님 손을 잡고 있으면 자기 손을 잡고 있는 것 같아." 그래, 그랬구나. 아버지 손도 참 고우셨구나. 그런데 난 그 느낌을 기억하지도 못한 채 아버지를 보냈구나.

◉ 오늘의 깔 맞춤⋯ With 플레이그라운드 조커에일

Bruce Dickinson - 'Accident Of Birth'(1997)

예전에 일본 하이파이 잡지(굳이 일본 잡지를 언급하는 건 오디오건 음악이건 일본을 배제한 우리의 현실을 생각할 수 없음이다)를 보면 오디오와는 떼려야 뗄 수 없는 음반 리뷰 코너를 보게 된다. 오디오 애호가들이 거의 클래식 애호가들 인지라 클래식 음반은 그렇다 쳐도 가끔 리뷰 되는 록 음반들의 경우를 보면 누구나 인정하는 시대의 명반이나 인지도가 높은 뮤지션의 경우보다는 커버가 특이하고 덜 소개되어진 음반들이 많다. 그래야 좀 더 고상해 보이는 모양이다.

아이언 메이든의 프론트 맨, 브루스 딕킨스의 이 솔로 앨범이 나왔을 때 유명한 하이파이 잡지를 통해서 알았다. 아이언 메이든 보다는 그 밴드 멤버의 솔로 앨범이 더 고상해 보이는 모양이다.

◉ 오늘의 깔 맞춤⋯ With 구미호 IPA

Keith Jarrett, Lou Harrison With New Japan Philharmonic, Naoto Otomo, Lucy Stoltzman, Robert Hughes – 'Works By Lou Harrison: Piano Concerto – Suite For Violin, Piano And Small Orchestra'(1988)

키스 자렛 옹의 건강이 심상치 않다는 소식을 접하고 맥주를 마시다 꺼내 본다.
오늘은 이 음반이 듣고 싶다.

바이올린과 피아노 그리고 작은 오케스트라를 위한 조곡⋯⋯. 2악장 비가(Elegy)다.

그가 이겨내시길 바란다.

⦿ 오늘의 깔 맞춤… With REEPER B IPA

City - 'Casablanca'(1987)

독일 민주공화국 출신 밴드 시티는 〈Am Fenster〉 딱 한 곡으로 그 어렵다는 프로그레시브록에 다리를 걸치는데, 사실 그들의 스타일은 딱 이렇다.

시티팝이라는 장르는 아무리 생각해도 딱 부러지게 모습이 그려지지 않는데 이런 거 아닐까. 이름 봐. 시티(City)라고 적혀 있자녀!

올겨울은 유난히 춥다. 여름이 코앞이라 생각하고 맥주를 마신다.

◉ 오늘의 깔 맞춤… With BrewDog independent pale ale

The Grid / Fripp – 'Leviathan'(2021)

존경할 만한 로버트 프립 영감님은 수많은 뮤지션들과 호흡을 맞춰 콜라보 앨범들을 발매하셨다. 그때마다 영감님은 주연으로 혹은 조연으로 들숨 날숨 같은 연주를 들려 주셨는데 그 호흡이 너무 변화무쌍해 따라잡기 좀 벅찬 구석이 솔직히 있다.

2021년 영감님이 선택한 파트너는 신스팝 듀오 'The Grid'였다.
이건 정말 상상하기 힘들었던 조합인데 개인적으로 King Crimson이라는 거대한 성 벽 밖에서 일구어진 영감님의 작품 중에 최고라고(물론 들어본 것에 한해서) 감히 말 하겠다. 게다가 제목이 '리바이어던'이라니…

◉ 오늘의 깔 맞춤… With Stout Black

Black Sabbath - 'Heaven And Hell'(1980)

예전에는, 그러니까 쌍팔년도에는 음반에 대한 가위질이 심했다. 가사가 선정적이다, 반체제적이다, 왜색이다 별별 이유로 금지곡을 만들었다. 어떤 앨범은 통째로 금지가 되기도 했다. 가사뿐만 아니라 음반 커버에도 손을 댔다. 라이선스로 나온 음반 중에 원반과 다른 자켓이 허다했다.

그런데 생각해 보니 이 블랙 사바스의 음반 자켓이 온전히 그대로 나온 것이 신기하다. 우리 천사들께서 아주 맛깔나게 담배를 피우고 있는데 말이다.

하긴 그때만 해도 흡연에 아주 관대했으니까.

🔘 오늘의 깔 맞춤… With ARK 페일 에일

Santana - 'Tiger's Head'(2029)

"음악은 멜로디와 리듬이라는 두 연인의 결합이다. 멜로디는 여성이고 리듬은 남성이다."

카를로스 산타나가 이런 말을 했는데 요즘 같으면 "왜 여자가 멜로디냐, 여자도 리듬이다."라고 반문할 수도 있겠다.

예전에 장래 희망을 물으면 '현모양처'라고 대답하던 여자아이들이 꽤 있던 시대도 있었다.

◉ 오늘의 깔 맞춤… With 진달래 맥주

시인과 촌장 – '푸른 돛'(1986)

어릴 때부터 호기심이라는 게 별로 없었다. 뭐 지금도 별반 다르지 않지만, 이상하게 처음 보는 라면이나 맥주는 내면의 호기심이 발동해 먹어보거나 마셔봐야 직성이 풀린다.

진달래 맥주라니!

게다가 저런 전투적인 글씨체의 맥주를 어떻게, 어떻게 외면할 것인가.

어릴 적 시골에서는 봄이 되면 지천으로 진달래가 피었다. 가끔 그 꽃잎을 따먹었고, 어른들은 그 꽃으로 술을 담갔다. 그 술을 어른들 몰래 퍼먹고 툇마루에 누워 맴맴 돌아가는 하늘의 뭉게구름을 쳐다본 생각이 난다.

사월 목마른 사월 하늘
진홍빛 슬픔으로 피어
그대 돌아오는 길·위에서 흩어지면
나 다시 진달래로 피어 피어….

시인과 촌장이 노래했지만, 우리 꽃들은 아름다운 존재 이전에 슬픔의 존재였다.

맛은 어때요? 궁금하면 사서 마셔보길 권한다. 좋아하는 음악을 안주 삼아서. 평가는
당신들의 몫이다.

◉ 오늘의 깔 맞춤…With 유미의 위트에일

평소보다 늦어진 퇴근길 편의점 앞에 차를 세우고 맥주를 사러 들어갔다가 이 맥주 세트가 눈에 띄어 냉큼 집어 들었다. '산길 오는데 / 왠지 마음 끌리는 / 제비꽃'
마츠오 바쇼(松尾 芭蕉:1644~1694)의 하이쿠를 빌린다. 편의점이라는 늘 가던 익숙한 산길에서 발견한 제비꽃 같은 느낌이 들었다. 뭐 행복이 별건가. 순간순간 느껴지는 즐거움이 아닐까. 맥주를 마시며 전래동화처럼 아득한 Flower Movement 시대의 음악을 듣는다. 도무지 어울리지 않을 것 같았던 '유미의 맥주' 캔에 그려진 발랄한 애니메이션과도 꽤 잘 어울린다.

Reign Ghost - 'Reign Ghost'(1968)

⊙ 오늘의 깔 맞춤⋯ With GOOSE 312

Clifford Brown featuring Zoot Sims - 'Jazz Immortal'(1960)

최근 회자 되고있는 '바람과 함께 사라지다'의 제목처럼 정말 짧고 굵게 족적을 남기고 간 트럼펫터 클리퍼드 브라운(Clifford Brown)은 1956년 6월 26일에 자동차 사고로 스물여섯의 짧은 나이에 세상을 떠났다. 사람들은 말한다. 그가 좀 더 오래 살았다면 마일스 데이비스나 존 콜트레인을 넘어서는 뛰어난 재즈 뮤지션이 되었을 거라고 말이다. 분명 그는 뛰어난 테크니션이었다. 트럼펫 부는 솜씨는 마일스 데이비스를 능가할지도 모른다. 그가 어린 나이에 작곡한 곡들도 꽤 뛰어나다. 그렇지만 재즈 아니 모든 분야에서 그 흐름을 주도하고 후대에 지속적인 존경을 받으려면 테크닉만 가지고는 어림없다. 그가 좀 더 오래 살아서 연주했다면 존 콜트레인이 지녔던 심오한 구도의 정신과 마일스가 가졌던 도전과 혁신 같은 위대함을 보여줄 수 있었을까? 내가 생각하기엔 그러지 못했을 것이라는데 무게를 두지만, 그것 또한 내 생각일 뿐이다. 죽음은 그걸로 끝이다. '만약에' 혹은 '훗날에' 이런 단어를 의미 없이 만드는 마지막 단어가 '죽음'이다. 그래서 요절한 예술가들의 죽음은 안타깝다. 그가 연주한 〈Gone With the Wind〉를 듣는다.

◉ 오늘의 깔 맞춤… With 구미호 릴렉스 비어

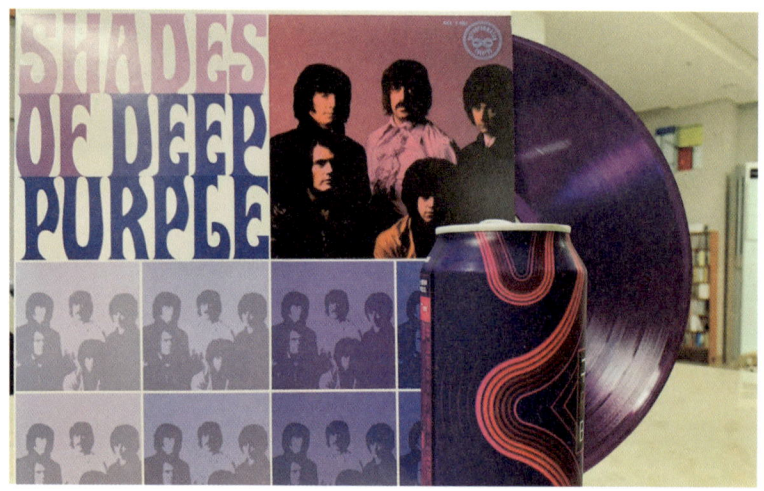

Deep Purple – 'Shades Of Deep Purple'(1968)

왜 지금도 Led Zeppelin보다 Deep Purple이나 Rainbow가 좋을까 생각을 해봤다. Led Zeppelin을 들으면 정말 흠잡을 데 없는 훌륭한 밴드라고 생각되지만 Deep Purple이나 Rainbow보다 확실한 손이 덜 가는 건 살짝 결이 다른 취향의 문제라기보다 노스탤지어, 향수(鄕愁)라는 놈 때문이 아닐까 하는 생각이 든다.

오래전으로 돌아가 마음을 설레게 했던 이성들을 생각해 보자. 한 달여 마음을 들뜨게 했던 교생 선생님도 좋고, 마음씨 고왔던 옆집 누나도 좋고, 첫사랑 또래도 좋다. 그들에게 느꼈던 감정이 '그녀는 정말 예뻤어……' 정도라면 그건 향수가 될 수 없다.

숙제를 안 해온 벌로 손바닥을 때리려고 내 손을 잡아 들었을 때 느꼈던 감촉, 옆집 누나가 피아노를 치기 시작하면 그 모습을 생각하며 쿵쾅거렸던 심장, 비 오는 날 한 우산을 쓰고 서로의 팔이 맞닿을까 어색했던 첫사랑… 이런 순간들은 시간이 지나도 머리에, 가슴에 각인되어 저도 모르는 사이에 불쑥불쑥 떠오르곤 하는 것이다.

친구 녀석이 들고 온 Deep Purple의 일본산 테이프를 빌려 더블 데크로 녹음하던 순간, Rainbow의 〈Rainbow Eyes〉를 첫사랑 그녀의 눈을 떠올리며 그녀에게 녹음해 주던 그 순간……. 그런 기억이 아쉽게도 Led Zeppelin은 없다.

확실히 Deep Purple은 맛있는 맥주처럼 깊은 풍미가 있다.

◉ 오늘의 깔 맞춤… With 골목대장 골드에일

Yo La Tengo - 'And Then Nothing Turned Itself Inside-Out'(2000)

겨울밤은 색이 짙다. 한층 도드라진 검은색이다. 아스팔트는 잔뜩 한기를 뿜고 가로등은 달빛보다 차갑다.

집으로 돌아와 움츠린 어깨를 펴고 달빛보다 조금은 따뜻한 형광등 아래서 음악을 듣는다.

맥주는 여름에 어울린다고 생각하는 사람들이 있다. 겨울에 마시는 맥주가 얼마나 사람을 따뜻하게 하는지 이해하지 못하는 사람들이다.

◉ 오늘의 깔 맞춤… With Blue Moon

Ray Owen's Moon - 'Moon'(1971)

슈퍼 블루문이 뜬다는 밤.

어디가 하늘이고, 어디가 땅인지 구별조차 어렵게 장대 같은 비가 내린다.

크게 빌고 싶은 소원도 없으니 아쉬움은 없다.

맥주 한잔에 음악을 들을 수 있으면 된다.

⦿ 오늘의 깔 맞춤… With 노동주 필스너

업으로 삼던 학원 일을 그만두며 하루에 네 시간 이상의 노동을 하지 않기로 스스로에게 다짐했다. 그 다짐은 지금도 지켜지고 있다.

오늘도 아침 여덟 시에 집사람 가게 오픈 청소를 한 시간하고, 오후 1시부터 2시 반까지 양산의 덕계초등학교에서 아이들을 상대로 강의하고 저녁 7시에 다시 집사람 가게로 가서 한 시간 마감 청소를 했으니 내 노동시간은 네 시간이 넘지 않은 셈이다. 그런데 생각해 보면 오늘 집에서 세탁기를 돌리고 빨래를 넌 행위, 청소기를 돌리고 설거지를 한 행위, 등등도 노동에 포함되는 것 아닐까. 집사람이 하던 가사일을 이젠 대부분 내가 하니 가사도 당연히 힘든 노동이라는 생각이 이제서야 든다.

어쨌든 하루 일과를 마치고 편의점에 들러 맥주를 사는데 처음 보는 맥주가 눈에 띄었다. 요즘 유행하는 싼 티 나는 콘셉트를 취한 맥주였다. 이름도 도무지 맥주와 어울리지 않는 '노동주'였지만 맛은 꽤 괜찮다.

하루를 마감하는 마당에 또 음악이 빠질 수 없다.

뭘 들을까? 이것저것 뒤지다 독일의 'Floh de Cologne'의 음반을 빼 들었다. (당연히 노동주라는 맥주의 영향이 크다) 이들은 1966년 베를린 대학의 급진적인 좌파 학생들로 구성된 그룹이었다. 음악을 통해 자본주의를 풍자하고 젊은 노동자 계층에 메시지를 전달하려고 했지만 얼마나 파급력이 있었는지는 모르겠다.

내가 올리는 음악의 상당수가 그런 것처럼 이 음악도 그러니 굳이 인터넷을 찾아 들어보는 수고는 안 하는 게 좋을 수도 있다.

Floh De Cologne - 'Geyer-Symphonie'(1999)

⊚ 오늘의 깔 맞춤… With 사랑해 화이트 에일

Keith Jarrett – 'Death And The Flower'(1975)

이건 또 뭔가?

'소중한 당신과 함께 이 순간을 기억합니다.'라는 오글거리는 카피와 싼 티 나는 깡통 커버의 맥주라니. 그래도 기어이 들고 와서 맛을 보는 난 또 뭔가?
너무 유명해서 이의를 제기할 수 없는, 마치 집단최면에 걸린 듯 추앙받는 앨범들이 있다.

키스 자렛의 쾰른 콘서트도 그런 앨범 중의 하나이지 싶다. 임펄스 레이블에서 발매한 'Death and the Flower'는 쾰른 콘서트와 같은 1975년에 발매되었다. 그의 자작곡 세 곡이 들어있는 이 앨범은 들을 만한 충분한 가치가 있다.

◉ 오늘의 깔 맞춤… With FiLite

Jon Lord – 'Before I Forget'(1982)

가을 색이 깊어지면 나무를 흔드는 바람에도 어딘가 가을의 색이 느껴진다. 여름은 가을이 타고 난 자취다. 여름이 타고 난 잔불 사이에서 하얗게 피어오르는 흰 연기의 내음. 바로 가을의 향기다.

존 로드의 솔로 앨범 'Before I Forget'은 여름과 가을이 공존하는 앨범 같다. A면에서는 바흐의 토카타를 편곡한 〈Bach Onto This〉를 비롯해서 여름의 열정 같은 4곡의 록 넘버들이 그의 키보드 아래에서 향연을 펼쳐진다. 그러나 B면으로 가면 A면의 여름 같은 곡들이 타고 난 흔적처럼 가을 같은 쓸쓸한 곡들이 흐른다. Burntwood……. 그 뜨거웠던 여름의 자취가 아닐까.

◉ 오늘의 깔 맞춤… With LEO

Charlie Haden, Jim Hall - 'Charlie Haden - Jim Hall'(2014)

짐 홀과 찰리 헤이든의 이 음반에 그려진 동물이 나는 개라고 생각했었다. 어제 이 음반을 들으며 자세히 보니 고양이 같기도 했다. 어쩌면 표범 같기도 하고.

집사람을 불러서 물어보았다. 이거 뭘로 보여. 개? 고양이?
한참을 들여다보던 집사람이 그런다.
"또 샀네, 샀어."

산 지 2년도 넘은 음반이라고 말했지만 못 보던 거라고 믿지 않는다. 그래서 내 음반을 다 기억하냐고 물었더니 그렇지는 않지만 여자의 감이라는 게 있다고 한다. 집사람의 감이 많이 떨어졌다. 그녀도 늙고 나도 늙어간다.

🎵 오늘의 깔 맞춤··· With 에딩거, 위르겐 클롭 에디션

Bob James - 'Angels Of Shanghai'(2006)

편의점에서 만원으로 네 캔을 대충 채울 때는 몰랐는데 이 맥주 마시려고 꺼내 보니 웬 아저씨 사진이 있다. 밑에 사인도 있는데 뭐 하는 분인지 별로 궁금하지는 않지만 그냥 밥 제임스 아저씨 생각이 났다. 자세히 보면 별로 닮지 않은 것도 같은데, 서양인들이 우리를 잘 구별 못하듯이 모자만 벗기면 뭐 비슷할 거 같다.

밥 제임스 아저씨의 국뽕향 그윽한 연주를 듣는다.
오~나라~ 오~나라~ 그런데 앨범 제목은 상하이의 천사들이다.
국뽕에 찬물 끼얹는군.

추천곡 〈theme〉

◉ 오늘의 깔 맞춤… With 그림버겐 블랑쉬

Asia - 'Alpha'(1983)

고등학교 때 쓰던 물건을 아직까지 지니고 있는 사람이 몇 명이나 될까. 나는 고등학교 때 쓰던 물건을 수백 개 아직 가지고 있고 여전히 사용 중이다. 다들 눈치채시다시피 음반(LP)들이다. 많이 잃어버리기도 하고 줘버리기도 했지만, 아직 대부분 내 턴테이블 위에서 그때와 똑같은 음악을 들려준다. 지금 듣는 아시아(Asia)의 2집처럼.

고등학교 2학년 때 공부를 핑계로 부모님을 협박하여 전축을 샀다. 테이프로 음악을 듣다가 그야말로 신천지가 열린 것이다. 어머니와 금성 대리점에 가서 전축을 계약해 놓고 돌아오는 길에 레코드 가게에 들렀다. 전축이 오기 전에 미리 LP를 고르던 그때의 설레임은 지금껏 살아오며 느낀 설레임 중 최고가 아닐까 한다.

로저 딘의 동양미 물씬 풍기는 장쾌한 커버의 슈퍼그룹 아시아의 2집은 그때 나의 손에 숙명처럼 들리어졌다. 나의 첫 LP다. 17살 소년의 손끝에 들리어졌던 이 음반은 이제 반세기를 넘게 산 아저씨의 손끝으로 전해져서 그때와 똑같은 설레임을 전해준다. 아 물론 그때는 맥주 맛을 몰랐다.

◉ 오늘의 깔 맞춤… With Hofjager Weizenbier

Led Zeppelin - 'Untitled'(1971)

레드 제플린을 좋아하지 않는다. 그들의 팬들이 들으면 뭐라 할지도 모르지만 그들의 음악을 좋아하지 않는다. 그들의 정규 앨범을 다 가지고 있고 어떤 앨범의 곡이라도 웬만하면 다 알 정도로 많이 들었지만 그래도 그들의 음악은 내 맘 밖이다.
끊임없이, 최근까지도 제기되는 그들의 표절 의혹 때문이 아니다. 오늘날까지 좋아하는 딥퍼플의 충성스러운 지지자로서의 팬심 때문도 아니다.

지미 페이지의 신비스럽기까지 한 프레이징을 안다. 전설이 되어버린 존 본햄을 어찌 모르겠는가. 가끔 영롱한 키보드 솜씨도 보여주던 베이스의 존 폴 존스까지 모두 경지에 다다른 뮤지션들의 밴드지만 내 마음 밖이다. 그 이유 중에 하나를 꼽으라면 로버트 플랜트의 쇳소리 같은 목소리 때문이라고 말하겠다.
그런데 그런 그가 언제부터 내 맘속에 자리 잡기 시작했다.
나도 나이를 먹고 그는 더 나이를 먹는다.

◉ 오늘의 깔 맞춤… With 광화문 엠버 에일

Taï Phong - 'Taï Phong'(1975)

첫 직장에서 신입사원 연수받을 때의 일이다. 남자와 여자가 어울려 생활하다 보면, 그것도 피 끓는 청춘의 집단인 경우 자연스레 이성에 관한 이야기가 오가게 된다. 교육을 마치고 숙소에 돌아오면 어떤 여사원이 예쁘고 날씬하며 똑똑한가 하는 따위의 이야기를 정신없이 떠들곤 했다.

자그마한 용모에 단아한 자태를 가진 여자 동기가 종종 이야기되곤 했는데 어느 날 우연히 교육 시간에 내 옆자리에 앉게 되었다. 자투리 시간에 이야기하다가 그녀가 음악을 좋아한다는 걸 알게 되었고 그때부터 우리는 강의 내내 강사의 눈을 피해 음악 이야기를 했다. 떠들 수는 없으니, 노트에 적어 가며 눈으로 교감을 했다.

핑크 플로이드, 킹 크림슨이 노트에 적혔고 뉴트롤스를 비롯한 무수히 많은 아트록 그룹들과 그들의 앨범을 이야기했다. 그렇게 연수가 끝날 때까지 우린 강의 시간이면 같이 앉아 음악 이야기를 했다.

연수를 마치고 남자 동기들끼리 모임을 가졌는데 멀대처럼 키가 크고 싱거웠던 한 녀석이 불쾌해진 얼굴로 그녀와 사귀냐고 물었다. 그는 연수 내내 붙어서 이야기하던 우리를 질투 어린 시선으로 지켜보고 있었던 거였다.

난 지금은 집사람이 된 여자 친구의 사진을 보여주었고 비로소 환한 얼굴이 된 그에게 술 한 잔을 거하게 얻어먹었다. 그 후 그는 내게 그녀가 좋아하는 음악을 물었고 그녀가 가장 멋진 뮤지션이라 이야기했던 쟝 자크 골드만이 있던 Tai Phong의 이 앨범을 말해주었다.

이성의 호감을 살 때 음반이 먹히던 시절이 있었다⋯⋯.

누구의 말처럼 로맨스는 죽었다.

추천곡 〈Sister Jane〉

◉ 오늘의 깔 맞춤⋯With PAULANER Weissbier

Bob James - 'Heads'(1977)

예전에는 민박이나 여관방 같은 숙박비를 아껴볼 요량으로 텐트를 짊어지고 여행을 떠나곤 했는데, 요즘은 펜션이나 호텔 같은 고급 숙소도 자발적으로 마다하고 캠핑을 즐기는 사람들이 많다. 캠핑족들이 꼽는 가장 큰 매력은 가장 자연과 가깝게 지내며 외로움을 즐기는 행위라고 한다.

인터넷에서 솔로 캠핑을 즐기는 여성의 인터뷰 기사를 읽었다. 그녀가 캠핑하는 데 가장 방해를 받는 요소가 다른 캠핑족의 관심이라고 한다. 끊임없이 찾아와서 말을 걸고 관심을 보이는 사람들 때문인데 그들의 거의 전부는 50대 아저씨 캠핑족이라고 한다.

아저씨들요! 캠핑을 왔으면 산. 강, 바람과 같은 자연과 화합을 도모하고, 힐링에 충실할 것이지 캠핑 온 여자들 SNS 계정은 왜 물어보세요.

뭐 캠핑만 그럴까. 페이스북이나 인스타그램 같은 곳에도 그런 아저씨들은 널리고 널렸다. 나처럼 같이 늙어가는 아저씨들 포스팅에는 일도 관심이 없다가 여자들의 포스팅(사실 별 내용도 없는 셀카나 사진들)에는 바람처럼 나타나 존재감을 피력하는 아저씨들을 흔히 볼 수 있다. 여자 페친들이 '메신저 안 합니다'라고 적어놓은 이유는 이런 50대 아저씨들 때문이 대부분이다.

외로우세요? 그럼 그땐 이성에게 질척거리지 말고 턱걸이를 하세요!

사람들은 다 외롭다. 밥 제임스가 편곡한 보즈 스캑스의 명곡 〈We're All Alone〉은 아주 흥에 겹게 들리지만, 고쟁이 속에 숨겨진 우울을 감출 수는 없다.

추천곡 〈We're All Alone〉

◉ 오늘의 깔 맞춤… With 발리하이 로맨틱 나이트 라거

지금껏 살면서 사람에게 상처받은 적이 없었던 것 같다. 고매한 인격의 소유자라던가, 한없이 착한 성격 때문이 아니라 상처받을만한 인적교류를 거의 하지 않았기 때문이다.

돈이 많지 않아서 빌려줄 만한 여력이 없어 돈을 떼일 일도 없었고, 여자를 사귀는 일도 해보지 않아서 실연당한 일도 없고, 직장생활도 해보지 않아서 조직 내에서 상처받은 일도 없다. 모임 같은 걸 좋아하지 않아서 동창회도 하는지 안 하는지 모르는데 하물며 어떤 모임에 꼬박꼬박 참석하는 일도 내키지 않는다. 한마디로 말하면 아는 사람이 많지 않다는 것이다. 뭐 그러니 사람에게서 상처받는 일이 없는 게 어쩌면 당연한 일이다.

아주 사소한 일, 가령 SNS의 댓글 같은 것에도 상처받는 사람들도 있지만 사람에게 상처받고 분노하는 대부분의 사람은 많은 인간과의 관계를 자랑하던 사람들이다. 사람이란 많이 알면 알수록 상처받을 확률이 높아지는 동물이다. 반면 상처를 많이 주는 사람들의 특징은 당사자가 없는 곳에서 사람에 대해 이런저런 이야기를 하는 사람들이다. 정말 동물들은 절대 하지 않는 비열한 짓이다.

유유자적(悠悠自適)이란 말이 좋다. 없으면 없는 대로 덜 쓰면 되고, 바람이 불면 부는 대로 비가 오면 좀 젖어도 된다. 많은 사람을 만나서 관계를 맺고 어울리는 일보다 혼자 음악 듣고 책도 좀 보고 밤이 되면 혼자 술 한잔하는 삶이 즐겁다.

영국밴드 Jade Warrior의 음반 자켓은 유유자적(悠悠自適)이라는 말이 딱 어울린다. 인도네시아산 맥주도 그렇고.

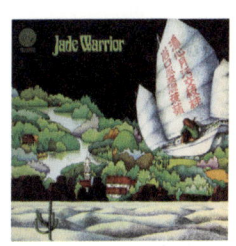

Jade Warrior - 'Jade Warrior'(1971)

⊙ 오늘의 깔 맞춤… With ADNAMS GHOSTSHIP

Kansas - 'Point Of Know Return'(1977)

어릴 적 바다가 눈에 보이면 파도처럼 덩달아 일렁이고 했던 설레임은 없지만, 여전히 바다가 좋다. 나이를 먹으면 산이 좋아진다고 하던데 나는 지금도 왜 기를 쓰고 산에 오르는지 이해하지 못한다.

어릴 적 태백산 골짜기 탄광촌에 살다 보니 바다를 볼 기회가 적었다. 그래도 여름 휴가철이면 아버지가 다니던 광업소에서 한적한 강원도 바닷가에 휴양소를 차리고 그곳에 대절한 버스를 타고 가곤 했다. 구불구불 산길을 돌아 한참을 가다 저 멀리서 바다가 언뜻 보이기 시작하면 누군가가 '바다다!'라고 외쳤고 그러면 버스 안의 사람들은 어른, 아이 할 것 없이 창밖으로 목을 빼고 바라보며 좋아했었다.

Roger Dean의 멋진 일러스트가 돋보이는 이 앨범은 어린 시절 지구가 평평하다고 생각했을 때의 상상을 잘 보여준다.

◉ 오늘의 깔 맞춤··· With 매그너스 쥬시애플 애플사이더

Apple - 'An Apple A Day'(1969)

어릴 적, 겨울이 되면 집 안에 있는 광 안에는 사과 궤짝이 소복이 쌓이곤 했다. 궤짝에 박힌 못을 뜯어내고 궤짝을 열면 가득한 겨 속에 숨어있는 빨간 사과들을 볼 수 있었다. 그중에 몇 놈을 꺼내와 어머니가 깎아주시면 그 튼튼했던 이빨도 시릴 만큼 차갑고 달콤한 사과의 맛에 온몸이 찌릿찌릿해지곤 했다.

이젠 다시 그런 사과 맛을 볼 수 없다. 옛날 먹던 이가 시린 그 사과 생각이 간절하다. 브리티시 사이키델릭 록밴드의 유일작인 이 앨범은 들으면 들을수록 향이 우러난다. 잘 익은 사과처럼.

⦿ 오늘의 깔 맞춤⋯ With 코젤 다크

Atomic Rooster - 'Death Walks Behind You'(1970)

Crazy world of Arthur Brown의 멤버로 유일한 히트곡 〈fire〉를 작곡한 건반주자 빈센트 크레인(Vincent Crane)이 주도한 그룹 Atomic Rooster는 헤비 프로그레시브록의 교과서이다.

빈센트 크레인은 89년 스스로 생을 포기했다. 이 앨범 제목이 눈에 밟힌다.

Death Walks Behind You.

⊙ 오늘의 깔 맞춤… With 성산일출봉 에일

The Gary Burton Quartet With Orchestra - 'A Genuine Tong Funeral'(1968)

세상일은 뜻대로 되지 않는다.

자신이 생각한 대로 살아지고 마음먹은 것은 다 이루며 살아온 사람들이 얼마나 될까. 설령 그렇게 살아온 사람들도 행복한 것 같지는 않더라.

오늘은 하루 종일 볼륨을 높여 메탈 음악이나 좀 들을까 했는데 채 두 장도 듣지 못하고 밖으로 다니며 이래저래 분주하게 보내고 이제야 맥주 한 잔을 앞에 두고 메탈과 대척점에 있을법한 비브라폰 소리를 듣는다.

◉ 오늘의 깔 맞춤… With 하얼빈

Peter Bardens - 'The Answer'(1970)

LP로 음악을 듣는 사람들은 오비(obi)라는 단어를 알 것이다. 기모노의 띠에서 유래된 말로 LP의 옆구리를 둘러싸고 있는 띠지다. 당연히 일본 음반에 대부분 붙어서 나온다. 거기에 쓰여있는 내용은 별거 없다. 앨범의 기본정보와 광고 문구, 가격이 보통 쓰여있다. 그런데 별거 없는 이 오비가 레코드 수집가들 사이에서는 무척 중요한 모양이다. 중고 LP에 이 오비가 있고 없고에 따라서 가격이 차이가 난다.

국내 음반에도 간혹 이런 오비가 붙어있는 판이 있었다. 예음사에서 라이선스로 나왔던 Jethro Tull의 명반 'Aqualung'에도 오비가 있었다. 최고의 프로그레시브록~ 어쩌니 하는 유치한 문구가 적혀있던 기억이 난다. 물론 나는 사자마자 거추장스러운 그것을 제거했다. 일본이라는 나라는 참 섬세하다. Camel의 키보드 주자였던 피터 바든스 (Peter Bardens)의 이 CD처럼 CD에도 오비가 붙어있다.

◉ 오늘의 깔 맞춤… With Hoegraaden Green Grape

아들 책상에 쭈글쭈글한 오만 원권 지폐 한 장이 있는 걸 보았다. 웬 돈이냐고 물었더니 엄마가 주었다고 한다. 세탁기에서 나왔다고. 그러려니 했는데 가만히 생각해 보니 세탁기에서 나왔다면 그 돈은 분명히 내 것이다. 우리 집에서 돈을 지갑이 아닌 주머니에 구겨 넣고 다니는 사람은 나밖에 없다. 좀 억울한 생각이 들어서 집사람에게 따졌더니 칠칠치 못한 나를 구박한다. 아들에게 그건 아빠 돈이니 돌려달라는 말은 차마 못 하겠고 비굴하게 한마디 했다. "아들. 이따 저녁에 맥주 두 캔만 사다 놓으면 안 되겠니? 공돈도 생겼는데." 아들이 사 온 맥주에는 포도가 그려져 있다.
내 스타일이 아니다.

Moby Grape - 'Wow'(1968)

◉ 오늘의 깔 맞… With 와이앤모어 Steam Brew

Triade – '1998:La Storia Di Sabazio'(1973)

아트록 음반 구하기가 하늘의 별 따기였던 시절, 우리의 가슴을 뛰게 했던 유명한 황금색 커버의 일본판을 손에 넣고 참 기뻐했던 기억이 난다.

왜 라이선스 음반들은 이렇게 만들지 못했을까?

⊙ 오늘의 깔 맞춤⋯ With Steam Brew German Red IPA

Noël Akchoté - 'Rien'(2000)

"당신 힘을 가끔 내게 쓰지 않는 이유가 뭐야?"
"사랑한다는 것은 힘을 포기하는 것이기 때문이지."라고 프란츠가 부드럽게 말했다.

사비나는 두 가지 사실을 깨달았다. 첫째, 이 말은 아름답고 진실하다. 둘째, 이 말 때문에 프란츠는 그녀의 에로틱한 삶에서 자격을 상실한 것이다.

아름답고 진실하게 살려고 애쓰지 말자. 삶은 얼마나 에로틱한가. 삶을 힘들게 하는 건 무거운 짐이 아니라 그 참을 수 없는 존재의 가벼움이다.

◉ 오늘의 깔 맞춤… With 브루독
인디페일 에일

Roger Waters -'Is This The Life We Really Want?'(2017)

예전에는 음반을 한 장 사면 정말이지 공부하는 자세로 들었다. 쉬이 귀에 들어오지 않는 곡들은 어려운 부분 읽고 또 읽듯이 듣고 또 들었다. 라이너 노트를 쓸 평론가처럼 내 거로 만들어야 직성이 풀렸다.

이제 나이가 들어서인가. 새로 접한 음악들은 예전처럼 귀에 잘 감기지 않는다. 예전 같으면 듣고 또 들었겠지만 이젠 귓가로 흘려보낸다. 어쩌다 다시 들으면 또 좋아지기도 하지만 억지로 그 음악을 잡으려고 하지는 않는다.

한때 철학책처럼 심각하게 들었던 핑크 플로이드 그리고 데이비드 길모어, 로저 워터스의 새 음반이 나와도 그러려니 한다. 길모어의 폼페이 라이브 박스 셋은 몇 곡 들어보고 포기했고 로저의 새 음반은 미루다 미루다 어쩌면 이게 그의 마지막 앨범이 될지도 모른다는 생각에 구입했다.

'Is this the life we really want?'

많은 걸 생각하게 하는 타이틀의 이 앨범은 참으로 평온하다. 특유의 염세적이고 니힐리스트 같은 그의 목소리는 나이가 들어도 변함이 없지만 어깨에 들어갔던 힘을 뺀, 잘 나갔던 아저씨를 만난 기분이다.

이런 음반은 턴테이블에 올려놓기만 하면 된다. 그럼 내가 낮잠을 자든, 책을 읽든, 아니면 청소를 하든, 언제나 귓가에 살랑살랑 맴돈다.

⦿ 오늘의 깔 맞춤⋯ With Somersby Apple Cider

Nektar – 'A Tab In The Ocean'(1972)

쉬는 날 집사람과 점심으로 국수 한 그릇 먹고 돌아오는 길에 못 보던 가게가 보인다. 얼마 전까지 반찬 가게가 있던 자리인데 그새 주인이 바뀐 모양이다. 앤티크한 소품들로 꾸민 가게 내외부가 눈길을 끌었는데 호두로 만든 먹거리를 파는 모양이다. 쇼윈도에 팥빙수도 판다고 적혀있길래 집사람에게 포장해 갈까, 물었다.

"아니 오늘 좀 춥다. 여름 되면 먹자."
"여름까지 이 가게가 남아있을까?"
"뭔 말을 그렇게 해. 잘되길 빌어야지."

나도 말은 그렇게 했지만 새로 오픈한 가게들이 잘되기를 바란다. 손님이 많으면 내 일처럼 즐겁고, 없으면 많이 안타깝다.

불황의 늪이 깊다.

집 베란다에서 바라본 상가의 상점들은 대부분 불이 꺼져있다. 유럽식 상가를 본떠 나지막이 이층으로 넓게 자리 잡은 예쁜 상가들은 지은 지 십 년이 되어 가는데 반이 공실이다. 그나마 장사를 하는 상가도 금세 주인이 바뀌고 또 '임대'라는 글귀가 붙는다.

서울의 홍대 같은 유명한 상권도 몰락해 가는데 이런 지방이야 말할 것도 없다. 누군가는 대통령 하나 잘못 뽑아서 이 지경이 되었다고 말한다. 물론 조금은 나아졌을 수는 있을지 모르겠지만 이미 많은 강을 건넜다. 예전 필립 K 딕(Philip K. Dick) 같은 SF 작가들이 작품을 통해 말한 것처럼 미래는 유토피아가 아닌 디스토피아의 세계가 맞는 것 같다.

Nektar는 영국인들로 구성되어 있지만 독일을 무대로 활동하던 그룹이다. 이 앨범은 그들의 이름을 알리게 한 명반이다. 대곡 〈A Tap in the Ocean〉을 들어보면 웅장한 '심포닉록' 이라는 장르가 어떤 것인지 충분히 짐작할 수 있게 만든다.

◉ 오늘의 깔 맞춤… With Charger Beer

TV가 없으니, 실시간으로 뉴스를 보는 일은 없어도 세상 돌아가는 일은 알아야 하니까 핸드폰으로 다음이나 네이버를 들락거리며 기사들을 읽는다. 뉴스들이야 항상 짜증을 유발하지만, 그 기사에 달린 댓글들을 읽는 재미는 쏠쏠하다. 댓글 창은 UFC 격투기의 육각 링이다. 선수들은 영구와 맹구들이다. 영구와 맹구가 벌이는 육박전이 어찌 재미있지 않을 수 있을까.

상대방에게 펀치를 날리고, 발길질해대고 헤드락, 암바를 건다. 비장한 듯 보이지만 영구와 맹구 아닌가. 한 번씩 수세에 몰리면 또 다른 맹구와 영구들이 등장해 같은 편에 힘을 실어주고 상대편에게 로프의 반동을 이용해 드롭킥을 날리기도 하는데 예전 프로 레슬링의 장면도 생각나고 해서 흥미진진하다.

이렇게 피 터지게 싸워도 아무도 다치지 않으니 얼마나 다행인가.

집에 TV가 있던 시절 자기 전 침대에 누워 이 채널 저 채널 돌리다 고정하던 채널은 '나는 자연인이다'였다. 왜 이 프로그램이 인기가 있을까. 그건 바로 우리가 꿈꾸는 건 안빈낙도(安貧樂道)의 삶이기 때문일 것이다.

Jethro Tull의 이 앨범은 우리가 상상하는 시골 생활의 반대편을 노래한다.

Jethro Tull - 'Heavy Horses'(1978)

◉ 오늘의 깔 맞춤… With 남산

부부가 같은 취미를 공유하며 산다는 건 좋은 일일까. 평생을 연애하듯 살아간다면 그보다 더 좋을 수는 없겠지만 가정을 꾸리고 생활하다 보면 부부가 같은 취미를 갖는 건 득보다 실이 많지 않겠는가 하는 생각도 해본다. 알다시피 내 유일한 취미는 음악을 듣는 거고 음반들을 사는 일이다. 집사람은 내 기억으론 단 한 장의 음반을 산일도 없고 스스로 음악을 찾아 들어본 적도 거의 없다. 만약 집사람이 음악을 나와 같은 취미로 가졌다면 지금 우리에겐 더 많은 음반과 더 좋은 오디오 시스템이 생겼겠지만 분명 우린 무엇인가 더 소중한 것들을 놓치고 살았을지 모른다.

적당한 견제와 자극이 필요한 이유다. 그렇다고 집사람이 음악을 싫어하는 건 아니다. 좋은 음악에 흥겨워할 줄 알고 감동도 할 줄 안다. 다만 스스로 그걸 찾지 않을 뿐이지. 한 번씩 나에게 음악을 틀어줄 것을 원한다. 오래전 남산은 연인들의 데이트 코스였는데 왜 한 번도 가본 기억이 없는 걸까.

Ramases - 'Space Hymns'(1971)

⊙ 오늘의 깔맞춤··· With Goose IPA

Roger Waters - 'Radio K.A.O.S.'(1987)

어느 날 라디오를 켰는데 그 라디오를 통해서 이웃들의 삶이 흘러나온다면 어떨까. 매일 다정해 보이던 옆집 부부의 싸우는 소리, 공부를 스스로 잘한다고 칭찬하던 윗집 아이가 공부 안 한다고 욕먹는 소리, 비싼 차를 타고 다니던 아랫집에서 이번 달 카드 값 걱정하는 소리를, 라디오를 통해 듣게 된다면 어떤 기분일까. 아마 존 치버(John Cheever)의 단편소설 『기괴한 라디오』에서처럼 결말은 썩 유쾌하지 못할 거다. 재미 삼아 듣기 시작하지만 어쩌면 우리의 일상도 라디오를 통해 누군가가 듣고 있다는 두려움에 빠질 것이다. 우린 SNS를 통해 누군가의 일상을 들여다본다. 가끔 부러움도 느끼고 자신이 초라해 보이기도 하지만 그렇게 느낄 필요는 없다. SNS라는 필터링을 거친 사진이요 글일 뿐이다.

로저 워터스의 이 솔로 앨범은 휠체어에 의지해 살아가는 청년 빌리가 라디오 전파와 교신하는 능력을 이용해 라디오 방송국 DJ와 소통하며 전쟁의 위험에 처해있는 세상에 평화의 메시지를 전달하는 주제를 담고 있다.

◉ 오늘의 깔 맞춤… With TERRA

이 사진을 찍으며 사실 역삼각형 이미지만 생각했었는데 찍고 나서 보니 맥주캔을 따고 뿜어져 나오는 모습이 깔 맞춤 되었다.

세상 돌아가는 것도 그렇다. 내가 생각한 것보다 나쁘게만 돌아가는 것은 아니다.

건배!

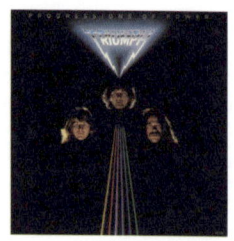

Triumph - 'Progressions of Power'(1980)

⏺ 오늘의 깔 맞춤… With Heineken

Can - 'Ege Bamyasi'(1972)

하루 중 가장 멋진 시간을 꼽으라면 해가 뉘엿뉘엿 넘어갈 때쯤 바로 그 무렵이다. 물론 술을 마시기엔 좀 이른 시간이긴 하지만 특히 초여름의 이 시간은 술 생각도 잊을 정도로 멋진 시간이다.

잠시 뜨거웠던 기운이 사라지고 기분 좋은 바람이 살랑이며 뭐 근심과 기쁨은 정말 종잇장 한 장 차이라고 귓가에 속삭이는 듯하다.

어떻게 사랑하지 않을 수 있을까? 하는 생각이 드는 독일 밴드 Can의 네 번째 앨범 'Ege Bamyasi'는 언제 들어도 끝내주지만, 이 무렵에 들어보자. 이 앨범에 담긴 모든 연주는 정말 초여름 어스름해질 녘 불어오는 바람을 닮았다.

◉ 오늘의 깔 맞춤⋯With Edelweiss Wheat beer

Yes의 많은 음반을 디자인한 로저 딘은 이 음반의 자켓을 자신이 좋아하는 작품의 하나로 꼽았다. 첫눈에 확 사로잡히는 그림은 분명 아니지만 보면 볼수록 끌림이 있다.

드라마나 영화도 그리고 음악도 그런 게 있는 것처럼.

Yes - 'Drama'(1980)

◉ 오늘의 깔 맞춤… With 진로

투견 – '1집 죽일까 살릴까'(2013)

지금보다 훨씬 친구가 많았던 젊은 시절에도 혼자서 마시는 술을 좋아했다.

집 앞 포장마차나 선술집에서 노릇하게 구워진 꽁치나, 수천 개의 가시에 둘러싸인 도톰한 알이 박힌 청어를 안주 삼아 25도짜리 진로 한 병이면 몸속에 똬리를 틀며 스멀스멀 기어 나오던 고독의 정체를 어느 정도 알듯도 해서 혼자 마시는 술을 즐겨 했다.

그때는 정말이지 고독마저 즐거웠다.

◉ 오늘의 깔 맞춤…With 칼스버그

Duke Jordan – 'Flight To Denmark'(1974)

정말 얼마 만에 마셔보는 '칼스버그'인가! 칼스버그가 그리 맛이 없다고 생각한 적은
없지만, 꽤 오랫동안 마시지 않은 것 같다. 그만큼 맥주의 종류가 많아지고 선택의 폭
도 다양해졌기 때문이다. 정말 오랜만에 (이 맥주를 마셔본 지 몇 년은 되었다) 이 맥주
를 선택한 이유는 네 캔 만원에 전용 잔을 끼워주는 상술 때문이었다. 혼자 SNS에 아
무리 잘난 체를 해봐야 이런 상술에 홀딱 넘어간다. 나는 지금껏 이 맥주가 하이네켄
과 같은 네덜란드 맥주인 줄 알았는데 덴마크 맥주였다. 맥주캔에는 Danish라고 쓰여
있고 전용 잔에는 Denmark라고 선명하게 적혀있다.
맥주가 맛있으면 되었지, 국적이 중요한 건 아니다. 독일이든 체코든 미국이든 혹은
일본이든. 그러나 오늘 이 덴마크 맥주를 들고 온건 정말 잘했다. 그 맛에 상관없이 듀
크 조단의 이 앨범을 주저 없이 꺼내 들었으니까. 아직 눈이 오려면 한참을 기다려야
하고, 설령 그 계절이 온다 하더라도 눈이 내리리란 보장도 없는 장소에 살고 있지만
추운 나라의 시린 서정을 기대하며 칼스버그를 마신다. 겨울에도 이곳은 비만 내린다.

◉ 오늘의 깔 맞춤…With 앰버라거

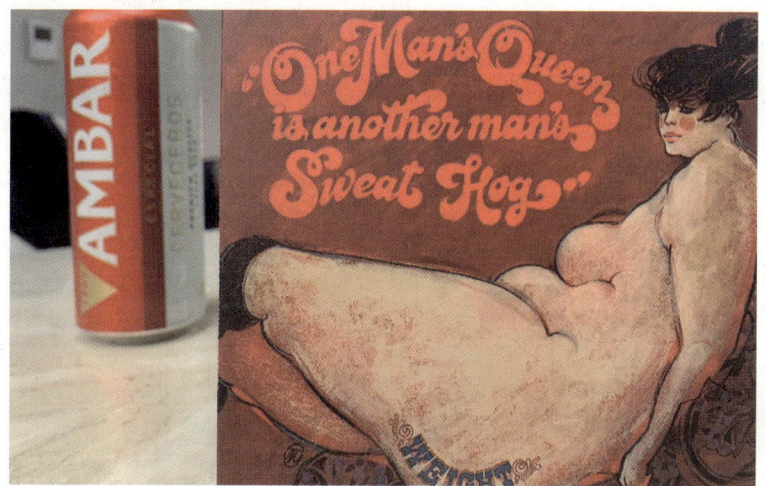

Weight – 'One Man's Queen Is Another Man's Sweat Hog'(1970)

'당신에게는 여왕이지만 다른 사람에게는 뚱뚱한 여자다.'

제목 그대로 받아들인다면 논쟁의 여지가 있겠지만 은유적으로 받아들이면 생각해 볼 말이다. 가령 내가 죽자 살자 좋아하는 음악도 누군가의 눈에는 허세 가득한 음악으로 들리고, 누군가가 좋아하는 음악이 내 귀에는 유치하게 들릴 수도 있다는 말이다.

70년 단 한 장의 음반을 남긴 미국의 4인조 밴드 Weight의 음악과 앨범 타이틀 그리고 자켓도 사람마다 다 다르게 다가올 것이다.

3장

F M 일 기

FM(Flower Movement)

이런 뮤직바가 있다면 어떨까?

한번 들러보실래요?

가상의 뮤직바에서의 일화를 기록한 가상의 일기

⦿ FM 일기 서문

드디어 꿈에 그리던 뮤직바를 오픈한다. 사실 십 대 시절의 꿈은 레코드 가게를 하는 거였는데 그 꿈은 이루지 못했지만 이젠 음악 바를 운영하며 음악이나 실컷 듣고 책 읽으며 좀 편하게 살아야 하지 않겠는가. 가게 이름은 FM(Flower Movement)이다. 고등학교 때부터 레코드 가게를 하면 붙이려고 아껴두었던 이름이다. 가장 걱정은 역시 수익이다. 그저 취미생활로 하기엔 벌어놓은 게 없다. 그래서 월 임대료를 주느니 은행에 약간 대출받아 신도시 상가를 하나 분양받았다. 이자에 대한 부담은 좀 있지만, 건물주의 갑질과 월세의 압박에서는 해방된 셈이다.

대충 인테리어가 끝나고 오늘 오디오 세팅을 끝냈다. 오디오 문제로 집사람과 신경전이 약간 있었는데 내 주장대로 조금 거금이 들어갔다. 좋은 소리를 듣고 싶은 욕심도 있었지만, 가게에 와서 음악은 안 듣고 오디오 음질이 어쩌니 하는 찌질한 군상들의 입을 막기 위함이다. 궁금하면 와서 들어보시라.

집에 있는 LP들과 CD를 가게에 옮길 생각은 없다. 하루에 내가 듣고 싶은 5장의 LP와 5장의 CD만 들고 출근할 예정이다. 하루 종일 그 음반만 틀 거다. 신청곡 따위는 받지 않는다. 당신들 좋아하는 음악은 집에서 들어라. 다시 말하지만 내가 좋아서 하는 일이다. 아, 물론 LP나 CD를 들고 오는 손님은 예외다. 그 음반을 장르와 관계없이 틀어주겠다. 맥주도 한 병 서비스로 주겠다. 음반을 사는 당신. 충분히 그런 대접을 받을 자격이 있다.

FM에서 만나자.

.

.

여름답다. 잠깐 낮에 잠이 들었는데 꿈을 꾸었다. 기분 좋은 백일몽이다.
그러니까 지금부터의 일기는 '가상의 일기'라는 소리다.

◉ FM 일기 2029년 6월 21일 맑음

Jon Anderson - 'Olias Of Sunhillow'(1976)

오늘도 5장의 LP와 CD를 챙기고 출근 준비를 한다. 손님이 없으면 안 되겠지만 그래도 한가할 때 읽으려고 요즘 꽂혀있는 로베르토 볼라뇨(Roberto Bolaño)의 단편집도 챙겼다. 어제는 내 나이 때로 보이는 두 분이 두 번째로 다녀가셨다. 전에 오셨을 때 김광석의 곡을 틀어주면 안 되겠냐고 했던 분이다. 가게의 규칙을 설명해 주었더니 다음에 올 때는 김광석의 LP를 가져오겠노라 했는데 어제 진짜로 들고 왔다.

들고 온 게 김광석의 4집 초판이다. 비싼 판이다. 귀하고 비싼 판을 가지고 계시다 했더니 옆에 있던 친구가 놀란다. "얼마나 하는데요?" "한 백만 원 할걸요" "미쳤어요. 미쳤어. 이게 다 프리미엄이에요" "사장님. 만약에 김광석이 살아있다면 아직도 지금처럼 유명할까요? 아마 7080 이런 데 나와서 노래할 텐데. 안 그래요?" 아마 그랬을 것이다. 그가 아무리 울림 있는 목소리로 노래를 잘 불렀어도.

◉ FM 일기 2029년 6월 25일 맑음

John Coltrane - 'The Atlantic Years — In Mono'(2016)

오늘은 CD를 생략하고 존 콜트레인의 아틀랜틱 시절의 모노 박스 LP를 챙겨 출근한다. 오랜만에 차분히 재즈를 즐겨보려는 심산에서다.

슬슬 손님들이 생기고 자주 오는 단골도 생긴다. 이 단골손님들에 대한 고민이 생긴다. 더러 내 몫의 맥주를 주문하기도 하고 자리에 앉아서 같이 마시기를 원한다. 그럴 때는 정중히 거절한다. 음악에 관한 이야기는 서서 한다. 영업 중에 술을 마시는 건 자제해야겠지만 술을 좋아하다 보니 마시고 싶을 때는 냉장고에서 한 병 꺼내 홀짝홀짝 마신다.
주인과 손님의 관계는 딱 그것으로 끝나야 한다. 서로를 깊게 알려고 할 필요가 없다. 단골 확보 차원에서 친해지다 보면 분명 문제가 생긴다. 남들과 다른 대접을 받고 싶은 심리 그러니까 보통 그냥 넘어갈 수 있는 사소한 일에 서운함을 느끼는 사람들이 바로 이들이다. 내가 누군데, 내가 얼마나 매상을 올려주었는데 당신이 이렇게 대접할 수 있어? 라고 열을 올리는 이들이 바로 쓸데없이 친해진 이들이다.

사람이라는 게 참 간사해서 열 번 잘해주다가 한번 못하면 서운해하고 화를 내지만 열 번 못 해주다가 한번 잘해주면 감격해한다. 그러니까 적당한 거리감은 어쩌면 더 오래 그 손님을 볼 수 있는 방법이다.

오늘도 푹푹 찐다. 그동안 이상했던 날씨가 미안함이라도 표시하는 걸까. 너무 과하다.

◉ FM 일기 2029년 6월 26일 흐림

Big Brother & The Holding Company – 'Cheap Thrills'(1968)

FM 페이스북 페이지를 오픈했다.

홍보를 통해 매상을 더 올리자는 심산이 아니다. 일주일 전에 그날그날 가져갈 음반 리스트를 올릴 예정이다. 그걸 참조해서 듣고 싶은 음악이 있으면 그날 찾아오면 된다. 가게 특성상 멀리서 일부러 오는 분들이 많다. 그분들에 대한 일종의 작은 서비스다. 신청곡을 받지 않으니까 페이스북 페이지를 통해 신청해도 된다. "내가 언제 언제 갈 텐데 이 음반을 듣고 싶다."라고 남겨주면 그 음반을 듣고 가겠다. 내게 없는 음반이지만 구미가 당기면 사서라도 가겠다.

노파심이지만 버스커 버스커나 존 박의 음악을 듣고 싶다는 사람은 없겠지. 내게 있지도 않지만, 그 음반을 사고 싶은 마음도 없다.

수증기를 잔뜩 머금은 구름이 낮다. 오늘 밤에는 비가 쏟아질 것 같다. Big Brother and The Holding Company의 음반을 준비해 간다. 1934년 조지 거슈윈이 작곡한 이래 빌리 홀리데이와 엘라 피츠제럴드를 비롯한 무수히 많은 디바가 불렀지만, 그 누구도 재니스 조플린의 처절함을 따라올 수 없다. 재니스 조플린의 수많은 버전 중에서도 이 앨범의 버전이 최고다.

폭우가 쏟아졌으면 좋겠다. 간혹 번개와 천둥도….
손님이 없어도 좋다.

⦿ FM 일기 2029년 6월 28일 비

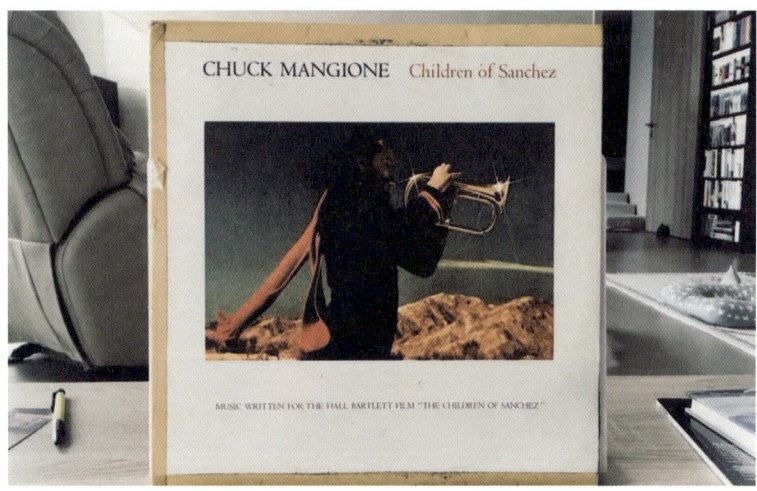

Chuck Mangione – 'Children Of Sanchez'(1978)

역시 어제는 가게가 썰렁했다. 축구 때문이다. 1층의 맥줏집, 심지어 통닭 가게까지 축구를 보러 올 손님들을 맞을 준비로 바쁘다. 열 시가 넘으니 그나마 자리를 지키던 두 테이블의 손님도 빠졌다. 밖에서 들리는 탄성과 탄식 소리가 심하게 거슬려 모터헤드의 음반을 큰 소리로 걸어놓고 맥주를 홀짝이는데 손님이 들어온다. 가끔 혼자서 조용히 맥주 마시며 음악 듣고 가던 분이다.

인사를 하고 아는 체를 했다.
"축구 안보세요?"
"축구요? 축구 볼 기분이 아니네요. 그래서 여기로 왔어요."

그리고 뜬금없이 내뱉는다.
"사장님 쌍용 자동차 아시죠. 거기 해고 노동자 한 명이 오늘 또 자살했어요. 사장님

아셨어요?"

"아니요. 몰랐습니다."

"제가 평택에서 10년을 일하다 잘렸어요. 처음엔 복직될 줄 알고 기다렸죠. 바보같이…. 그때 곤봉으로 맞고 끌려가던 사람들을 생각하면 아직도 한 번씩 문득문득 떠올라 잠을 못 잡니다. 자살한 사람이 30명이에요. 3명이 아니라…."

"잘 오셨어요. 오늘 손님도 없는데 저랑 술 한잔 하십시다."

누군가에게는 흥분되고 즐거운 날이지만 어느 누군가는 칼끝에 베인 가슴을 부여잡고 있는 날이기도 하다. 그 손님과 술을 마시며 어떤 음악도 듣지 않았다. 때론 음악마저도 사치가 될 때가 있다.

장맛비가 윤흥길의 표현처럼 보꾹이라도 뚫을 기세다. 오늘은 척 맨지오니로 시작해야겠다. 속이 쓰린 건 꼭 술 때문은 아니다.

⦿ FM 일기 2029년 7월 3일 태풍

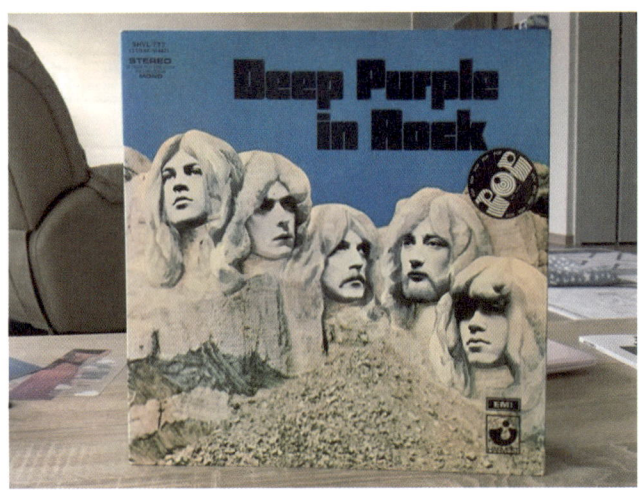

Deep Purple - 'In Rock'(1970)

가게가 썰렁해서 음악 잡지와 서적을 좀 가져다 놓기로 했다. 지나간 잡지를 뒤적이다 배철수의 음악캠프 작가 배순탁의 글이 눈에 밟힌다. 딱 4년 전의 잡지다.

「최근에 처음으로 '차라리 월드컵이 오지 않았으면….'하고 생각해 본 적이 있다. 세월호에서 비극적인 죽음을 맞이한 분들, 그리고 그 비극을 온몸으로 감내해야 하는 가족들에게 진심으로 애도를 표한다. 과거 리버풀의 전설이었던 빌 샹클리는 "축구는 삶과 죽음의 문제 그 이상이다."라고 말했던 바 있다. 진심이 뭔지는 알지만, 그는 틀렸다. 이 세상에는 축구보다 중요한 게 너무 많다.」

비단 축구뿐일까.

멋진 음악이 가슴에 박히고 은밀히 심장의 박동을 뛰게 한다면 그건 아직 우리 삶이 견딜만하다는 것이다. 가슴속에 털끝 하나가 가시처럼 박혀 세상의 무게가 느껴진다면 어떠한 음악일지라도 단지 소음에 지나지 않는다.

태풍이 온다. 오후 들어 빗줄기가 굵어지고 바람이 세다. 오늘 같은 날 가게를 열어야 할까? 손님이 있을까? 그래도 꾸역꾸역 준비한다.

태풍이 몰고 오는 비는 감성적이지 않다. 오늘의 첫 곡은 〈Child in Time〉이다. 놀랍도록 태풍을 닮은 곡이다.

◉ FM 일기 2029년 7월 9일 비

John Williams - 'The Guitarist: The Complete Columbia Album Collection'(2016)

오늘 가게에 필요한 부식을 사러 마트에 갔더니 한 60대로 보이는 노인이 직원에게 언성을 높이고 있었다. 처음에는 물건에 하자가 있어서 그러는가 생각했는데 듣고 있자니 그게 아니었다.

물건에 붙는 세금, 마트의 유통과정 등의 부조리에 대해 직원에게 열변을 토하는 중이었다. 그리고 말끝마다 내 말이 맞지요? 내 말이 맞지요? 하면서 대답을 유도한다. 직원이 당황스럽고 황당한 표정으로 이야기를 좀 들어주다가 자리를 피하자 다른 코너의 직원을 붙들고 또 열변을 토한다.

쇼핑을 마치고 1층 계산대에서 계산하고 나오니 사거리에 그 노인이 또 있다. 이번에는 정지선을 넘어 정차해 있는 차로 다가가 차를 후진시키라고 소리를 친다. 운전하던 아주머니가 놀라서 창문을 올리고 꼼짝을 하지 않자 더 흥분한다. 신호가 바뀌고 차가 출발하자 구경하던 사람들에게 열변을 토한다.

정지선 하나도 제대로 못 지켜요. 이래서 아직 멀었다는 거야. 내 말이 맞지요?

이 노인의 눈에는 세상이 온통 못마땅하다.

노인은 치매를 앓고 있음이 분명하다. 내 아버지가 치매를 앓다 돌아가셔서 잘 안다. 아버지는 한 번씩 끊임없이 이야기하신다. 새벽에도 잠이 깨셔서 아무도 없는 방에서 허공에 대고 이야기하신다. 그때의 주요 내용은 어린아이 같은 불만이요 살아온 날에 대한 과도한 자랑이다. 아버지 생각이 난다.

부슬부슬 비가 내린다. 영국인 테너 가수와 기타리스트가 엮어내는 음악이 아름답다. 음악 많이 듣자. 치매 예방에 이만한 게 있을까. 오늘은 이 중에서 몇 장 추려서 가야겠다.

⊙ FM 일기 2029년 7월 10일 무더움

김두수 – '곱사무舞'(2015)

오늘은 어떤 손님이 들국화의 노래를 LP로 듣고 싶다고 해서 가요 LP 몇 장을 챙겨간다. 그러고 보니 지금껏 가요를 튼 적이 없다. 어떤 걸 가져갈까 고르는데 가요가 참 빈약하다. 한 삼십 장 내외의 음반이 전부다. 그래도 대학 때까지는 백여 장의 가요 앨범이 있었는데 다 어디 갔을까. 나처럼 외국 음악에 심취한 사람들에게 모국어로 들리는 음악은 특별하다. 알아들을 수 있는 가사는 감정의 골에 빠르게 침투해 육신을 허문다.

가령 누군가가 실연에 빠졌을 때 이별을 노래하는 팝송보다 조용필이 "너를 용서 않으니 내가 괴로워 안 되겠다."라고 절절히 불러주면 진짜 실연의 감정은 배가 되어 무슨 일을 저지를지도 모른다. 오랜만에 햇빛이 나고 무덥다. 거리에 또다시 어둠이 내리고 희미한 가로등 불이 켜지면 난 생활 속으로 출근한다.

오늘의 첫 곡은 김두수다.

◉ FM 일기 2029년 7월 13일 땡볕

Black Sabbath - 'Black Sabbath'(1970) / 'Paranoid(1970)' / 'Master Of Reality'(1971) / 'Vol 4'(1972) / 'Sabbath Bloody Sabbath'(1973) / 'Technical Ecstasy'(1976)

일기를 쓰려고 날짜를 적는데 오늘은 13일 게다가 금요일이다. 중학교 땐가 "13일의 금요일"이라는 피 칠갑 영화를 본 이래 기독교와 성경과는 하등 관계가 없지만, 왠지 조심해야겠다는 생각이 드는 날이다. 그러고 보니 우리나라 사람들도 숫자 4를 싫어했다. 4동이 없는 아파트, 4층이 없는 병원 입원실, 심지어 엘리베이터의 숫자 4 대신 F라고 적어놓은 곳도 여럿 있었다.

무덥다. 찜통이다. 이런 날 공포영화가 딱인데 가게에서 영화를 볼 수는 없고 사악하고 음울한 기운이라도 들여 마시자. 오늘은 종일 블랙 사바스의 음반을 틀어야겠다. 저 픽처 디스크는 잘 듣지 않는데 가게에다 걸어둘까. 오늘 너무 더워서 손님이 있을까?

⏺ FM 일기 2029년 7월 16일 폭염

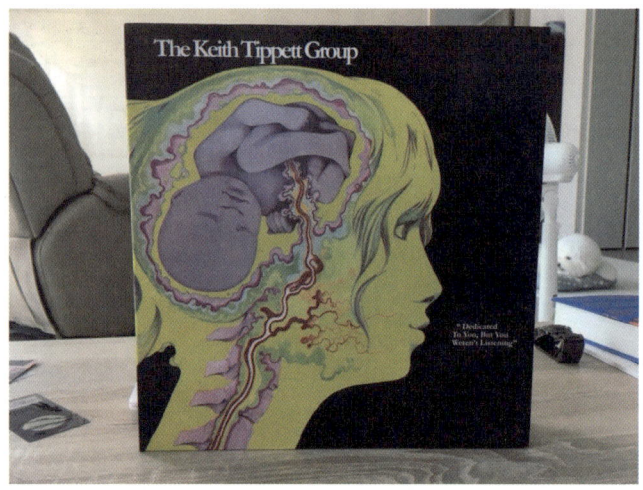

The Keith Tippett Group - 'Dedicated To You, But You Weren't Listening'(1971)

가게를 시작하기 전 이미 예상되었던 일이지만 내가 트는 음악에 적응하지 못하는 손님들이 많다. 특히 오다가다 들린 손님들이 그렇다. 오디오가 있고 턴테이블에서 음악이 나오니 신기함을 느끼는 것도 잠시 급기야 음악에 적응하지 못하고 금방 자리를 뜬다.

어제도 2쌍의 중년이 다녀갔다. 아주 화기애애한 거로 보아 부부는 아니었다. 일차로 고기나 회 같은 걸 먹고 간판을 보고 2차로 온 모양이다. LP라는 단어를 보고 7080의 추억을 떠올리려 한 모양이다. 그때 가게에는 키스 티펫의 이 멋진 재즈 록이 흘러나오고 있었다.

당황하는 눈치다. 자기들끼리 수군대더니 음악을 바꿔 달라고 한다.

안 된다고 했다.

자리에서 일어난다. 나가면서 수군거린다.

곧 망하겠네. 저런 음악 틀면서 어떻게 장사를 해. 저게 음악이야? 노래방이나 가자. 죄송하다고 하고 돌려보냈지만, 이럴 때마다 회의감이 드는 건 어쩔 수 없다.

오늘은 어떤 손님들이 올까.

⦿ FM 일기 2029년 7월 20일 맑음

The Grateful Dead – 'The Grateful Dead'(1967) / 'Anthem Of
The Sun'(1968) / 'Aoxomoxoa'(1969)

어제 어떤 손님이 사장님은 어떤 뮤지션이 가장 좋으냐고 물었다. 이 질문에 곰곰이
생각해 보았다. 아마 내가 청춘이었던 시절이라면 쉽게 대답하지 않았을까. 머릿속에
많은 이름이 떠올랐다.

정말 위대한 핑크 플로이드와 킹 크림슨. 화화산 같은 클래식을 들려주었던 ELP, 아,
헤비메탈도 예술의 경지에 다다를 수 있다는 걸 보여준 러쉬도 있구나. 청춘에게 극강
의 우울을 선사했던 코헨. 그리고 리치 블랙모어, 지미 페이지, 울리히 로스, 토미 볼린
같은 기타 귀신들도 스쳐 지나갔다.

이탈리아와 독일의 그 수많았던 아트록 밴드들, 그리고 이유 없이 좋았던 BJH. 나이가
좀 들어 심취했던 콜트레인, 데이비스, 몽크, 콜맨, 밍거스 같은 재즈 뮤지션들……

"왜 너무 많아서 집어내기가 어려우세요?"

"아니요. 요즘은 그냥 들을 때 좋은 음악이 다 위대하게 느껴지더라고요. 내일 오시면 요즘 집에서 많이 듣는 음반 챙겨올게요."

덥다. 어제 손님에게 약속한 음반을 챙겨 출근을 준비한다. 오늘 그 손님이 또 올까? 아무려면 어때. 손님이 없어도 Grateful Dead의 초기 세 장의 앨범이 행복하게 해줄 건데.

⏺ FM 일기 2029년 7월 29일 더운 바람

수납장 위의 갈 곳 잃은 박스 앨범

집에 있는 LP 수납장이 포화상태다. 할 수 없이 두꺼운 박스 앨범들이 제자리를 벗어나 수납장 위에 놓여있다. 수납장을 하나 더 장만하려고 하니 "나를 버리고 그 자리에 수납장을 사라!"고 단호하게 말했던 집사람이 생각나 그러지 못하겠고…. 가게로 가져가려고 해도 애초에 음반을 가게에 두지 않으려 했기 때문에 가게에도 수납할 마땅한 공간이 없다. 이래저래 고민이다.

휴가철이다. 직장인들이야 꿀 같은 여름휴가가 주어지겠지만 우리 같은 자영업자들은 고민이다. 덥다. 다 때려치우고 휴가나 갈까?
일단 오늘 가게 문 열고 생각해 보자.

◉ FM 일기 2029년 7월 31일 폭염

The Originals Vol 1.2 etc

태양이 '나란 존재는 원래 이런 것이다.'라고 자신을 증명하듯 뿜어대는 열기가 대단하다. 오늘은 가게에서 한 클래식 동호회의 감회를 열기로 했다. 7시에서 10시까지 손님을 받지 않고 일정의 대여료를 받기로 했다. 술값은 별도다.

말러와 브루크너의 교향곡을 주제로 한 음감회를 한다고 하는데 나도 흥미가 있다. 내게도 클래식 음반이 없지는 않다. LP는 얼마 안 되고 대부분이 CD다. LP로 클래식 음악을 듣고 싶지만, 자제를 한다. 클래식 LP를 사 모으다 보면 그 끝을 짐작하기 어렵다는 걸 누구보다 잘 알기 때문이다. 그런 면에서 이런 박스셋들은 내가 클래식 음악을 듣는 데 있어서 황송하기까지 한 고마운 존재들이다.

그나저나 클래식 듣는 고상한 손님들이 오신다는데 맥주 말고 양주나 몇 병 팔아줬으면 좋겠다. 휴가나 가게….

⦿ FM 일기 2029년 8월 6일 흐림

The Jimi Hendrix Experience - 'Winterland'(2011)

상가의 휴일은 짧다. 짧은 휴가를 보내고 가게 문을 열려고 나오니 여전히 상가는 숨을 쉬고 있다. 그들에게 휴가란 재충전이 아니라 삶의 사치일 뿐이다.

오늘은 불현듯 지미 헨드릭스가 생각난다.

"그 급행열차는
사람들을 데리고 떠나갔다.
그 이후로도 그들은 행복하고
펑키하게 살았다. 아, 잠깐만,
내가 타고 가야 할 열차가 들어오는 것 같네."

지미 헨드릭스가 죽기 직전에 마지막으로 써둔 〈The Story of Life〉의 가사다.

산타나, 스팅, 잉베이 말름스틴, 오지 오스본, 스티브 바이, 메탈리카, 열거하기도 힘들 정도의 수많은 록 뮤지션들이 그의 영향을 직간접적으로 받았다. 록 뿐인가. 팻 메스니가 〈Third stone from the sun〉에서 보여주었듯이 재즈에 끼친 영향도 무시할 수 없다.

정신 차리고 일하자는 의미에서 오늘은 하루 종일 지미의 이 앨범을 틀어야겠다. 난 이미 지미의 두 배에 가까운 삶을 살아가고 있다.

◉ FM 일기 2029년 8월 15일 비 오락가락

Oberon - 'A Midsummer's Night Dream'(1971)

가게를 하기 전에 집사람과 약속한 바 있다. 가게를 하면 더 이상 판들일 생각 말고 열심히 있는 음반 틀면서 장사한다. 이 말을 지키려고 무던히 애를 쓰고 있다.

사실 가게를 오픈한 이래로는 거의 음반을 사지 않았다. 그래도 어쩌겠나. 살 건 사야지. 물론 음반은 가게로 주문했다. 편하다. 음반이 도착하는 날은 빈손으로 가서 도착한 음반을 들고 집으로 가져오면 천하의 집사람도 눈치채지 못한다.

인연이 잘 닿지 않았던 콜로세움의 데뷔 음반, 요절한 기타리스트 토미 볼린이 몸담았던 제퍼(Zephyr)의 데뷔 음반은 복사 CD로 듣다가 예쁜 컬러 반이 눈에 띄어서 구입, 그리고 영국 사이키델릭 포크 그룹 오베론의 여름 냄새 물씬 풍기는 음반….

비가 오락가락한다. 이 비가 그치면 더위도 한풀 꺾어지겠지.

◉ FM 일기 2029년 8월 20일 맑음

Midori Takada - 'Through The Looking Glass'(1983)

가게를 하다 보면 반드시 마주쳐야 하는 진상 손님이 있다. 우리 가게도 물론 있다. 첫 만남부터 강한 인상을 남겼다. 가게에 있는 오디오를 이리저리 살펴보더니 "이거 가격 꽤 주었겠네요."라고 한다. 좀 투자를 한편이라고 말했더니 한숨을 푹 쉰다.

"오디오 살 때 누구랑 상의했어요. 진짜 안타깝네요. 이거보다 저렴하게 좋은 매칭을 할 수 있는데…"

그러더니 메모지를 달라고 한다. 메모지에 앰프와 스피커, 케이블 이름을 잔뜩 적어주면서 이 조합이 최고라고 열변을 토한다. 거기다가 이 오디오는 어느 중고 사이트에서 한 번씩 매물이 나온다며 수시로 들락거리라고 한다.

참 어이가 없어 들어주니 가관이다. 음악을 들을 때는 더 가관이다. 인상을 찡그리고 뭔가 부족한 듯한 표정으로 고개를 젓는다. 특히 클래식이나 재즈를 트는 날엔 "아, 이 소리가 아니에요. 언제 우리 동호회 음감회에 초대할게요. 부산에서 치과 하시는 김

박사네 오디오 한번 들어보세요. 신세계가 열릴 겁니다." 이런 헛소리를 들어줘야 하니 얼마나 짜증 나겠나.

가게에 와서 매상을 올려주면 덜 밉겠는데 올 때마다 우리 집에서 제일 싼 카스맥주 한 병 시키고 앉아서 두 시간 정도를 헛소리하고 가니 보통 열이 받는 게 아니다. 거기다가 기본으로 주는 프레첼 과자는 얼마나 달라고 하는지. 그래서 내가 생각해 낸 방법이 그 진상이 오면 쎈 메탈 음악을 크게 트는 거다. 그러면 아무 소리 못 하고 찌그러져 있다. 그렇게 싫은 눈치를 줘도 꾸역꾸역 온다.

어제 왔다 갔으니, 오늘은 안 오겠지. 만약 오늘도 와서 헛소리하면 면상에 소금이라도 뿌리고 말해야겠다.
"너희 동호회 깐따삐야로 가라. 바이올린 타고."

오늘은 주문한 지 거의 한 달 만에 도착한 타카다 미도리(高田みどり)의 음반으로 조용하게 시작해야겠다.

⏺ FM 일기 2029년 8월 21일 다시 찜통

Supertramp - 'Even In The Quietest Moments...'(1977)

어제 또 왔다. 이 진상. 이틀 연속이다. 여전히 카스 한 병 시켜놓고 오디오 타령이다. 어제는 오디오 케이블에 대해서 강의한다. 웬 조무래기 한 명을 달고 와서 더 열변을 토한다. 나에게 묻는다. 집에서는 어떤 케이블을 쓰냐고. 이 진상을 좀 골려주기로 했다.

"선생님 GHP라는 케이블 브랜드 들어보셨어요? Generation of Hydroelectric Power의 약자인데요." "오 들어본 거 같아요⋯."

들어보긴 개뿔 그런 브랜드가 어디 있나. 네이버 어학 사전에서 수력발전 영어로 검색한 거다.
"그 브랜드의 창시자가 플로이드 카운실 이라는 사람인데요, 아마 이분은 아실 거예요. 오디오하면 이분이잖아요." "...알죠"
알긴 뭘 알아 플로이드 카운실은 그 위대한 핑크 플로이드의 이름을 제공해 주신 블루스 뮤지션이다. 오디오의 오자도 모르는 분인데.

"이분이 양질의 오디오 전기를 공급받기 위해 로키산맥의 청정 옹달샘 물을 끌어다 직접 수력발전소를 만들고 전봇대를 세워 오디오에 전기를 공급하는 분이시잖아요."

"아, 어디서 들은 거 같아요."

"그분이 심혈을 기울여 케이블을 만들었어요. 그런데 워낙 고가고 작업이 어려워 중국의 신흥 갑부들에게만 공급되네요."

잔상의 눈이 반짝반짝 빛난다. 계속 말을 이어갔다.

"이게 사실 어디에 쓰인 거냐 하면요, 마징가Z 아시죠? 팔이 발사되어 나쁜 놈을 무찌르잖아요. 그 마징가Z의 팔 관절을 연결시킨 소재에요."

진상의 표정이 묘하다. 화가 난 것 같기도 하고 쑥스러워하는 거 같기도 하고 곧 울 것 같다.

"지금 만화 이야기하시는 거예요?"

"아, 죄송해요. 날도 덥고 손님도 없고 해서 농담 좀 했습니다. 집에선 이만 원짜리 써요. 화 푸세요. 제가 선생님 좋아하실 만한 노래 틀어드릴게요. 클래식컬한 록 음악이에요. 제목은 바보의 서곡이죠."

어제 슈퍼트램프의 음반을 가져간 건 신의 한 수였다. 노래가 끝나기도 전에 진상이 갔다. 그래도 인사는 했다. "오늘은 빨리 가시네요. 또 오세요."

설마 또 올까?

◉ FM 일기 2029년 11월 22일 맑음

Styx - 'Paradise Theater'(1981) / Mal Waldron - 'Left Alone'(1960)

사정상 영업을 중단했던 가게를 지난주부터 다시 열었다. 한동안 가게 문을 닫았던 이유는 설명이 기니 언제 한번 따로 밝히도록 하겠다.

요즘 영화 때문인지 퀸 때문에 머리가 아프다. 새로 영업을 시작하고 손님이 부쩍 많아진 이유가 바로 퀸 때문이다. 오는 손님의 대부분(기존 단골들을 제외하고)이 퀸의 노래를 틀어달라고 조른다. 신청곡을 받지 않는다는 문구를 보여주어도 막무가내다. 물론 퀸의 음반을 들고 오는 사람은 한 명도 없다.
"아니 어떻게 퀸의 음반이 없으세요?"
"퀸 싫어하세요? 그 위대한 밴드를?"
이런 질문에 일일이 대답하기도 힘들다.

예전에 차인표라는 잘생긴 배우가 색소폰을 멋들어지게 불어 제치던 드라마가 있었다. 그때 우리나라 전역이 재즈의 열풍에 휩싸였었다. 광고는 말할 것도 없고 재즈 음반이 불티나게 팔려나갔고 라디오들은 앞다투어 재즈 프로를 편성했었다. 그러나 말랑말랑한 케니지 풍이 재즈의 전부라고 여겼던 사람들이 재즈의 실체를 알아차리는 데는 오래 걸리지 않았고 곧 재즈의 열풍은 사그라들었던 생각이 난다.

퀸의 음악을 듣는 건 좋은 일이다. 퀸에 열광하지 말고 그들의 음악에 열광한다면 얼마나 좋을까. 퀸의 음악이 좋다면 분명 그 시절 다른 밴드들의 음악도 들어보고 싶은 게 인지상정일 텐데.

오늘도 출근한다. 퀸과 비슷하면서 내가 좋아하는 밴드는 누구일까, 생각하다가 미국 밴드 스틱스를 집어 들었다. 오늘의 첫 곡은 이 곡이다. 퀸에게 보헤미안 랩소디가 있다면 스틱스에겐 이 곡이 있다. 오늘도 퀸의 신청곡이 들어오면 틀려고 재즈 CD도 몇 장 챙긴다.

추천곡 <Prelude 12/Suite Madame Blue>

⊙ FM 일기 2029년 11월 26일 맑음

"사장님 공 치세요? 언제 저랑 공이나 치러 갑시다."
가게에 몇 번 와서 얼굴이 익은 손님이 불쑥 이런 말을 한다. 물론 여기서 공이라고 하면 골프를 말하는 것이다.

"저도 공을 치긴 합니다만 다른 공을 칩니다."
"어떤 공인데요? 테니스 치십니까?"
"스쿼시를 십 년 넘게 치고 있습니다. 요즘은 좀 쉬고 있어요."
"아! 스쿼시. 정말 힘든 운동이죠. 운동도 되고."
"별로 안 힘듭니다. 쳐보셨어요?"
"아니요⋯."

장사하다 보면 꼭 주인과 친해지려고 하는 부류의 손님들이 있다. 난 그게 싫다. 그저 손님과 주인의 관계. 그걸 원한다. 거기에는 어떤 갑과 을도 없다. 내가 누구는 단골이라고 올 때마다 서비스로 맥주 한 병을 준다고 해보자. 처음에는 고마워하겠지만 어느 순간 당연히 받아야 하는 권리라고 생각하게 된다. 어느 날 그 서비스를 중단한다면 그동안 받았던 호의는 잊어버리고 '배가 불렀다.' '사람이 변했다.' 이런 말이 돌아올 뿐이다.

가게 문 열러 간다. 오늘은 월요일이고 손님도 별로 없을 테니 찰스 로이드의 CD나 돌려놓고 책이나 읽어야겠다. 아무리 생각해도 ECM의 박스셋들은 너무 성의가 없다.

Charles Lloyd - 'Quartets'(2013)

⊙ FM 일기 2029년 12월 3일 비

Umo Jazz Orchestra - 'Umo Jazz Orchestra'(1997)

가게에 오는 손님들의 다수는 음반을 많이 구입하는 마니아들이다. 하나같이 이런 불만을 표출한다.

"집에 눈치 안 보고 음반 구입할 수 있으면 좋겠어요"
어제도 한 손님에게 이 말을 듣고 우스갯소리로 한마디 해주었다.
"집에 지금보다 두 배의 돈을 벌어다 주세요. 그럼 당분간 눈치 안 보셔도 될 겁니다."

쇼핑하러 백화점에 간 처자들의 마음과 별반 다르지 않을 것이다. 작은 바구니를 들고 알파벳 순서로 정렬된 앨범들을 하나하나 뒤적이며 마음에 드는 걸 바구니에 담다 보면 어느새 준비한 예산을 훌쩍 넘기기 일쑤다. 그럼, 무엇을 내려놓아야 할지 한참을 고민하고, 내려놓았던 걸 다시 집어 담고, 그러다 결국은 예산을 초과해 샵을 나온다. 그래도 그날은 모든 걸 다 가진 양 행복했었다.

예전에 즐비하던 오프라인 레코드점 이야기다. 이런 즐거움을 잃어버린 지 오래다. 온라인으로도 비슷한 고민을 하며 쇼핑하지만, 예전만큼 즐거움을 느낄 수 없다. 아주 오래전 강남역 타워 레코드에서 음반을 고르던 중 그야말로 나를 흥분시켰던 음반들이다. 아티스트들은 생소했지만, 멋진 커버를 가진, 그리고 무엇보다 말도 안 되는 가격으로 나를 흥분시켰던 Naxos 레이블의 재즈 음반들. 그 시절 더 많은 Naxos의 음반들을 사놓지 못한 게 후회가 된다.

UMO Jazz Orchestra.

Bave Brewer의 커버 페인팅도 멋지고 마일스 데이비스의 〈All Blues〉도 멋지게 퓨전화했다. 매력 있는 빅 밴드다. 오늘은 이 Naxos CD를 몇 장 챙겨가서 틀어야겠다. 비도 오고 재즈 듣기 좋은 날씨다.

⦿ FM 일기 2029년 12월 15일 맑음

Uli Roth, Electric Sun - 'Beyond The Astral Skies'(1985)
Black Sabbath - 'Black Sabbath Vol 4'(1972)

아르바이트 모집

• 25세에서 30세까지 미모의 여성

• 블루스, 재즈, 클래식, 하드록, 헤비메탈, 사이키델릭, 프로그레시브록을 좋아하고
음악에 관한 해박한 지식의 소유자.

아무래도 알바를 고용해야겠다. 알바를 둘 만큼 매상이 나오는 건 아니지만 가끔씩 술
과 안주 준비하고 서빙하다 보면 턴테이블의 바늘은 종점에서 제자리를 맴돌고 정신
이 하나도 없다. 조용히 내가 음악이나 들으려 차린 가게인데 뭐 하는 짓인가 싶기도
하고.

알바 고용 문구를 적어놓고 피식 웃음이 나왔다. 음악을 깊이 좋아하는 미모의 젊은 아가씨가 있을까? 있기는 있을 거다. 그런데 그 아가씨 중 알바를 하려는 이가 몇이나 될 것이고 그리고 이 광고를 볼 확률이 얼마나 될까. 물론 이 문구로 광고를 낼 생각은 아니다. 만약 정말 미모의 소유자를 알바로 고용하면 매일 FM에 출근할 몇몇이 보인다. 물론 모두 유부남들이다.

오늘은 정말 오랜만에 메탈 음반을 챙겨간다. 왔다가 시끄럽다고 돌아갈 손님들이 있을 테지만 상관없다. 내가 즐기려고 차린 가게다.

⦿ FM 일기 2029년 12월 21일 흐림

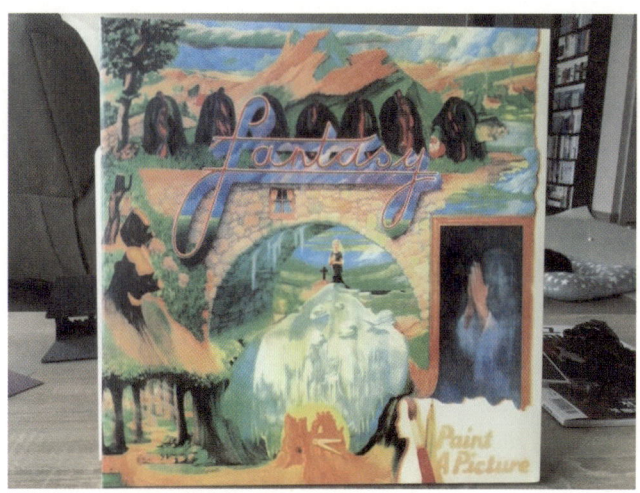

Fantasy - 'Paint A Picture'(1973)

요즘 가게에 참새가 방앗간 드나들듯 오는 손님 중에 프랜차이즈 샤브샤브 집을 운영하는 김 사장이 있다. 가게 옆 건물에서 불황에도 불구하고 엄청난 대박을 터트리고 있는데 이 양반이 최근 LP 수집에 열을 올리고 있다. 올 때마다 수십 장의 LP를 들고 와서 자랑하기에 바쁘다. 가요, 록, 클래식에 이르기까지 장르도 다양하다. 어제도 뭔가 한가득 LP를 들고 왔는데 놀랍게도 모두 빽판이다. 얼굴에는 자랑스러움이 가득하다.

"아니 웬 빽판을 이렇게…"
"요즘 핫하잖아요. 이거 구하려고 주말에 한양에 다녀왔어요. 꽤 비싸게 줬어요."

이리저리 살펴보니 티나 터너, 시카고, REO 스피드 왜건, 마이클 프랭스, 그리고 퀸. 특별한 건 없다. 묻지도 않았는데 한마디 한다.

"요즘 빽판 귀해요. 외국에선 우리나라 산 빽판 없어서 못 판대요."
"그런 말은 십 년 전부터 들었습니다."

퀸의 빽판을 건네면서 틀어주기를 요청한다.
"죄송합니다. 바늘에 손상을 줄 수도 있어서 틀어드리지 못하겠네요. 집에 가셔서 액자에 보관하세요."

비아냥을 눈치챘는지 안색이 좋지 못하다.

김 사장에게 빽판은 무엇일까? 그리고 그에게 음악은 무엇일까? 그 시절 우리가 빽판을 샀던 이유는 한 가지다. 목이 말라서이다. 빽판이 아니면 도무지 들을 수 없는 음악. 그 목마름을 채워준 빽판이었다. 단 한 번도 시간이 지나면 이 빽판들이 수집의 가치를 지니게 되리라 생각하고 산 적이 없다.

소문만 무성한 희귀음반이라 여겨졌던 영국 프로그레시브록 밴드 Fantasy의 음반도 이렇게 쉽게 구할 수 있는 세상에 웃돈 주고 빽판이라니⋯. 아무리 추억이나 수집의 잣대를 들이대도 이해하기 어렵다. 뭔가 음반 시장이 요상하게 돌아가고 있다는 인상을 지울 수가 없다. 그러든지 말든지 난 내가 좋아하는 음악이나 들으러 출근해야겠다.

💿 FM 일기 2030년 1월 7일 맑음

Rush...

아직 2030라는 숫자 적기가 어색하다. 그래도 2030년은 일주일이나 지났다.

음악을 좋아해서 하는 일이지만 아직도 가게가 익숙하지 않다. 신청곡을 받지 않고 내가 좋아하는 음악 위주로 틀다 보니 손님들이 음악에 집중하지 않는 경우가 많다. 서로 큰 소리로 대화하며 떠들고. 그럴 때면 내가 왜 이 일을 하나 하는 자괴감마저 든다. 물론 음악에 관해 물어보고 경청하는 사람들도 많다.

종종 가장 좋아하는 밴드에 관한 질문이 들어온다. 가장이라는 말은 하나를 수식하는 말이니 하나를 꼽아야 하는데 참 난감하다. 어떤 밴드의 음반이 많다는 거. 다시 말해서 음반이 발매될 때마다 구입한다는 건 분명 그 밴드를 좋아한다는 사실임에는 분명하다. 오늘은 캐나다 트리오 Rush의 음반들을 챙겨야겠다.
그런데 어떤 거로 다섯 장을 챙기지?

◉ FM 일기 2030년 1월 9일 맑음

Deep Purple - 'Made In Japan'(1972)

가게에 매상을 많이 올려주는 건 아니지만 오면 참 반가운 손님이 있다. 은행에 30년을 근무하다 작년에 명예퇴직한 손님이 그런 경우다. 과하지도 모자라지도 않는 수더분한 인상에 조용히 맥주를 마시며 음악에 집중한다. 가끔 ECM 재즈 CD를 가져와 틀어달라고도 한다. 어제는 80년대 ECM LP를 몇 장 가져와서 같이 들었다. 그리고 그 음반들을 나에게 준다. 이제 집에 턴테이블도 없고 하니 자신에게는 필요 없는 물건이라며. 고마운 마음에 술값을 받지 않으려니 장사하는 사람이 그러면 안 된다고 기어이 계산한다. 페이스북을 한다. 페이스북 친구들이 내가 FM을 운영하는 걸 다 안다. 한 번쯤 인사치레로 다녀가리라 말한다. 그러나 남쪽 먼 지방에 있는 가게라 방문하기가 쉽지 않다. 마음만으로도 고맙다. 페친 중에 한 분이 음반을 정리하다가 중복된 음반이라면서 LP 몇 장을 보내주셨다. 너무 감사하다. 이런 오래된 LP가 좋다. 최근 LP 붐이 길어져 무수히 많은 음반이 재발매되지만, 예전 음반만 한 게 없다. 음질도 언뜻 좋게 느껴지지만 잘 녹음된 CD를 듣는 기분이다. 오래된 종이 냄새⋯. 옛날 LP 소리엔 그런 게 묻어난다. 오늘은 페친께서 보내준 음반들을 들고 출근한다.

⦿ FM 일기 2030년 1월 23일 맑음

Pink Floyd - 'High Hopes / Keep Talking'(1994)

경기가 어렵다고는 말들을 한다. 누군가는 경기가 어렵다는 말은 예전부터 계속했던 말이라 그저 유령처럼 떠도는 소문이라고 일축한다. 자본은 결국 한쪽으로 쏠린다. 정권이 문제가 아니라 결국 대부분은 어려워질 수밖에 없는 구조다.

주위에 자영업자와 소상공인들이 많다. 항상 그들은 어렵다는 말을 해왔다. 난 지금까지는 그 말을 그냥 배부른 투정쯤으로 여겼는데 최근의 그들의 푸념은 좀 다르다. 오후에 시에서 하는 소상공인 지원 시책 설명회에 다녀왔다. 나도 혼자서 가게를 운영하는 입장이다 보니 아무리 이익을 염두에 두고 시작한 일이 아닐지라도 관심을 두지 않을 수는 없다. 소비의 패턴은 바뀌고 있다. 음악을 듣는 일도 그렇다.

최근 아무리 LP 붐이 일고 각종 음악영화가 히트를 치더라도 음반을 사서 듣는 사람들은 미미하다. 그런데도 난 가게를 차렸다. 그리고 오늘도 정신적 동지들을 위해 문을 연다. 희망이 있다.

⦿ FM 일기 2030년 2월 1일 맑음

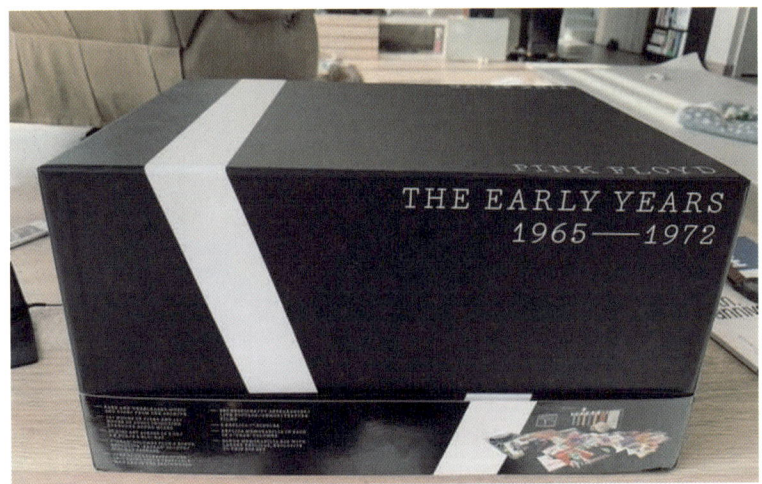

Pink Floyd – 'The Early Years 1965-1972'(2016)

이제부터 사실상 설 명절 연휴에 접어들었다. 예전처럼 사람들로 가득 찬 기차역과 터미널을 보여주며 민족의 대이동이라는 표현을 쓰던 모습은 사라졌지만, 여전히 많은 사람들은 어디론가 떠난다. 여전히 고향으로 가는 사람들, 연휴를 이용해서 국내로, 국외로 여행을 떠나는 사람들.

여전히 남아있는 사람들이 있다. 외롭다고 느낄 수도 있다. 그럴 필요 없다. 사람들은 다른 사람의 슬픔과 기쁨을 이해하지 못한다. 이해한다고 생각하지만, 사실은 스쳐 지나갈 뿐이다. 모두 외롭다. 그 머무른 사람들을 위해 이번 연휴 동안 가게 문을 열기로 했다.

아버지가 돌아가시고 모든 기제사와 차례를 지내지 않기로 했다. 따라서 딱히 할 일도 없다. 장사가 되든 안 되든 가게 문을 열고 음악을 듣겠다. 나처럼 딱히 할 일 없는 사람들은 놀러 오기 바란다. 같이 음악 들으며 복을 나누자. 오늘은 명절 선물 세트 같은 이 무거운 박스를 들고 간다. 오늘부터 연휴의 끝까지 이놈들만 듣겠다. 위대한 핑크 플로이드의 사이키델릭 세상이 펼쳐지는 FM이 될 것이다.

첫 곡은 Devi/action 파트에 실려있는 〈Careful With The Axe, Eugene〉이다. 미켈란젤로 안토니오니(Michelangelo Antonioni) 감독의 영화 "자브리스키포인트"에서는 〈Come in Number 51, Your Time is up〉이라는 곡명으로 연주되었다.

◉ FM 일기 2030년 2월 28일 흐림

Led Zeppelin...

은행을 명예퇴직하고 피자집을 하는 손님이 있다. 가끔 피자가게를 마감하고 우리 가게에 들러 맥주 몇 병을 마시고 가곤 한다. 한 번도 취하거나 흐트러진 모습을 보지 못했는데 며칠 전에 많이 취했다. 자리에서 일어나다 넘어지고 계산하려고 지갑을 열다 내용물을 모두 쏟았다. 떨어진 돈들을 주워 계산하고 보냈다. 혹시 더 흘린 게 있나 하고 바닥을 살피는데 지갑에서 나온 듯한 두 번 접은 메모지가 있다.

'죽을 작정이었다. 올해 설, 이웃에서 옷감을 한 필 얻었다. 새해 선물이었다. 천은 삼베였다. 쥐색 잔 줄무늬가 들어가 있었다. 이건 여름에 입는 거로군. 여름까지 살아 있자고 마음먹었다.'

메모지에 이렇게 적혀 있었다. 그냥 가슴이 울컥했다. 내막은 모르지만, 그의 취기를 이해할 것 같았다. 어제 그가 왔다. 전에 취했던 사실을 겸연쩍어한다. 난 조심스레 메모지를 건넸다.

"읽어 보셨나요? 다자이 오사무의 『잎』이라는 단편의 시작하는 문장이에요. 은행을 그만두고 자영업을 하면서 이런 심정으로 버텼죠. 인제 그만둡니다…."

손님도 없는 가게에서 그와 마주 보면서 아무 말 없이 술을 마셨다. 문자가 왔다. 바로 앞에 있는 그로부터.

'생활
기분 좋게 일을 마친 후 한 잔의 술을 마신다.
술의 거품에 어여쁜 나의 얼굴이 한없이 무수히 비치어 있구나.
어떻게든, 된다.'

그가 나를 씩 웃으며 바라봤다.
"『잎』의 마지막 구절입니다. 원래는 술이 아니고 차에요. 이 자리에서는 차보다 술이 어울릴 듯해서 바꿨습니다."

그는 아주 기분 좋게 술을 마시고 갔다.

오늘도 가게 문을 열려고 나간다. 레드 제플린의 음반들을 모두 챙긴다. 이들이 위대한 이유는 그만둘 때를 정확히 안 것이다. 그래서 이 음반들은 전설로 남았다.

⦿ FM 일기 2030년 3월 25일 흐림

신림 우드스탁

어머니 생신이라 주말에 가게 문을 닫고 서울에 다녀왔다. 자영업 하는 사람들이 하루 가게를 쉰다는 건 보통 일이 아니다. 역시 자영업을 하는 집사람까지 쉴 수는 없어 나 혼자 다녀왔다.

가족들과 식사하고 집에서 맥주를 마시다 불현듯 동종업에 견학을 가봐야겠다는 생각이 들었다. 조카의 코트를 빌려 입고(따뜻한 남쪽 생각만 하고 입던 옷을 그대로 입고 와서 얼어 죽는 줄 알았다) 밤늦게 신림동으로 향했다. 꼭 한번 가보고 싶었던 신림 우드스탁. 페북으로 알게 된 Hee Hyeong Moon 사장님이 운영하는 LP 바의 모습이 궁금했다. 예전 최양락의 코미디 프로 '도시의 사냥꾼'의 포스로 가게 문을 열고 들어갔다.

"내가 이곳을 찾는 이유는 뭔가 좋은 일이 생길 것 같은 기대 때문이지…."

바에 앉아서 맥주를 시키고 가게를 스캔했다. 뭔가 신비로운 이미지를 풍기려고 아는 체를 하지 않고 신청곡을 주문했다. 가게를 둘러보니 이럴 수가, 손님층이 젊다. FM의 손님들은 삼십 대도 별로 없다. 다 그렇지는 않지만, 음악보다 오디오에 더 관심이 많은 사람들, 약간의 음악적 허세에 사로잡힌 꼰대들을 보다가 젊은 손님들이 있는 우드스탁은 첫눈에도 신선했다. 게다가 생동감 있는 젊은 직원들도 보기 좋았다. 여러모로 꼴통 사장이 운영하는 FM과 분위기가 달랐다.

사장님과 인사를 하고 즐겁게 음악을 들었다. 아무리 LP 붐이 일어도 선뜻 LP 바를 운영하기가 쉽지 않은데 열정적으로 운영하시는 모습에 적잖이 감명받았다.

자 이제는 내 가게에 신경 쓸 시간이다.

4장

아주 사적인 밤

◉ 안주를 만들어보자

Kevin Ayers - 'Whatevershebringswesing' (1971)

퇴근하고 집에 와서 작게 음악을 틀어놓고 맥주를 마시는 일은 삶의 소소한 즐거움이다. 맥주라는 술이 그렇게 대단한 안주가 필요하지는 않지만 그래도 안주가 없으면 뭔가 허전하다. 안줏거리가 마땅찮아 대부분은 깡맥을 하는데 『도쿄 일인 생활: 맥주와나』라는 책을 보았다. 나도 뭔가 간단하지만 근사한 안주를 만들어 먹어보면 어떨까하는 생각에 읽어보았다.

문어 미소 구이, 명란 두부 샌드, 겐코 샐러드, 삶은 새우 마늘 간장 절임, 닭 다리 흑초찜, 다시마 미소 양송이 소고기 말이 등등 들어보지도 못한 요리들이 간단한 조리법과함께 먹음직한 사진으로 담겨 있다.

이 요리 중에 무엇을 만들어보았을까. 요리를 시작하기 전 준비해야 하는 소스에서 나는 이미 손을 들고 책을 덮었다. 차라리 깡맥을 하겠어. 그래도 책을 산 게 억울해 곰곰이 생각해 보았다. 최근 나는 어떤 반찬으로 밥을 먹었나.

건새우가 들어간 호박볶음, 간장 가지조림, 갈치속젓을 곁들인 삶은 양배추 쌈, 마늘과 같이 조린 메추리알, 오이채가 들어간 미역무침, 땡초를 썰어 넣은 창난젓, 호두와 땡초가 들어간 멸치볶음…. 이걸 예쁜 접시에 담아 놓으면 책에 나오는 어떤 요리 못지 않은 훌륭한 맥주 안주가 된다는 사실을 알았다. 이 훌륭한 안주를 제공해 주신 우리 동네 반찬가게 '엄마가 했지' 아주머니께 감사를 드리며 맥주 한잔 마셔야겠다.

케빈 에이어스(Kevin Ayers), 이 뮤지션을 아는 분들은 오랜 시절 깊이 있게 록 음악을 들었던 사람들일 거다. 몰라도 된다. 링크한 음악은 참 좋으니 들어보시길…. 이 곡에서 기타와 베이스를 연주한 사람은 많은 사람이 알고 있는 마이크 올드필드다.

추천곡 〈Whatevershebringswesing〉

◉ 본 영화도 기억 못 하네

Klaatu - '3:47 EST'(1976)

잠자리에 들어 핸드폰으로 영화나 한 편 봐야지 하고 영화를 보면 10분도 안 돼서 졸음이 쏟아진다. 잠이 쏟아져서 잠자리에 드는 경우는 거의 없지만 일단 머리를 베개에 붙이면 금방 곯아떨어지는 편이다. 어제는 피곤한 상태였지만 이것저것 영화를 검색하다가 한 영화를 선택했는데 재미있었다. 물론 킬링타임용 국산 영화다. 끝까지 몰입해서 봤다. 그리고 대망의 마지막 장면을 본 순간….

'아! 이 영화 본 거네.' 어떻게 이럴 수 있을까. 책이나 영화를 다시 볼 때마다 지난 기억을 모두 잊어버리고 처음 본 것처럼 느껴지는 일도 꽤 신선하지 않을까.

한때 비틀즈가 틀림없다는 소문을 떠돌게 했던 캐나다 밴드 Klaatu의 이 앨범은 참 예쁘다. 잊어버리기가 어렵다. 여름밤에 어울리는 앨범이다.

◉ 노래 경연

산울림 – '산울림 1집'(1977)

철인 28호도 아니고 엄연한 가수 이름 대신 30호 40호 이런 번호를 붙여 노래하게 하는 경연프로그램이 인기가 있다. 과연 이 프로그램은 정말 음악 프로그램일까?

난 아니라고 본다. 그들은 자신들의 곡을 노래하지 않는다. TV는 그걸 절대로 용납하지 않는다. 설령 자신들의 노래로 경연에 참가한다면 그건 진짜 음악 프로그램이 될 것이고 자신이 들어보지 못한 음악에는 귀를 열 능력이 없는 대다수 대중은 그 프로를 쳐다보지도 않을 테니까.

30호의 산울림 노래를 찾아 들어보다가 결국 진짜 산울림을 듣는다. 아주 오래전 산울림의 이 곡을 듣고 동네 친구 녀석이 훔쳐 온 할아버지 청자 담배를 한 모금씩 빨고 느꼈던 현기증과 몽롱함이 느껴졌었다.

◉ 이소룡

Lalo Schifrin - 'The Dissection and Reconstruction of Music from
the Past as Performed by the Inmates of Lalo Schifrin's Demented
Ensemble as a Tribute to the Memory of the Marquis
De Sade'(1966)

시골에서 초등학교, 아니 국민학교를 다닐 때 영화관을 문화관이라 불렀다. 개봉이 훨
씬 지난 영화들을 그래도 꾸준히 상영하곤 했는데 무협 영화라도 상영하는 날에는 우
리는 무슨 수를 써서라도 기어이 문화관에 가고 말았다. 특히나 이소룡의 영화를 본
날이면 우리는 일당백의 고수들이 되어 겁도 없이 읍내의 다른 학교 아이들에게 시비
를 걸어 패싸움을 벌이기도 하였다. 동네에 돌아와서도 착한 놈, 나쁜 놈 편을 나누어
다시 한번 영화의 장면을 재현하곤 했다.

맹룡과강, 용쟁호투. 그때의 이소룡이 보고프다.
라로 쉬프린(Lalo Schifrin), 용쟁호투의 사운드트랙을 담당했던 재즈 뮤지션 겸 작곡가이다. 그가 사드 백작(Marquis de Sade)에게 바치는 앨범이다.

첫눈이 올지도 모르겠다.

눈이 많던 설국(雪國)과 같던 유년을 보낸 나에게 눈은 그리움이다. 음악을 좋아하는 나에게 누군가 눈이 내리면 듣고 싶은 음악을 묻는다면 이 음악을 추천하겠다. 하프시코드 소리와 브라스가 눈발처럼 날린다. 마음도 즐거워진다. 물론 첫눈에 어울린다.

◉ 사라진 음반매장

King Crimson - 'The Great Deceiver'(1992)

30대 초반에 직장을 때려치웠다. 그러니까 4년 정도가 내 직장생활의 전부다. 직장을 그만둔 지 얼마 되지 않아 거의 백수로 지낼 무렵 고등학교인지 대학교인지는 잘 기억 나지 않는데 동창회를 한다는 연락을 받았다. 별로 내키지 않았는데 집사람이 처진 내 어깨가 안쓰러웠던지 슬그머니 돈을 쥐어주고 다녀오란다. (예나 지금이나 항상 용돈 을 받아 쓴다) 오전에 볼일을 보고 동창회 시간이 남았길래 지금은 없어진 강남역 타 워레코드에서 시간을 때운 게 화근이었다. King Crimson의 이 네 장짜리 라이브에 마음을 빼앗긴 것이다. 흔히 나오는 천사와 악마의 싸움이 시작되었다. 결과는 사진으 로 보다시피 사고 말았다. 이 박스 CD를 사고 나는 동창회를 포기하고 집으로 돌아온 것이다. 집사람이 한마디 했다. 구제 불능이라고. 동창놈들이야 또 볼 수 있을 터지만 이 음반은 지금이 아니면 다시는 내 손에 들어올 것 같지 않았기 때문이다.

오랜만에 타워 레코드 같은 대형 매장에서 음반들을 뒤져보고 싶은데 다 지나간 향수 일 뿐이다.

◉ 봄

Bill Evans & Jim Hall – 'Undercurrent'(1962)

내 몸은 겨울을 본능적으로 거부하지만, 의식은 겨울을 동경하고 있는지 모르겠다. 그건 아마 유년 시절의 동경에서 기인한 게 아닐까 한다. 거북등처럼 튼 손으로도 얼음을 지치고, 허벅지까지 쌓인 눈 속에서 전쟁 같은 눈싸움을 하던 그 추억….

절기상으로 봄이 오고, 엊그제부터는 벚꽃도 꽃망울을 드러냈다. 바야흐로 봄이지만 세상은 혼탁하다. 계절의 여왕은 늘어진 주름을 감추지 못한 채 창백해지고, 미소와 웃음소리 가득했던 시장과 들판은, 분노, 떨림, 미움으로 가득 찼다. 꽃과 녹음을 증오하듯 산을 덮은 화마(火魔)는 봄의 기운을 관짝으로 옮긴다.

아, 비가 온다. 한 사나흘 내렸으면 좋겠다. 그러고 나면 그 빛나고 아름다웠던 봄을 꿈꿀 수 있을지도 모르겠다.

Bill Evans 선생과 Jim Hall 선생이 기타와 피아노로 만들어낸 이 음반은 겨울처럼 차갑지만 봄을 동경한다. 히치콕 감독의 영화 장면 같은 이 앨범의 자켓은 미국의 사진작가 토니 프리셀(Toni Frissell)의 〈위키 와치(플로리다주에 위치한 도시)의 봄〉이다.

⊙ 어떤 수의사

집사람 가게 근처 B 동물병원 수의사 영감은 외모로 보면 도저히 조그만 말티즈나 요크셔테리어 같은 작은 애들을 치료할 수 있을 것 같지 않다. 딱 예전의 개장수나 소도둑처럼 생겼는데 젊을 때 보건소 소속으로 촌으로 트럭 타고 난산의 송아지를 받아내고 돼지같은 동물 봐주러 다니던 이력을 생각해 보면 고개가 끄덕여지기도 한다. 이 영감을 돌팔이라고 생각하는 사람들도 꽤 있는데 그도 그럴 것이 견주들이 금쪽같은 새끼라 여기는 강아지들이 아파 어쩔 줄 모르고 데려가면 약도 처방하지 않고 "괜찮다. 간식 절대 먹이지 말고 사료하고 물만 먹여라. 수액 한 대 맞고 가고…" 같은 말로 돌팔이라는 확신을 심어 준다. 그런데 시간이 지나고 보면 '이 영감의 말이 맞구나' 하는 생각이 드는 걸 보면 확실히 돌팔이 수의사는 아니다.

이 영감은 고맙게도 우리에게 참 잘하는데 얼마 전에도 우리 큰 푸들이 '진구'가 귀가 안좋아 연락하니 친히 가게로 와서 살펴주었다. 이런저런 이야기를 나누다가 진구가 밥은 잘 먹느냐고 묻는다. 요즘 밥 너무 잘 먹는다고 했더니 이런 소리를 한다.

"그럴 거다. 요즘 애들이 밥 다 잘 먹는다. 올겨울이 유난히 추울 게다. 애들은 본능적으로 그걸 알고 대비하는 거다."

이건 뭔 씻나락 까먹는 소린가. 집에서 키우는 개들이 겨울잠 자는 야생동물도 아니고…… 그런데 생각해 보니 진구뿐만 아니라 진짜 입 짧던 애들이 다 사료를 잘 먹는 것 같기도 하다. 올여름이 더웠나? 그런 것 같기도 하고 아닌 것 같기도 하다. 그만큼 우리는 지나간 일을 잘 잊는다.

"노인을 위한 나라는 없다." 같은 영화처럼 음악이 전혀 나오지 않고도 큰 몰입감을 안겨 줄 수 있는 영화도 있지만 대부분 영화에서는 음악이 영화에 미치는 영향을 무시할 수 없다. 홍상수 감독의 영화를 좋아한다. 거기에 나오는 남자들의 찌질함을 보면 내 모습을 보는듯하다. 언젠가 그의 영화를 보고 엔딩 크레딧에 흘러나오는 이 음악에 정말 한참 동안 글자만 흘러나오는 스크린을 보며 앉아 있었다.

〈Spiegel im Spiegel(겨울 속의 겨울 아니 거울 속의 거울)〉

Arvo Part, Sebastian Klinger,
Benjamin Hudson Jurgen Kruse
- 'Spiegel im Spiegel'(2015)

◉ 혹시 이거 이름을 아세요?

Santana - 'The Beginning (Fried Neckbones & Home Fries)'(1999)

테이프로 음악을 듣던 시절이 있었다. 모든 전축에는 카세트 데크가 있었고 자동차에는 쑥 밀어 넣어 들을 수 있는 프런트 로딩 장치가 부착되어 있었다. 레코드 가게에 가면 한쪽 벽면을 LP와 마주 보며 진열되어 있던 무수한 카세트테이프들이 있었고, 가게 주인장들은 히트곡을 테이프에 녹음해 짭짤한 수입을 올렸다. 이 카세트테이프를 들을 수 있는 휴대용 소니 워크맨, 아이와 혹은 마이마이는 그 시대 청춘들의 보물 1호였다. 또한 더블 데크가 나왔을 때 테이프를 테이프로 녹음할 수 있다는 사실에 얼마나 환호했는가.

주머니가 가벼운 청춘들에게 카세트테이프는 선물용으로 그만이었다. 내가 좋아하는 혹은 상대가 좋아하는 곡들을 녹음해서 예쁜 포장지에 싸서 선물하는 행위는 내 마음을 오롯이 전달하기에 그만이었다. 그뿐인가. 라디오 방송에서 나오는 음악을 공테이프에 녹음하는 행위는 얼마나 스릴있고 가슴 떨렸는가. 공테이프 살 돈이 부족하면 한 번도 듣지 않았던 성문 종합영어 따위 테이프의 밑에 있는 구멍을 막아서 재활용하곤 했다.

다운로드의 시대를 지나 스트리밍의 시대에 다시 카세트테이프가 뜨고 있다고 한다. 참 묘한 기분이다. 아직까지 왕성한 활동을 하는 산타나. 그의 진면목은 바로 카세트 테이프의 시대, 그때 연주하던 그 시절에 있다.

PS: 모든 사물에는 이름이 있는데 카세트테이프 밑에 저 구멍은 뭐라고 부르지? 궁금해 미치겠다.

편집자 注: 작가가 궁금해한 카세트 테이프 밑의 구멍은 "Record tab" 혹은 "Record protection tab"으로 불리며 사고로 레코드 버튼을 눌러 기존에 녹음된 내용을 지워버리게 되는 것을 방지하기 위합 탭입니다. 참고로 카세트 테이프 정품 케이스에 들어있는 속지는 "J-Card"라 불립니다.

◉ 쿠바의 영감님들

Buena Vista Social Club - 'Buena Vista Social Club'(2015)

파리 텍사스라는 영화가 오랫동안 기억에 남는 건 나스타샤 킨스키라는 매력적인 여
배우 탓일 수도 있지만 영화를 관통했던 음악, 슬라이드 기타 때문이라고 해야겠다.
그 연주의 주인공인 라이 쿠더의 빼놓을 수 없는 업적은 쿠바의 부둣가에서 기타를 치
며 노래를 부르던 영감쟁이들을 큰 무대로 불러낸 것이다.

이런 생각이 든다. 이 영감님들은 세계적으로 이름이 알려지고 음반이 불티나게 팔렸
지만, 쿠바의 부둣가에서 노래를 부를 때보다 행복하다고 느꼈을까. 행복이라는 잣대
는 결코 타인이 들이댈 수 없다고 생각한다. 따라서 쿠바의 영감님들이 더 행복해졌는
지 그렇지 못했는지는 영감님들이 판단할 일이다.

한 번씩 비 오는 날 막걸리가 마시고 싶어 전집에 간다. 모둠전을 시키면 부추전, 동태
전, 고추전, 육전 따위가 소쿠리에 소복이 담겨 나오는데 한 번씩 깍두기처럼 계란을

입힌 분홍색 소시지전이 나온다. 그럼, 그게 제일 맛있다. 그걸 먹다 보면 우리들 어머니가 싸주셨던 도시락 반찬을 생각하게 된다. 인기가 있었던 반찬들이 있었다. 들기름을 바르고 구운 다음 네 등분해서 삼양라면 봉지에 담아왔던 김, 오뚜기 마요네즈 작은 병에 국물이 샐까 봐 고무줄로 봉인해 왔던 돼지비계가 들었던 김치찌개 같은 것들. 그리고 이것만은 절대로 나눠 먹으면 안 되어 밥 위나 아래에 깔던 계란후라이.

SNS나 방송에 소개된 맛집에 줄을 서서 먹으며 해시태그로 '존맛탱'을 각인해 올리는 풍요로운 시대지만 부족해도 탐욕과 허세가 없던 그때가 어쩌면 더 행복했다는 생각이 든다.

그나저나 이 영감님들의 음악은 참 멋지다. 라이 쿠더에게 감사한다.

추천곡 〈Chan Chan〉

◉ 밥 딜런을 좋아하세요?

Barb Jungr - 'Every Grain Of Sand'(2017)

아주 가끔 나에게 없는 음반의 곡들이 듣고 싶을 때가 있다. 오랜만에 아들이 집에 와서 세 식구가 중국집에서 밥을 먹으며 걸친 고량주 한잔 때문인지 집에 와 오디오의 전원을 넣으며 문득 에바 캐시디(Eva Cassidy)가 생각이 났다. 예전에 두 장의 CD가 있었는데 그녀를 좋아하는 사람에게 줘버리고 없다. 이럴 때는 아쉬움이 든다.

물론 음원을 스트리밍해서 들으면 되지 않겠냐고 생각하겠지만 내가 할 수 있는 스트리밍은 핸드폰으로 하는 유튜브가 전부다. 몇몇 페이스북 친구분들이 유튜브 방송을 하시는데 내가 '좋아요'나 구독을 하지 못하는 이유는 유튜브 계정이 없기 때문이다. 아니 어쩌면 계정을 만들었어도 아이디나 비밀번호를 기억하지 못하기 때문일지도 모른다. 이렇게 나는 남들에게 비치는 이미지와는 다르게 구닥다리다.

이리저리 음반들을 뒤적이다 이 음반을 뽑아 들었다. 에바 캐시디처럼 남의 음악을 더 많이 불렸던 바브 영거(Barb Jungr). 물론 그녀는 에바보다 훨씬 오래전에 태어났고 96년 세상을 떠난 에바보다 훨씬 더 오랜 삶을 살고 있다. 그리고 음악 이외의 여러 예술 활동을 하며 큰 명성을 얻지는 않아도 소소히 작은 명성을 누린다. 그녀는 밥 딜런을 좋아했던 모양이다. 그의 곡들을 많이 불렀다. 그녀가 부른 딜런의 곡들이 참 좋다. 그 노래들을 듣고 있으면 그녀보다 밥 딜런의 음악을 다시 생각하게 된다. 정말 대단하구나, 그는.

에바 캐시디가 밥 딜런을 불렀다면 어땠을까? 내가 에바 캐시디의 음반을 다 들어본 것은 아니어서 혹 그녀가 밥 딜런을 불렀을지도 모르겠다. 에바 캐시디가 설령 밥 딜런을 좋아했어도 이런 노래는 차마 부르지 못했을 듯싶다. 〈Is your Love in Vain?〉

에바는 채 사랑을 알기 전에 너무 아팠고 그렇게 세상을 떠났다.

⊙ 택배

Guru Guru - UFO(1970)

학원을 할 때 아주 가끔 학원으로 택배를 받아주었으면 하고 부탁하는 아이들이 있었다. 대개 여학생들로 내용물 대부분은 엄마의 눈을 피해 주문한 옷, 싸구려 화장품이나 액세서리들이다. 항상 집사람의 눈을 피해 택배(음반)를 받아온 나로서는 그 마음을 잘 알기에 한 번뿐이라는 핀잔만 주고 허락해 주곤 했다.

학원을 그만두고 음반을 사는 횟수가 현저하게 줄어들긴 했지만 그래도 똥개가 똥을 끊을 수 없듯이 음반을 가끔 산다. 지난주 택배 아저씨가 택배함에 넣어달라는 간곡한 내 문자를 무시하고 집 앞에 떡 배달하시는 바람에 집사람에게 딱 걸렸다.

"오늘 기다리던 음반이 도착했어요. 함께 들읍시다."
"오 그래요? 와인을 준비할게요. 과일을 좀 깎을까요? 아니면 간단하게 치즈를 준비할까요?"

아직 결혼하지 않은 음악을 좋아하는 선남선녀들은 결혼 후 음악감상을 생각할 때 이런 모습을 기대할지도 모르겠다. 물론 이런 모습의 부부도 있을 거야, 암!

집사람이 질색을 넘어 극혐하는 부류의 음악들이 있다. 치렁치렁한 머리로 헤드뱅잉을 하며 쇳소리를 내는 헤비메탈이나 하드록, 골뱅이가 우는 소리 같다며 치를 떠는 하드 밥의 나발 소리, 그리고 이건 어떻게 생각해도 음악의 범주에 넣을 수 없는 소음이라는 약물 음악들. 위에 언급한 음악들은 내가 가지고 있는 앨범의 거의 70%를 차지한다.

같이 들어보자고 해볼까?

⊙ 니그로를 이해한다는 건방진 생각

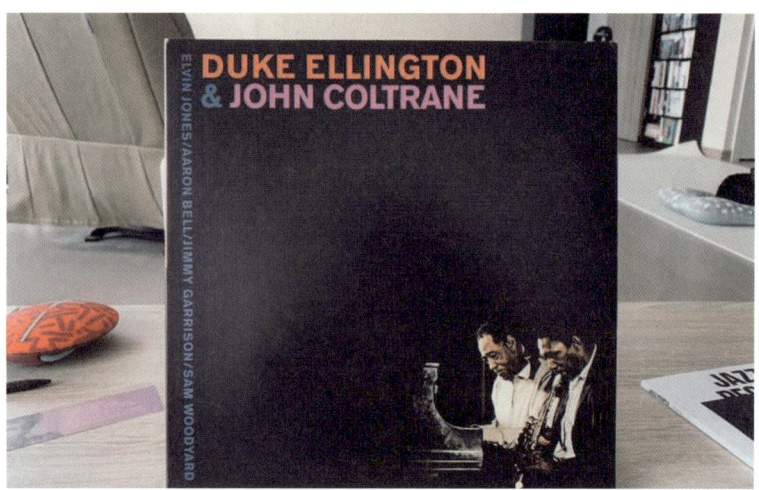

Duke Ellington & John Coltrane - 'Duke Ellington & John Coltrane'(1963)

듀크 엘링턴의 백인 친구가 그에게 자신의 작품 중에 전형적인 니그로 곡이라고 할 수 있는 곡이 있다면 무엇이냐고 물어봤다. 그는 잠시 생각하더니 〈In a Sentimental Mood〉라고 대답했다. 친구는 너무 의아해서 그 곡이 매우 세련된 백인풍의 노래라고 생각했고 이런 말을 들으면 대부분 놀랄 거라고 말했다. 그러자 그는 이렇게 대답했다.

"아, 그건 자네가 니그로가 된다는 게 뭔지 몰라서 하는 소리지."
나도 그렇게 느꼈다. 이 곡은 야경이 보이는 창가에서 화이트 와인 한 잔 손에 들고 센치한 감정으로 듣는 우아한 곡이라고. 음악을 들으면서도 많은 속단을 한다. 블루스 음악을 들으면서 목화를 따던 흑인들의 고단함을 떠올리고 밥 말리를 들으며 자메이카 사람들의 애환을 생각한다. 이 또한 하나의 오리엔탈리즘이다.

◉ 중독

David Gilmour – 'David Gilmour'(1978)

술맛을 전혀 모르는 집사람은 항상 묻는다. "뭐가 맛있다고 맨날 마셔? 술꾼이야?"
뭔가 있어 보이려고 대답했다. "술꾼은 술이 맛있어서 마시는 게 아니야. 무의미함을
견딜 수 없어 마시지!" "그럼, 음악은 왜 맨날 들어. 지겹지 않아?" "음악은 정지된 시간
에 의미를 부여하지." 같잖다는 듯 듣고 있던 집사람이 정리를 해준다.
"당신이 매일 술 마시고 음악 듣는 이유는 딱 한 가지야." "뭔데?" "뭐긴 중독이지."
왜 나는 매일 조금씩이라도 술을 마시고 음악을 들을까? 현실이 권태롭고 무의미하게
느껴져 그 무게를 견딜 수 없어서 그 무언가에 몰입할 대상이 된 걸까?
데이비드 길모어의 이 곡은 대학 시절 무수히 집사람에게 녹음해 준 테이프들 속에 들
어있는 곡 중에 한 곡인데 알려나 모르겠다.

추천곡 〈There's no way out of here〉

⦿ 내가 살아보니

밴드 죠 – 'Live on the Road'(2020)

'일요일이 다 가는 소리 아쉬움이 쌓이는 소리 내 마음 무거워지는 소리'

이런 노랫말의 가요가 있었다. 물론 아직도 찾아서 들을 수 있는 곡이니 '있었다'라는 말은 틀린 말이겠지만 지금은 이런 종류의 담백하고 진솔한 곡들이 더 이상 나오지 않으니 어쩌면 꼭 틀렸다고 할 수만은 없다. 대학을 졸업하고 3년 남짓 경험했던 직장생활은 위의 가사가 정말 뼈저리게 다가왔던 시절이었지만 그 후 한 번도 일요일이 다 간다고 해서 아쉬움이 쌓이거나 마음이 무거워진 적이 없다. 일요일 밤은 일주일의 가장 편안한 시간이었다.

아는 사람은 알겠지만, 이십 년을 훌쩍 넘게 학원을 운영해 왔다. 학원이라는 게 주말이 없다. 주중 야간 자율학습을 꼭 해야 하는 놈들이나 다른 학원을 돌아 시간이 없는 놈들을 위해 주말반 수업을 개강해야 하고, 시험 때면 보충학습으로 아이들을 불러야 한다. 보통 주말반은 아침 10시부터 시작하니 금요일 정규수업을 11시까지 마치고 주말이면 아침부터 강행군을 해야 했다. 일요일 수업을 마치고 오면 월요일은 오후 출근이라 일요일 저녁은 정말 꿀맛 같은 시간이었다. 그래도 출근길이 무겁게 느껴진 적도 없었고 부담이 된 적도 없었는데 어느 날 그런 느낌들이 들기 시작했다. 주저 없이 학원을 정리했다.

학원을 정리하고 은퇴한 지금도(오십 중반에 은퇴라는 말은 사람들에게 좀 웃기게 들릴 수도 있겠지만 취업할 생각도 창업할 생각도 없으니, 은퇴가 맞는 표현이라고 생각한다) 일요일 밤이 가장 편하다. 월요일은 집사람 가계가 쉬는 날이다. 그래서 일요일 밤 마시는 맥주는 이런 음악만큼 더 맛나다.

우연히 라이브 공연을 보고 반했던 이들이다. 뭐 뻔한 애들이겠지 하고 담배 피우러 나가려다가 담배를 집어넣고 자리로 돌아와 그들의 연주를 들었다.

추천곡 〈내가 살아보니〉

⊙ 섬섬옥수 (纖纖玉手)

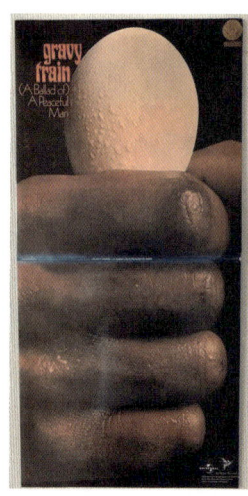

Gravy Train - '(A Ballad Of) A Peaceful Man'(1971)

얼마 전 태풍이 온다고 해서 집사람 가게 테라스에 헐거워진 철망을 케이블 타이로 조여주었다. 같이 도와주던 직원과 손이 스쳤다. (참고로 남자다) 갑자기 호들갑 놀란다.

"왜? 전기 통했어?"
"아니 원장님(집사람 가게에서도 원장이라 불린다. 물론 사장은 집사람이다.) 손이…."
"내 손이 왜?"
"촉감이 너무 부드러워요. 심쿵했어요."

이 말을 듣고 너도나도 내 손 한번 만져보자고 난리다.

사람마다 신체의 핸디캡은 하나씩 가지고 있다. 난 너무 여자 같은 손이 싫었다. 중학교 때 손바닥 때리다 내 손을 만지면서 계집애 같다고 친구들 앞에서 망신 주던 여자 선생님도 생각나고 하여튼 놀림을 많이 받았다. 지금도 노동이라고는 한 번도 해보지 못한 사람 취급받는다.

시완 레코드에서 Gravy Train의 앨범 속지에서는 Gravy Train이 '일하지 않고도 풍족한 삶을 살 수 있는 지위나 돈'이라고 나와 있다. 그런 뜻이 정말 있는지는 모르겠지만 자켓의 계란을 움켜쥔 거친 손과 묘한 대비가 된다. 번듯한 직장과 학력이 있어야 대우받는 나라에서 저런 손을 가진 사람이 존중받기를 기대하기는 어렵겠지.

추천곡 〈Alone in Georgia〉

◉ 빗소리

Leonard Cohen - 'Songs Of Love And Hate'(1971)

비가 한바탕 더 왔으면 좋겠다. 이제 비가 내리면 여름과 가을의 엷은 경계가 느껴지겠지.

비를 좋아해.

엄밀히 말하면 떨어지는 빗소리를 좋아한다. 어릴 적 슬레이트 지붕 밑에 쪼그리고 앉아 빗소리를 듣던 일이 아직도 생각이 난다. 군대 시절 진지 보수공사 가서 하루 종일 땅을 파고, 폐타이어 따위를 산밑에서 꼭대기까지 나르다가 어쩌다 온종일 비가 내리는 날에는 A형 텐트 안에서 꿀맛 같은 휴식을 취하며 듣던 빗소리도 잊을 수 없다.

뭐니 뭐니 해도 빗소리는 사랑을 불러오지. 태어나서 그 흔한 미팅이라는 것도 한번 못해본 내가 첫사랑 따위야 있겠냐마는 대학교 1학년 때 지금의 집사람과 처음으로 한 우산을 받쳐 쓴 때를 잊을 수가 없다. 서로의 살이 부딪힐까 봐 조심스러워 거의 다 비를 맞으면서도 한 우산을 공유하면서 이젠 내 사랑이 된 것 같았던 뿌듯한 마음을 말이야.

레너드 코헨의 노래를 들으면 사랑은 정말이지 치열한 전쟁터 아닐까 하는 생각이 든다. 그래서 코헨은 그의 백 밴드를 '군대'라고 불렀다고 한다. 그렇게 비는 우리를 '전장'으로 내몬다. 우리처럼 마음 약한 사람들이 코헨의 음반을 듣는다는 건 두려운 일일 수도 있어. 어느 평론가의 평처럼 벌어진 상처와 그치지 않는 경멸감과 열렬한 사랑을 단조롭고 섬뜩하게 담아낸 이 노래는 그중 절절함이 더하다.

코헨의 음악은 정말이지 LP가 어울린다. 턴테이블이 레코드 홈을 따라 달릴 때마다 미움과 사랑의 절절한 감정이 나타났다 사라지는 걸 반복한다.

추천곡 〈Famous Blue Raincoat〉

◉ 어묵보다는 오뎅이지

Styx - 'Caught In The Act Live'(1984)

잠깐 나갔다 오는 길에 집사람에게 전화해 뭐 좀 사갈까 물었더니 순대가 먹고 싶다고 한다. 순대를 시키고 아주머니가 썰고 포장하는 동안 오뎅 한 개를 뽑아 간장에 찍어 먹었다. 오뎅은 좋아한다. 어묵이라는 단어는 맛을 떨어뜨린다. 사실 부산에서 꽤나 유명한 고급 어묵인 삼진어묵이나 고래사 어묵 같은 것들이 맛있다고 느껴본 적이 없다. 오뎅은 얇고 싼 맛이 나야 맛있다. 포장마차 국물 통에 나란히 꽂혀있는 오뎅 중에서도 길고 통통한 오뎅보다는 얇게 꼬불꼬불 꼬챙이에 끼워져 있는 것을 좋아한다.

순대를 들고 계산하려는데 오뎅 한 꼬치가 구백 원이라는 사실을 알았다. 정신이 번쩍 들었다. 물가가 가파르게 오르고 있었지만 이렇게 확 와닿기는 처음이다. 냉면 한 그 릇이 거의 이만 원에 육박한다고 해도, 치킨 한 마리 가격이 또 그 가격을 넘어서고, 배 보다 배꼽이 큰 배달료가 어떠니 해도 나오는 다른 세상의 일이니 크게 와닿지 않았던 게 사실이었다. 오뎅이 어떤 음식인가. 차도 없이 이곳저곳에 아침부터 밤까지 돌아다니며 밥벌이하던 시절, 시간도 아끼고 돈도 아낄 요량으로 버스 정류장에 하나씩 있던 간이 포차 분식집에서 버스를 기다리며 빼먹던 오뎅. 거기다 덤으로 주어지던 가슴까지 훈훈해지던, 빨간 바가지로 떠먹던 국물들이 어떻게 맛이 없을 수 있었을까. 선거철만 되면 꼴 보기 싫은 정치인들이 여야를 할 것 없이 수행원을 데리고 한 꼬치 하면서 사진을 찍어 대는 음식 아닌가. 한번 먹으면 앞에 수북하게 쌓이던 꼬챙이들을 수거해 계산하곤 했는데 이젠 더 이상 수북하게 쌓이는 오뎅 꼬챙이를 구경하기 힘들 듯하다.

포장해 온 순대로 요기를 하고 입가심으로 늘 그렇듯 맥주를 마시며 오랜만에 좋아하는 미국밴드 Styx의 라이브 앨범을 듣는다. 지금은 두 장짜리 온전한 일본산 음반으로 듣지만 한 장짜리 라이선스로 이 음반을 처음 샀던 고등학교 때가 생각이 난다. 이천 오백 원이었다. 지금은 새로 나온 LP 한 장 가격이 기본이 사오만 원이다. 가요 음반은 육만 원이 훌쩍 넘는다. 시간의 흐름을 감안해도 지나치다.

용돈을 받아 음반을 사는 청춘은 더 이상 없다. LP붐? 이제 거품이 꺼졌다고 보여진다.

🔘 그리움만 쌓이네

여진 - '2집'(1987)

그때 우린 주말이면 성북역과 신천을 오가며 만났었지. 넌 대학을 졸업하고 방위병으로 근무하며 예비군 통지서를 돌리고 있었고 난 4학년 2학기를 20학점이나 들으면서 겨우 졸업을 앞두고 있었지.

우린 토요일마다 만나 한 놈이 토할 때까지 술을 마시고 성북에 있던 날엔 그의 집으로, 신천에 있던 날은 우리 집으로 잠을 자러 갔지. 물론 손에는 오비나 크라운 맥주가 들어있는 까만 비닐봉지가 들려져 있었고 우리의 어머니들은 취기가 오른 우리들의 술상을 가벼운 잔소리만 하시고 묵묵히 차려 주셨어.

또 술을 마시며 우린 음악을 들었지.

내가 가진 음반에는 별 관심이 없던 너였지만 내가 틀어주는 음악을 묵묵히 들어주었고 너희 집에선 카세트로 가요를 들었지. 이선희를 좋아하던 너는 이선희의 노래를 들었고 난 너의 집에 있던 여진의 노래를 들으며 우리의 불안한 미래에 대해 이야기 했지.

시간이 흘러 넌 네가 그렇게 좋아하던 이선희를 쏙 닮은 여자와 결혼하고 난 대학 내내 붙어 다니던 부산 아가씨와 결혼했지. 시간이 더 흘러 우린 살아온 날보다 살아갈 날이 더 짧은 나이가 되었고 그 시절 우리가 고민했던 내용을 똑같이 고민할 성인이 된 자녀들을 두었지.

여진의 노랫말처럼 그리움만 쌓이는구나….

⦿ 내 친구 똥파리

Scorpions - 'Love At First Sting'(1984)

나처럼 강원도 깡촌에서 자란 내 친구 똥파리는 군대에 가기 전에 한 번도 여자를 사
귀어보지 못한 모태 솔로였다. 그러던 그가 복학하고 여자를 사귄다는 소문이 당시 졸
업하고 방위 복무를 하던 내 귀에까지 들려왔다. 그런데 똥파리가 사귀는 여자는 그와
는 도무지 아니 도저히 어울리지 않는 절세의 미녀라고 했다. 그러나 믿을 수 없게 진
짜였다. 놀라운 건 그녀를 만나면서 이 홉들이 소주 다섯 병은 한자리에서 거뜬히 마
시던 술을 한 방울도 입에 대지 않았고, 일주일에 한 보루씩 재어놓고 피우던 은하수
도 단번에 끊었다. 그뿐이랴. 당시 300을 치면서도 '아저씨 났어요'를 제일 먼저 외쳐
당구비는 한 번도 내지 않던 짠당구 실력의 소유자였지만 당구장 근처에는 얼씬도 하
지 않았다.

모두들 여자가 한 사람의 인생을 망쳐놓았다고, 얼마 가지 못할 거라고 수군댔는데 그
건 질투심 때문이었다. 모두들 어울리지 않는다고 말해서인지도 모르겠지만 그렇게

졸업할 때까지 2년을 사귀던 똥파리는 졸업과 동시에 차이게 되었다. 그 후 그는 그동안 못 마셨던 술과 담배에 분노를 표출하듯 식음을 전폐하고 그것들에 의지해 폐인처럼 살았다. 정말 실연이 한 사람을 죽음에 이르게 할 수도 있다는 사실을 알았다.

지금 똥파리는 어떻게 살고 있을까. 시간이 지나 그는 나에게 청첩장을 보내왔고, 다른 여자와 결혼해 아들 둘을 두고 잘 산다. 아내에게 '내가 사랑했던 여자는 당신뿐이야.' 같은 너스레를 떨면서. 계절은 원치 않아도 바뀐다. 끝이 보이지 않던 겨울이 사그라지고 꽃들이 핀다. 계절뿐인가. 증오, 복수심, 분노도 혹은 애틋한 연민과 사랑도 우주의 모든 것처럼 시간이 지나면 지치고 허물어진다. 언젠가 마스크를 보면서 한때 모든 사람이 저걸 길거리에서 착용했던 시절이 있었지, 하고 회상할 날도 올 수밖에 없다. 답답해도 참고, 화가 나도 참으면 된다.

똥파리 생각이 난다. 〈Still Loving You〉 학창 시절 너무 뻔하고 유치하다고 외면하는 척하고 혼자 가끔 듣던 곡.

⊙ 나이롱환자

Roxy Music - 'Stranded'(1973)

지금껏 크게 아파본 적이 없다. 기껏 해봐야 감기·몸살 정도로 병원에 간 정도 말고는
특별히 아팠던 기억이 없다. 당연히 한 번도 입원이란걸 한 적도 없다. 그런데 환절기
가 되면 언제부턴가 몸에 붙은 알레르기로 힘들다. 눈물, 콧물, 재채기로 정신이 없고
작은 몸살 기운도 생긴다. 정신 못 차릴 정도로 아픈 것은 아니라 일을 못 할 정도는 아
닌데 그래도 이럴 때 한 번쯤은 나도 한 며칠 입원이란걸 해보고 싶은 생각이 든다.

며칠 입원을 하면 책 몇 권을 챙겨 특유의 소독내 나는 병원복으로 갈아입고 핸드폰에
저장된 음악과 함께 아무 생각 없이 책을 읽는 거다. 그러다 지겨워지면 링거를 꽂은
지지대를 끌고 병원 복도를 어슬렁거리고 안 보던 TV 앞에도 앉아 보는 거다. 친구가
면회를 오면 링거를 꽂은 채로 자판기 커피를 뽑아 흡연실로 가는 거다. 실실 웃으며
함께 피우는 담배는 얼마나 꿀맛일까. 일을 마친 집사람이 오면 온종일 누워 있었더니
다리가 저리다고 발 좀 주물러 달라는 감히 상상도 할 수 없었던 호기도 부려볼 거다.

마침내 잘 시간이 되면 숨겨 둔 맥주를 텀블러에 담아 홀짝홀짝 마시며 록시 뮤직을 듣는다. 이런 나이롱환자를 꿈꿔본다.

왜 하필이면 록시 뮤직(Roxy Music)일까?

과거 브라이언 페리는 병원에 입원해서 실크 파자마를 입고 병원 침상에 누워 와인을 마시던 사진이 잡지에 실려 뭇 여성들을 설레게 했다는 일화 때문이다.
말이 씨가 될라.

추천곡 〈Mother of Pearl〉

◉ Roll the Bones

Rush - 'Roll the Bones'(1991)

운전할 때 집사람이 옆에 있으면 거의 음악을 틀지 않는다. 음악을 틀었다간 백발백중한 소리 들을 게 너무나 뻔하기 때문이다. 음악 취향이 다르기도 하겠지만 집사람은 자신이 운전대를 잡을 때 음악을 듣지 않는다. 그녀는 지금의 차로 거의 십 년을 운전했지만, 아직도 어떻게 라디오를 켜는지, CD를 어떻게 플레이하는지 모른다. 작동법을 가르쳐 주려고 하면 필요 없다고 한다. 들을 일이 없다고.

오늘 아침 집사람과 차에 타 시동을 걸었더니 스피커에서 요란한 음악이 흘러나온다. 어제 차를 주차하면서 음악을 끄고 시동을 꺼야 했는데 바로 시동만 끈 모양이다. 집사람보다 내가 더 놀랐다. 갑자기 튀어나온 음악 때문이 아니라 집사람이 보일 반응 때문이었다. 황급히 버튼을 눌러 음악을 끄니 집사람이 한마디 했다.

"차에서 이런 거 듣고 다니나. 니가 십 대가?"

내가 십 대와 이십 대에 듣던 음악들을 생각해 봤다. 나이가 들면 취향도 변하고 입맛도 변한다. 좋아했던 소시지, 햄, 치킨 따위가 맛이 없어지고, 그때는 정말 싫었던 나물 반찬이 좋다. 예전 같으면 맥주 안주로 감자깡을 먹었다면 지금은 고구마깡을 먹는다. 도무지 왜 먹는지 몰랐던 바나나킥도 맛있다.

"예전에 많이 듣던 음악이었어요."
"한때 좋아했던 음악이에요."

이런 말들은 아주 오래전 좋아했지만 지금은 잘 듣지 않는다는 표현인데, 내 경우는 이런 말들에 공감하기 어렵다. 음악만큼은 그때 들었던 음악들을 여전히 좋아하고 즐긴다. 물론 그때는 잘 몰랐던, 가령 클래식이나 재즈 같은 장르의 음악들로 듣는 폭이 넓어지기는 했지만, 핑크 플로이드, 킹 크림슨, ELP, 제네시스, 예스, 버클리 제임스 하비스트, 딥 퍼플, 블랙 사바스, 그리고 또 이루 열거하기 힘들 정도로 많은 밴드들…. 여전히 내 카테고리에서 플레이되고 있는 현재진행인 음악들이다.

오늘 집사람과 나를 놀라게 한 밴드는 캐나다 밴드 'Rush'다. 고등학교 때 앨범 '2112'로 나를 단박에 사로잡았던 그 밴드는 36년이 지난 지금도 차 안에서 볼륨을 올리고 듣고 있다.

⦿ 강시보다 무서운 음악

Ash Ra Tempel - 'Schwingungen'(1972)

집사람과 이런저런 이야기를 하다가 둘이 처음 본 영화 생각이 났다. 내 생각엔 아마 대학 때 본 '강시 선생'이라는 영화가 우리가 영화관에서 처음 본 영화일 것이다. 긴가 민가해서 집사람에게 물어보니 '아마도'라는 대답이 나왔다. 이런 수준 낮은 커플을 보았나. 아카데미상에 빛나는 명작은 아니더라도 강시 선생이라니.

분명 이 영화의 선택은 내가 했을 게 분명하고 그 당시만 해도 나를 존중해주던 집사람은 거절하지 못하고 같이 보았을 것이다. 그래도 서양의 잡것들인 '좀비'가 들어오기 전에 강시라는 홍콩의 요망한 것들은 우리나라에서 무척 활개를 쳤었다.

아이들은 강시 흉내를 낸다고 길거리에서 팔을 들고 통통 뛰어다녔고, 강시 영화는 인산인해를 이루었다. 지금 생각해도 유치한 강시가 집사람에게는 엄청 무서웠나 보다. 강시 이야기를 하니 몸서리를 친다. "진짜 무서웠어…."

이 강시를 처치하는 법은 간단했다. 마빡에 노란색 부적 하나만 붙이면 끝이었다. 총으로 머리통을 깨부숴야 없어지는 서양의 좀비와는 달리 피를 볼 필요가 없었다.

독일 밴드 Ash Ra Tempel의 부적을 닮은 자켓의 앨범이다. 함께 본 강시 영화와는 달리 이런 음악은 절대로 집사람과 같이 듣지 못한다. 그러니까 이런 류의 음악은 강시보다 무서운 음악이다.

◉ 양귀비 쌈

Wyatt / Atzmon / Stephen - '.........For The Ghosts Within'(2010)

오늘 낮 날씨가 너무 좋아 집사람과 근처 원동에 바람도 쐬고 삼겹살에 미나리나 싸 먹으러 다녀왔다. 고기를 먹으면 같이 나오는 상추니, 깻잎이니, 명이 따위의 쌈을 그렇게 좋아하지는 않지만, 이 미나리라는 채소는 돼지고기와 너무 어울린다.

예전에 장인어른과 같이 고기를 먹다가 들은 쌈의 종지부가 있다. "양귀비 이파리에 고기 싸 먹으면 정말 맛있는데…. 예전에 젊었을 때 산에서 따다가 많이 싸 먹었어." 목살을 구워 양귀비에 싸 소주와 먹으면 어떤 향이 입안을 맴돌까.

Robert Wyatt, Gliad Atzmon, Ros Stephen. 이 묘한 트리오의 〈What a Wonderful World〉 같은 느낌이 날까.

난독증

Charlie Mingus - 'Tijuana Moods'(1962)

난독증(dyslexia, 難讀症)이라는 질병은 사실 우리나라에서는 흔한 질병이 아님에도 너무나 익숙한 말이다. 그 익숙함은 페이스북을 비롯한 인터넷 매체에서 코로나 시대에 정말 어울리게 얼굴도 모르는 사람끼리 비대면으로 컴퓨터나 휴대전화의 키보드로 엄마가 좋아, 아빠가 좋아 같은 유치한 언쟁을 벌이며 기어이 상대방에게 "난독증이세요?"라는 어처구니없는 물음을 던지는 무수한 바보들에게 익숙해진 터일 것이다.

알베르트 아인슈타인이 난독증을 앓았던 것은 알고 있었지만, 재즈의 거장 찰스 밍거스(Charles Mingus)가 난독증이었다는 사실을 오늘 알았다. 하루키의 유명한 장편소설을 다시 읽다가(예전에 읽었지만 내용이 전혀 기억에 남지 않아) 난독증 리스트에서 Charlie Mingus의 이름을 접했다. 당연히 찰리 밍거스는 찰스 밍거스다. 찰스 밍거스는 찰리라는 애칭을 말의 이름에나 붙이는 거라고 극도로 혐오했는데 하루키는 왜 소설에서 찰스 대신 찰리라고 했을까. 하루키 이 양반이 좀 진지한 걸 싫어하는데 음악적으로, 사상적으로 꽤나 진지했던 찰스 밍거스를 그리 좋아하지 않았을지도 모르겠다.

무라카미 하루키 씨에게

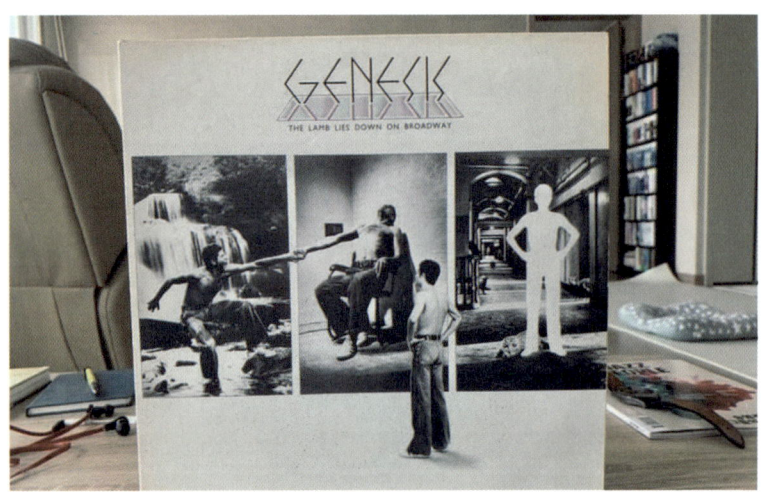

Genesis - 'The Lamb Lies Down on Broadway'(1974)

하루키 씨, 당신이 위대한 작가라고 생각해 본 적은 없지만, 당신의 작품을 대부분 읽은 걸로 보아 당신은 내게 충분히 매력적인 작가입니다. 당신의 책 속에 음악이 흐르지 않았다면 당신에게 매력을 느끼지 못했을지도 모르나 그건 어차피 가정이니 의미가 없겠지요. 그런데 가만히 생각해 보면 내가 좋아하는 음악은 당신의 작품에 거의 언급되지 않습니다. 제가 좋아하는 음악은 록의 르네상스를 이끌던 시절의 브리티시 록입니다. 사이키델릭 사운드를 위시해서 아트록, 하드록, 헤비메탈에 이르기까지 말입니다.

하루키 씨가 대단한 미국통인 걸 잘 압니다. 작가도 피츠제럴드 같은 미국 작가를 최고로 치시지요. 음악은 더 하시더군요. 미국의 음악인 재즈는 제외하더라도 당신이 좋아하는 뮤지션과 밴드는 거의 미국이지요. 물론 당신의 책 제목에 영감을 준 비틀즈를 제외하고 말입니다. 그런데 하루키 씨, 당신은 비틀즈보다 비치 보이스와 브라이언 윌슨을 더 좋아하는 건 틀림없으시죠? 그러니 내가 좋아하는 영국밴드들은 관심이 없으실지도 모르겠습니다.

두서없이 서론이 길었습니다. 이렇게 당신에게 글을 쓰는 이유는 바로 그룹 제네시스 때문입니다. 제네시스를 비롯해 내가 록 음악사상 가장 훌륭한 밴드라고 여기는 핑크 플로이드, 킹 크림슨, ELP 같은 영국밴드들이 당신의 흥미를 끌지 못한 건 잘 알고 있습니다. 당신의 작품에 이들의 곡이 언급된 적은 거의 없는 거로 알고 있습니다. 그저 핑크 플로이드의 음악을 들었다 정도의 표현이 다지요. 제네시스도 그렇습니다. 당신의 글에서 내가 기억하는 표현은 그룹 이름이 너무 유치하다 정도입니다. 맞나요?

그런데 하루키 씨의 작품 『양을 쫓는 모험』과 그의 후속편이라 할 수 있는 『댄스 댄스 댄스』 그리고 제목은 기억나지 않는 단편에 나오는 양 사나이를 보면 제네시스의 앨범 'The Lamb Lies Down On Broadway'가 생각납니다. 이 앨범을 보면 당신 작품에 등장하는 양 사나이가 필연적으로 떠오릅니다. 물론 당신은 가와카미 미에코씨와의 인터뷰에서 양 사나이는 어디에서 영감을 받은 것이 아니라 그냥 불현듯 떠올랐다고 말씀하셨죠. 전 그 말에 동의할 수 없습니다. 당신이 그린 양 사나이는 차원의 문을 넘어선 공간에 존재합니다. 제네시스의 앨범 커버와 게이트 폴드 안쪽 사진을 담당한 힙노시스의 자켓은 그 모습을 떠올리게 합니다. 저는 당신이 이 앨범을 좋아하지는 않지만, 이 앨범을 보고 들은 적이 있다고 확신합니다. 당신은 부정할지 모르겠지만 이 앨범이 당신의 소설 속 양 사나이의 탄생에 영향을 주었다고 생각됩니다. 그렇지 않습니까? 진지하게 물어봅니다.

무례했다면 죄송합니다.

◉ 초코파이가 제일 맛있던 시절

Various – 'Stone Free (A Tribute To Jimi Hendrix)'(1993)

내가 초코파이 따위를 돈 주고 사 먹고 싶을 줄은 몰랐다. 대학 때 소주 사 오라고 했더니 안주로 초코파이를 사 와 참 어처구니없었던 후배도 생각나고 하여튼 초코파이는 그들이 선전하는 것처럼 '정'이 가는 군것질거리는 아니었다.

군대 훈련소에서 일주일을 뺑뺑이 돌며 똥국에 밥을 말아 먹었더니 거짓말처럼 초코파이가 먹고 싶어졌다. 휴일 종교활동 후 얻어먹은 초코파이가 그렇게 맛있을 수가 없었다. 종교는 없었지만. (종교활동을 안 하는 군바리는 작업을 해야 했다.)

어느 날 평일 꿀맛 같은 PX 타임이 찾아왔다. PX를 다녀와도 되고 단 언제까지만 집합하라는 말에 PX로 달려갔다. 그러나 그 앞에는 엄청난 줄이 기다렸고 그래도 시계를 보면서 초조하게 내 차례가 되기를 기다렸다. 곧 초코파이를 먹게 되는구나. 아 콜라도 사야겠다 생각하며…. 이윽고 차례가 왔다.

"저 초코파이 두개랑요 콜...."

순간 PX병의 얼굴이 일그러졌다.
"요? 요? 이 새끼가 개념을 밥 말아 먹었나. 요? 뒤로!! 다음."

그렇게 나는 다른 군바리들의 애처로운 눈빛을 외면하고 맨 뒷줄로 돌아가야 했고 초코파이를 포기할 수밖에 없었다. 가만 생각해 보니 그 무지막지했던 PX병은 지미 헨드릭스처럼 코가 크고 입술이 두꺼웠다.

그날 밤 꿈에 그가 나왔다.

추천곡 Body Count 〈Hey Joe〉

⦿ 어떤 덕담

Pink Floyd - 'The Wall'(1979)

나보다 세 살 어린 처남은 나이가 차도록 장가를 갈 생각을 하지 않아 장인어른을 애타게 했는데 보다 못한 장인이 베트남에 가서 처자를 구해오겠노라고 국제결혼 업체에 다녀온 후 화들짝 놀란 처남은 처외삼촌이 중매를 선 처자와 속전속결로 결혼했고 지금껏 잘살고 있다. 설 명절이라 처가에 가서 오랜만에 장인어른, 처형 그리고 처남네 식구들을 만났다. 늦장가를 가서 이제 고1, 중2가 되는 처조카들에게 세뱃돈을 주었다. 절을 하고 이런 건 좋아하지 않아 집사람과 처남댁이 설거지하는 동안 슬며시 오만원짜리 두 장씩을 건네주었다. 노파심으로 근데 요즘도 세뱃돈 받으면 엄마에게 다 뺏기냐고 물어보니 돈을 받을 때와는 다른 시무룩한 표정으로 고개를 끄덕였다.

"고모부 말 잘 들어. 나중에 엄마가 고모나 고모부가 세뱃돈 줬냐고 물어보면 오만 원 받았다고 해. 그리고 오만 원은 주고 나머지 오만 원은 너희가 갖는 거지. 물론 엄마가 아무 말 없으면 다 너희들 거지."

이 말을 하기 무섭게 둘째 놈은 그 자리에서 오만 원짜리를 한 장씩 분리해 딴 주머니에 넣는다. 얼마나 세상을 살아가는 데 유익한 새해 덕담인가. 부모님 말씀 잘 듣고, 공부 열심히 해서 좋은 대학에 가라는 공익광고 멘트 같은 덕담은 얼마나 한심한가. '대박 나세요.' 같은.

세뱃돈을 받던 시절이 나도 있었다. 초등학교 때는 전액을 나도 엄마에게 뺏겼고, 중학교 땐 아주 일부를 제외하고 또 강탈당했다. 고등학교 때도 어무이는 빼앗아 가고 싶은 눈치였지만 온몸으로 투쟁해서 지켜냈다. 사야 할 것들이 생겼기 때문이다. 물론 레코드였다. 고등학교 1학년 설날 세뱃돈으로 주머니가 두둑해지고 원판을 파는 가게를 안다는 친구 놈을 따라 광화문의 한 가게로 갔다. 거기서 Pink Floyd의 'The Wall'을 샀다. 얼마를 줬는지 기억나지는 않는데, 세뱃돈 대부분을 썼던 기억이 난다. 얼마나 기분이 좋았는지 그걸 사고 제일 먼저 달려간 곳이 동네의 단골 레코드 가게였다. 거기서 주인장 형에게 자랑했다.

사진의 앨범은 그때 그 원판이 아니라 아주 뒤에 나온 지구 레코드 라이선스다. 그 원판은 누군가가 훔쳐 갔다. 엄마가 세뱃돈을 가져가듯….

⊙ 아저씨들의 소울푸드

Tangerine Dream - 'Zeit'(1972)

어딜 가도 기본적인 음식 맛은 보장된다는 '기사식당'이라는 곳에 처음 가봤을 때 두 번 놀랐다. 첫 번째는 기사식당의 메뉴에 돈가스가 있다는 것이었고, 두 번째는 대부분 운전기사로 추정되는(노란색, 파란색 윗옷들로) 손님들의 절반 이상이 돈가스를 먹고 있었다는 사실이었다. 물론 다 그렇지는 않지만, 정치 이야기에는 도가 터 진중권, 김어준급 입담을 과시하던 양반들이 돈가스를 앞에 두고 나이프와 포크를 가지고 오물오물 먹던 모습은 진정 나에게는 상상도 못 했던 신세계의 풍경이었다. 돈가스는 아저씨들의 소울푸드인 모양이다. 보통 오래된 맛집을 평할 때 '오랫동안 한결같은' 따위의 표현을 쓴다.

Tangerine Dream이라는 예쁜 이름을 이끌던 에드가 프로제(Edgar Froese)는 그가 세상을 떠날 때까지 정말 한결같은 음악만 작곡하고 연주했다. 약물은커녕 술 담배도 입에 대지 않았지만, 그의 음악은 한결같이 약 냄새가 물씬 풍긴다.

◉ 경험과 학습

Yes - 'Yesshows'(1980)

밖은 차지만 베란다 창으로 들어오는 햇볕은 아주 따뜻하다. 그 기운으로 늘어지게 낮잠을 자고 일어났더니 갈증이 난다. 냉장고에서 음료수 하나를 꺼내 뚜껑을 따니 알약 같은 게 두 개 들어있다. 기억이 스쳐 지나간다. 예전에도 이런 비슷한 요구르트를 먹은 기억이다. 알약을 꺼내려고 오른 손바닥을 펴고 왼손에 든 병을 기울이니 알약만 떨어지는 게 아니고 요구르트까지 같이 쏟아져 황당했던 기억. 우리는 경험을 토대로 무언가를 배운다. 그게 좋은 경험이든 나쁜 경험이든 상관없이 말이다. 그러나 아무리 경험해도 학습이 안 되는 것들이 있다. 이제는 정말 담배를 끊어야지, 다시는 술 마시면 내가 사람이 아니다. 혹은 이제 정말 주식을 하지 말아야지 같은 것들.

이제 정말 음반(LP, CD)을 사지 말아야지 같은 다짐도 마찬가지다. 이런 일에는 온갖 핑계가 따르는데, 오늘 도착한 이 음반은 음반 커버가 너무 예뻐서 샀다. 로저 딘 영감이 그린 재킷 중에 제일 사랑스럽다. 그래서 샀다.

⦿ 꿈의 극장

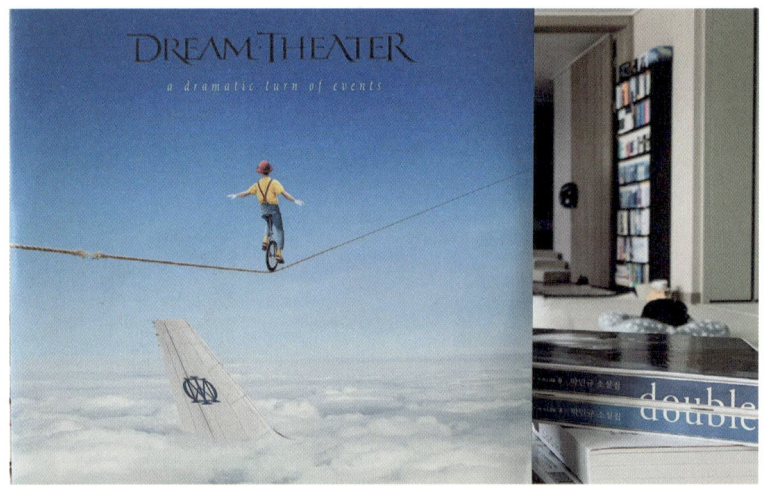

Dream Theater - 'A Dramatic Turn Of Events'(2011)

뜬금없이 아들 녀석이 전화해 "혹시 걱정할까 전화했어"라는 뜬금없는 말을 했다. 알고 보니 아들의 학교에서, 그것도 아들이 공부하는 '건설관'에서 학생이 추락사했다. 아직 정확한 원인은 밝혀지지 않았지만, 아들의 말로는 도저히 사고로 추락할 장소는 아니라고 한다. 꿈 많았을 젊은이의 명복을 빈다.

마음이 좋지 않아 박민규의 단편을 찾아 읽었다. 주인공인 순경은 관할 지역의 아치에 올라 자살하려는 사람들을 설득하는 일을 맡고 있다. 그는 이렇게 독백한다.
'아치에 오르는 인간의 목적은 죽음이 아니다. 대개 억울함을 호소하거나 알아주길 바라는 거다. 그래서 말려주길 바라고, 또 외로워서다. 들어주고 달래주고 말려주고 함께해 줄 누군가를 간절히 기다리는 것이다. 그 사실을 안 것도 경험을 통해서다. 관할을 옮기고 그간 숱한 인간들의 손을 잡고 아치를 내려왔다. 표창을 받은 적도 있다. 처음엔 목숨을 구한 거라 스스로 여겼는데 그게 아니었다. 어느 순간 알 수 있었다. 어떻게든 살고 싶어 그들이 아치에 올랐다는 사실을. 사업에 실패하고, 연인에게 버림받고, 빚더미에 올라선 인간들이 그럼에도 불구하고 살아야 할 이유를 이곳에서 찾는 것이다. 확 담배를 비벼끈다. 사는 게 힘든 만큼 죽는 것도 힘든 일이다. 사는 것도 죽는 것도 제기랄, 핏기 불꽃을 잃은 장초가 자살자의 시신처럼 싸늘하게 식어간다.'

그럼에도 뛰어내리는 사람들이 있다. TV, 전화, 인터넷을 열면 사방으로 들려오는 말이 공허하게 메아리친다. '사랑합니다…'

사람은 누구나 자신의 이야기를 간직하며 살아간다. 어느 누구의 삶을 들여다보아도 드라마틱하지 않은 삶은 없다. 그래서 자신의 이야기를 끝맺기 전에 스스로 삶이라는 드라마를 종영하는 사람들을 보면 애잔하다. 사람들은 모두 외줄을 타고 산다. 그 외줄에서 떨어지지 않으려고 돈을 벌고, 명예를 좇고, 자식을 위해서라면 어떤 일도 마다치 않는다. 예전에 부산의 한 건물에서 꽃다운 젊은 아가씨가 뛰어내렸다. 그녀가 생의 마지막으로 택했던 장소는 꿈의 극장(Dream Theater)이라는 곳이다.

◉ 풍각쟁이─심성락 선생님을 추모하며

심성락 ─ '바람의 노래를 들어라'(2009)

강원도 산골에서 보낸 국민학교 시절 음악 시간이 되면 몇몇 아이들은 새카만 고사리 손으로 전 시간에 음악을 들었던 교실에서 낑낑대며 풍금(風琴)을 옮겨놓았다. 그러면 선생님은 발로 페달을 밟아 바람을 불어넣어 연주하고 우리는 한 소절씩 노래를 따라 불렀다. 그 바람 같았던 풍금의 소리가 또렷이 기억난다.

풍금이 발로 바람을 일으켰던 악기였다면 아코디언은 손으로 바람을 불어넣는 악기다. 그래서 아코디언 소리는 풍금을 떠올리게 한다. 풍금과 아코디언은 갈대를 떠오르게 한다. 내가 가본 어떤 곳보다도 압도적인 풍경의 순천만의 갈대가 생각난다. 바람의 방향에 몸을 맡기고 이리저리 뒤척이는 갈대숲을 걷고 있으니 황량한 세계에 홀로 던져지는 두려움을 견디는 것보다, 그 두려움의 크기보다 더 큰 외로움을 견디는 게 더 어려운 일이라는 어떤 소설가의 말이 떠올랐다.

아코디언 연주자 심성락 선생님이 별세하셨다. 바람이 분다. 우는 소리가 들린다. 아스팔트 좁은 흙 그 틈들 그 사이로 풀이 눕는다. 심성락 선생의 아코디언을 듣는다. 아코디언 소리가 촌스럽게 느껴진다면 당신은 바람의 소리를 듣지 못하는 것이다. 심성락 선생의 〈꽃밭에서〉는 정훈희, 조관우가 불렀던 가사보다 더 진한 시의 느낌이 난다.

坐中花園 (좌중화원 - 꽃밭에서) / 최한경

坐中花園 瞻彼夭葉　　　兮兮美色 云何來矣
꽃밭에 앉아 저 꽃잎 보네　아름다운 빛 어디라 왔나

灼灼其花 何彼艶矣　　　斯于吉日 吉日于斯
빨갛게 그 꽃 어찌나 고와　이리 좋은날 이래 좋은날

君子之來 云何之樂　　　臥彼東山 觀望其天
그대가 오면 뭐라며 즐겨　동녘 산 누워 그 하늘 바래

明兮靑兮 云何來矣　　　維靑盈昊 何彼藍矣
말간 푸르름 어디라 왔게　푸름에 하늘 어찌나 쪽빛

吉日于斯 吉日于斯　　　美人之歸 云何之喜
이래 좋은날 이래 좋은날　고운님 오셔 얼마나 기뻐

심성락 선생님 당신은 진정한 풍각쟁이입니다.

추천곡 〈꽃밭에서〉

◉ 정월 대보름

Mike Oldfield - 'Crisis'(1983)

어렸을 때 시골은 해가 지고 사람들이 귀가한 8시 정도가 되면 온통 암흑천지였다. 가로등도 없었고 간간이 새어 나오는 집안의 백열전구로는 길 밖을 밝게 비춰주기엔 어림도 없었다. 특히 겨울밤은 더 캄캄했다. 한 번씩 어머니는 밤에 동네에 하나밖에 없는 가게 태백상회에 심부름을 시키셨는데 그때는 플래시를 들고 나갔다. 조금은 무서웠지만, 플래시로 사방을 비춰보는 재미가 무서움을 이겼다. 한 번씩 그 플래시의 능력이 빛을 잃을 때가 있었다. 보름달이 휘영청 떠 온 사방을 비추는 밤이 그랬다. 그때는 달이 내 뒤를 쫓고 있었다. 달이 도무지 힘을 쓰지 못하는 세상이다.

그 빛의 신비로움은 건물에 가려지고, 요상한 빛을 뿜는 간판들에 주눅이 든다. 누구도 밤에는 하늘을 쳐다볼 생각을 하지 않는다. 정월 대보름이다. 입맛에는 여전히 맞지 않지만, 오곡밥을 먹고 부럼을 안주 삼아 맥주를 마시며 아주 멋진 달의 노래를 듣는다. 정말 치약같이 상큼했던 Maggie의 목소리가 유명하지만, 난 Helen DeMacque 버전이 참 좋다. 들어보면 정말 밝은 곡이지만 우리가 볼 수 없는 달의 어두운 면처럼 어쩌면 음울한 곡이다.

◉ 판멍

강원도에 살던 어린 시절 겨울이 되면 광속에 어린 나의 키를 훌쩍 넘어선 바짝 마른 장작들이 칸딘스키의 미술품 모양 쌓여 있었다. 그것은 강원도의 추운 겨울을 지탱해 주는 버팀목이었다. 아궁이를 가득 메운 장작들이 타들어 가는 광경은 충분히 경이로웠다. 그 모습을 머리카락이 그을리는지도 모르고 한참을 지켜보곤 했다. 그게 내가 기억하는 '불멍'이다.

걱정도 많고 잊을 것도 많아서 그런가 풍요롭기 그지없는 지금의 어른들도 이 '불멍'을 그리워하는 모양이다. 고급 승용차에 비싼 캠핑 장비를 갖추고 집에서도 잘 해 먹지 못하는 요리를 야외에서 즐기고 기름으로 불을 붙인 모닥불을 바라보며 '불멍'을 즐긴다고 한다. 고등학교 때 처음 전축이 집에 들어왔을 때 턴테이블에서 돌아가던 바늘이 너무 멋있었다. 촘촘한 홈들을 따라 미끄러지듯 스케이팅을 타던 바늘 속에서 흘러나오는 음악은 학업, 미래에 대한 불안감을 잊게 해주던 마법이었다. 지금도 턴테이블에서 거친 골과 부드러운 골 사이를 일정하게 달리며 때론 절절하게 때론 흥겹게 음악을 뽑어내는 모습을 지켜보며 멍때리곤 한다. '판멍'이다.

◉ 똥손

Renaissances - 'Novella'(1977)

손재주라고는 전혀 없어서 손만 대면 멀쩡한 물건도 탈이 나는, 속된 말로 '똥손'이라고 불리는 사람들이 있다. 나도 이 부류의 사람이다.

어릴 때 한 번씩은 다 만들어보는, 조립식이라고 불렸던 프라모델도 내가 다 만들고 나면 반드시 A-6, B-10 같은 작은 부품들이 남곤 했다. 분명 설명서를 보고 꼼꼼히 조립한다고 했는데도 말이다. 무얼 정리하는 것도 서툴다. 칼 같은 각이 생명이던 군대 훈련소의 관물대 정리도 내가 하면 각이 나오지 않았다. 오죽했으면 점호시간에 지적받아 단체 기합으로 이어질까 봐 옆자리의 동기가 각을 잡아주었다.

지금도 마찬가지다. 집이나 가게에 뭐가 고장이 나면 집사람은 나에게 도움을 청하는 게 아니라 스스로 고친다. 집사람은 생긴 거와는 다르게 이런 일들을 놀랍도록 잘 처리한다. 한 번씩 농담처럼 집사람에게 말한다. 당신은 인문계 고등학교에 가서 대학을 가기보다 공고에 갔어야 했다. 그러면 아마 기능올림픽 금메달 다섯 개는 땄을 것이고 지금쯤 장인 소리를 듣고 있을 것이라고.

집안에 하나씩은 있어야 한다는 남자들의 로망 보쉬 전동공구 세트가 왜 필요한지 모르겠다. 아끼는 음반들도 이렇게 한 번씩 깨 먹는다. 어쩔 수 없다. 나는 '똥손'이다. 만지는 모든 것이 황금으로 변한다는 〈Midas Man〉.

이 노래 부분이 깨져서 못 듣는다.

추천곡 〈Midas Man〉

◉ 재난지원금

Dream Theater - 'Official Bootleg: Dark Side Of The Moon'(2006)

아들놈은 학교에 비싼 차를 몰고 다니는 것도, 그렇다고 비싼 옷을 입고 다니는 것도 아닌데도 불구하고 아주 부잣집 아들일 거라는 오해를 받는다고 한다. 그래서 이번 학기부터는 좀 후줄근하게 다니기로 했다고 한다. 이 말을 듣고 내가 아버지 집에서 논다고 하라니까 그러면 노동할 필요도 없는 진짜 부잣집 아들처럼 보일 것이라고 너스레를 떤다.

5차 재난지원금이 '국민상생지원금' 이라는 이름으로 지급되고 있다. 학교에서 아들놈이 친구들과 신청 이야기를 했더니 친구들이 하나같이 놀랍다는 표정으로 말했다고 한다.

"너도 지원금 받아?"
"우리 아버지 집에서 논다."

그럼 나는? 당연히 25만 원을 받았다. 지금도 그 돈으로 산 맥주를 마시고 음악을 듣는다. 마누라 먹으라고 아이스크림 할인점에서 좋아하는 사백 원짜리 빙빙 바 열 개를 사고 아롱사태 이만 원어치 끊어와 계란 한 판을 더해 장조림을 했다. 이제 한 오만 원 남았다. 내일 자동차에 기름을 넣으면 아주 알뜰하게 잘 쓴 셈이다.

재산으로 상위 10%가 된 적도 없고 앞으로 될 일도 없겠지만 부자처럼 사는 건 의외로 쉽다. 그들을 부러워하지도 시기하지도 않으면 된다. 재산은 턱도 없지만 인터넷 서점에서 책과 음반을 산 상위 3%에는 들었던 시절은 있었다. 물론 지금은 일반등급이지만.

그때 산 음반들을 듣는다. 꿈의 극장(Dream Theater)은 뭔 자신감인지 유명한 선배들의 명반들을 통으로 연주하곤 했다. 핑크 플로이드의 전설의 명반 'Dark Side of the Moon'도 전체를 카피했는데 그중 〈Money〉를 듣는다. 핑크 플로이드는 곡을 통해서 돈을 풍자했지만 아이러니하게 그들에게 돈방석을 안겨주었던 싱글이다.

추천곡 〈Money〉

◉ Shape of the Rain

Shape Of The Rain - 'Riley, Riley, Wood And Waggett'(1971)

주말 내내 비가 내린다. 세상이 물질적으로는 조금 여유가 생겨서인지 비가 주는 이미지가 아주 낭만적으로 변했다.

땅 위에 아스팔트보다 흙이 더 많던 시절, 비는 아주 곤혹스러운 존재였다. 해어진 신발 밑창으로 물이 새서 걸을 때마다 발에서 개구리 우는 소리가 나는 건 참을 만했어도, 진흙으로 변해버린 거리를 걷는 건 아주 주의를 요 하는 일이었다. 깊은 진창에 발을 잘못 디디면 신발은 빠져있고 발만 쏙 빠져나와 난감해지기도 했다. 그걸 빼내는 일도 보통 일이 아니었다. 그래서 비가 오는 날이면 장화를 신었는데 요즘은 그 장화를 아스팔트에서 패션으로 신는다.

비가 오면 떠오르는 곡들이 있을 것이다. 제목에 '비'나 'Rain'이라는 영어단어가 들어가는 곡들이 대부분이다. 특이하게 밴드 이름에 비가 들어간 경우도 있다. 'Shape of the Rain'이라는 밴드가 있는데 아무리 생각해도 멋진 이름이다. 71년 발표한 이들의 유일한 앨범은 은근히 매력적인데 그 중 〈Dust Road〉를 좋아한다.

슬라이드 스틸 기타라는 악기는 제대로 연주하면 아주 분위기가 있는데 유리창에 미끄러져 떨어지는 빗소리처럼 느껴지기도 하고, 레일 위를 미끄러지는 기차처럼 느껴지기도 한다. 아니 어쩌면 바쁘지 않은 날 처마 밑에서 비를 피하며 떨어지는 빗소리를 듣는 느낌일지도 모르겠다.

그 느낌의 기타 소리가 참 예쁜 곡이다.

추천곡 〈Dust Road〉

◉ 김밥 맛이 다양했던 시절

The Moody Blues - 'Long Distance Voyager'(1981)

지금은 아주 흔한 음식으로 여겨지는 김밥도 예전에는 아주 귀한 음식이었다. 김밥을 먹을 수 있는 날은 아주 특별한 날이었다. 그 특별한 날 중 하나가 바로 소풍 가는 날이었다. 소풍은 정말이지 우리를 들뜨게 하는 행사였는데 소풍 자체에서 오는 즐거움도 있었겠지만, 평소에 잘 먹지 못하는 과자와 사이다를 가방에 담는 그 짜릿한 흥분을 어떻게 잊을 수 있을까.

소풍날이면 어머니는 새벽부터 일어나셔서 밥을 짓고, 그 밥에 간을 하고 일일이 장만한 단무지 시금치 당근 같은 것들을 넣고 김밥을 말았다. 잠에서 깬 우리들은 그 냄새로 오늘의 즐거움을 미리부터 느꼈다. 그러니까 소풍의 백미는 바로 김밥이었다. 소풍을 마치고 온 저녁에도 우린 질리지 않고 수북이 해놓으신 김밥을 아주 맛있게 먹으며 소풍의 여운을 즐겼다.

지금은 참치김밥, 스팸 김밥, 마요네즈 김밥, 불고기 김밥 등등 예전에는 상상도 할 수 없는 종류의 김밥들이 있지만 큰 감흥이 없다. 게다가 비싸기도 하다. 소풍을 가서 점심시간이 되면 빙 둘러앉아 김밥을 나누어 먹는데 재료는 대동소이해도 저마다 맛이 다 달랐다. 그건 바로 각각의 어머니들 손맛이었다.

김밥 이야기가 나온 김에 김밥 장사를 해볼까? 가게 이름은 '소풍'으로 하면 좋겠다. 메뉴는 참치김밥, 불고기 김밥 이런 거 대신 영희네 집 김밥, 철수네 집 김밥, 화강이네 집 김밥… 이런 걸로 하고. 그런데 그 맛을 내주던 어머니들이 이제는 없다. 어제 김밥을 아주 맛있게 만드셨던 친구 어머니의 부고를 접했다. 이제 더 이상 맛있는 김밥이 적어도 우리들 세대에게는 없다.

우주 탐사선 보이저호에도 그려져 있다는 무디 블루스의 이 앨범 자켓을 보고 있자면 어린 시절 장날이면 동네에 원숭이와 함께 등장하던 약장수 아저씨의 독특한 목소리가 생각난다.

"애들은 가라~."

⊙ 섬(Island)

King Crimson - 'Islands'(1971)

킹 크림슨의 이 앨범을 만난 건 재수를 결정하고 재수 학원에 다닐 무렵이었다. 더 이상 『월간 팝송』도 보지 않을 때라 이번 달에 어떤 음반이 나오는지 몰랐을 무렵, 학원을 마치고 돌아오던 길 잠실 지하철 지하상가 단골 레코드 가게에 걸려있던 이 앨범이 무척 반가웠다. 부모님 몰래 집으로 들고 들어와 앨범 자켓을 보며 왜 섬(Islands)이라는 제목에 어울리지 않는 우주의 성운을 자켓으로 썼을까 궁금했다. 나름 조숙한척했지만 갓 십대를 벗어난, 소년에 불과했다.

현대를 사는 사람들의 고독을 '섬'에 비유하곤 한다. 타자들과 유기적으로 연결되어 생활하지만, 언뜻언뜻 느끼는 고립된 존재라는 생각을 한 번쯤 느꼈을 것이다. 한때 천문학에서 은하(Galaxy)를 섬 우주(Island Universe)라고 불렀다고 한다. 『멋진 신세계』의 작가 그리고 짐 모리슨의 도어스에게 밴드 이름을 제공했던 『지각의 문』의 작가 올더스 헉슬리(Aldous Huxley)는 섬 우주를 의역해 모든 인간집단이 '고립된 우주들의 사회'라고 했다. 사회를 이루는 각각의 개인은 하나의 우주라 할 만큼 방대한 나름의 세계를 구축하고 있지만, 섬과도 같이 고립되어 전혀 자신을 넘어서지 못한다는 말이다. 그래서 헉슬리는 인생을 '독방 감금의 종신형'이라고 표현했다. 재수할 당시 내가 헉슬리를 알았더라면 킹 크림슨의 섬이라는 제목의 앨범이 왜 우주의 성운 사진을 썼는지 의아해하지는 않았을 것이다.

킹 크림슨의 이 음반은 사실 평론가들에게 좋은 소리를 듣지 못했다. 음반들을 별 몇 개로 평가해 버리는 '올뮤직' 같은 건방진 가이드는 이 음반에 별 두 개를 주었지만, 나는 이 음반을 사랑한다. 킹 크림슨의 주제는 인간을 향한다. 천하의 핑크 플로이드라는 비행선도 중반기 그 우주선의 방향을 지구로 되돌리기 전에는 우주로 비행했고, 피터 가브리엘의 제네시스는 신화를 노래했다. ELP는 공상을 했지만 킹 크림슨은 언제나 인간의 내면을 노래했다.

앨범 'Islands'도 섬 속의 인간들에 대해 노래한다. 선창을 왁자지껄하게 만드는 선원들, 그들을 유혹하는 거리의 여인들, 그 언저리를 맴도는 갈매기들과 서서히 침식해 가는 섬을 전작들에서 보여주었던 웅장한 사운드 대신 절제되었지만 파괴적인 힘을 실어 연주한다. 혹자는 이 앨범에서 보컬을 맡은 보즈 버렐의 목소리를 폄하하기도 하는데(심지어 그는 기타도 전혀 다루지 못하는 베이시스트였다고 한다) 내 생각으로 이 앨범은 정말 그의 목소리가 어울린다. 이 앨범을 만들기 전 로버트 프립은 새 보컬을 찾기 위해서 오디션을 봤는데 탈락한 사람 중 하나가 록시 뮤직의 브라이언 페리였다. 브라이언은 개인적으로 참 좋아하는 보컬리스트지만 프립의 선택은 탁월했다.

⊙ Guilty Pleasure 2

Smokie - 'The Best Of'

영어도 못 하면서 영어 표현을 쓰는 이유는 이런 감정을 나타내는 우리말 표현이 딱히 생각이 나지 않아서다. Guilty pleasure를 사전에서 찾아보면 '죄책감을 느끼거나 하면 안 된다는 것을 알지만 자신에게 만족감을 가져다주는 것 또는 그러한 행위'라고 나와 있다.

살다 보면 이런 행위를 하지 않은 사람이 어디 있을까. 그래도 음악으로 방향을 잡아 이야기해 보면 한때 국민 그룹으로 불리던 스모키(Smokie) 생각이 난다. 진짜 이들의 음악이 너무 좋았다. 라디오에서 이들의 곡이 흘러나오면 볼륨을 높여서 집중했다. 그래도 난 친구들 앞에서 스모키를 듣는다고 말할 수 없었다.

성시완의 '음악이 흐르는 밤'에 나왔던 음악들을 녹음해서 친구들에게 전파하며 무게를 잡던 내가 스모키를 듣는다는 사실을 차마 말할 수는 없었다. 그래도 좋아하니까 음반은 사야겠는데, 일말의 죄책감에 LP는 사지 않고 오아시스에서 나온 베스트 카세트테이프를 사서 들었다. 그것도 휴대용 카세트에 넣고 다니며 들으면 친구들에게 들킬까 싶어 책상에 놓여있던 카세트로만 들었다. 혹 친구들이 놀러 오는 날에는 스모키 테이프를 감추기도 했다.

뭐 다 지나간 추억이다. 지금 생각하면 피식 웃음이 나온다. 그래도 가끔 들으면 이들의 음악이 참 좋다. 예전에 하찮게 여겨졌던 음악들이 나이 먹고 다시 들어보니 정말 괜찮은 음악이었다며 인생의 눈을 뜬 것처럼 말하는 사람들도 종종 보는데 그건 좀 오글거리는 표현이고 스모키는 딱 이 정도로 좋다고 말할 수 있다. Guilty pleasure.

스모키의 노래 중 이 곡을 제일 좋아한다. 정말 누군가에게 안기고 싶었던 시절이었으니….

추천곡 〈Lay Back In The Arms Of Someone〉

⊙ 비틀즈와 셰익스피어

Deep Purple – 'Shades Of Deep Purple'(1968)
Yellow Magic Orchestra – 'イエロー・マジック・オーケストラ–
Solid State'(1979)
Yes – 'Yes'(1969)
Esperanto – 'Last Tango'(1975)
Spooky Tooth Featuring Mike Harrison – 'The Last Puff'(1975)
Eddie Hazel – 'Game, Dames And Guitar Thangs'(1977)
Jeff Beck – 'Blow By Blow'(1975)
Gryphon – 'Raindance'(1975)

태어나서 단 한 장의 음반도 돈 주고 사본 적이 없는 사람들도 그 이름을 알고 있는 비틀즈라는 밴드는 나에게는 한마디로 셰익스피어 같은 존재이다. 누구도 토를 달 수 없는 대문호라고 칭송받고, 나도 토를 달만 한 수준의 작가가 아니지만, 희극이든 비극이든 그의 작품을 읽고 벅차거나, 먹먹하든가 하는 느낌을 받아본 적이 없다. 그런데 그의 작품 속에서 인용된 구절들만큼은 정말 이 양반이 대단한 작가임에는 틀림없다는 확신을 심어주기에는 충분하다.

딱 비틀즈가 그렇더라. 그들의 앨범 전체를 들으며 가슴이 뛰거나 마음 한구석이 짠해 오는 감정을 느낀 적은 없지만, 셰익스피어 작품 속의 문장이 인용되듯 그들 작품이 인용된 음반들 속의 비틀즈 곡들을 들으면 정말 위대한 밴드는 맞는 모양이란 생각이 든다.

사진의 앨범들은 모두 비틀즈의 곡들을 한 곡씩 맛깔스럽게 담고 있다. 물론 '사느냐 죽느냐 이것이 문제로다' 같이 너무나 뻔하고 유명한 〈Yesterday〉 같은 곡은 없다.

⦿ 금단현상

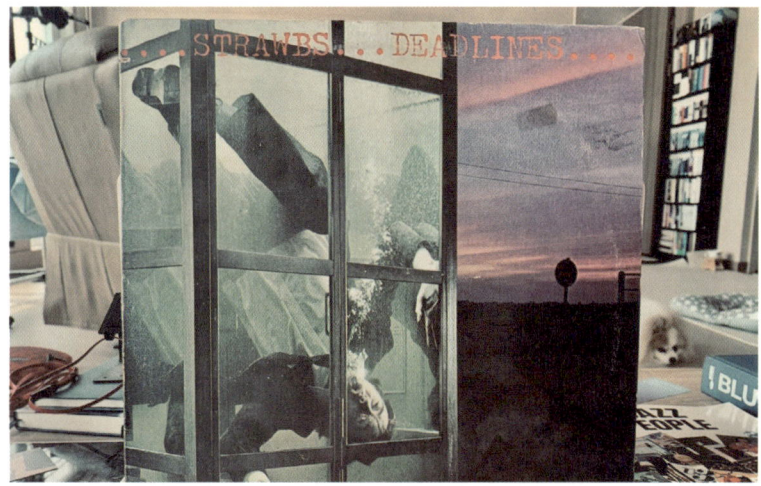

Strawbs – 'Deadlines'(1978)

오늘 아침 여느 때처럼 집사람 가게 오픈 준비를 하고(내가 하는 일은 물론 청소다) 집으로 돌아와 엘리베이터를 타려는데 집사람에게서 전화가 왔다.

"뭐 빠뜨리고 간 거 없어?"
"휴대전화 두고 왔어?"
"이 바보야. 그럼 전화는 어떻게 받아."
"어…. 맞네. 뭔데?"
"담배"

늙은 홀아비 냄새가 난다고 하도 뭐라고 해서, 그리고 꼭 집사람 잔소리는 아니더라도 학교에서 아이들 상대도 해야 하고, 그래도 담배는 끊을 생각이 없어 전자담배의 일종인 아이코스를 피운 지 좀 오래되었다. 그 본체를 가게에서 충전시키다 그대로 두고 왔던 것이다. 오후에 다시 가게에 갈 동안 내가 담배를 참을 리는 없고 다시 차를 몰아 가게로 갔다.

마누라 없이는 살아도 담배 없이는 못 살겠지, 라는 익숙한 비아냥을 듣고 다시 집으로 돌아오는 길에 밥 차려 먹기가 귀찮아서 돼지국밥 한 그릇을 먹었다. 오전 11시가 채 안 된 이른 시간에도 식당의 2/3는 손님들로 차 있는 나름 장사가 잘되는 식당이지만 오늘은 손님이 몇 테이블 되지 않았다. 뭐 이유야 다 알 터이다. 국밥을 먹고 주차장 차 뒤에서 찾아온 아이코스로 맛있게 끽연을 즐기는데 식당 아주머니가 뛰어나온다.

"손님! 핸드폰 두고 가셨어요."

스트롭스의 78년도 앨범 'Deadlines'의 자켓은 공중전화 부스에서의 익사라는 고립과 공포를 표현했다. 한시라도 휴대폰이 없으면 불안한 우리들의 자화상이다. 마치 니코틴이 주는 금단현상처럼….

◉ 언젠간 들을 수 있다는 희망

'동백아가씨 20년후: 해금가요 기념'(1988)

세상이 요상하게 변해서 지금은 듣지도 않을 레코드를 사는 사람들도 있다고 하는데 CD와 MP3 같은 매체들이 나오면서 LP는 그저 무겁기만 한 짐처럼 느껴지던 시절이 있었다.

이사를 한 집들이 버리고 가는 물품 중 하나가 전축이었다. 거실이나 안방에 짐짝처럼 자리 잡고 있었던 먼지가 쌓인 전축은 새집에 도무지 어울리지 않는 물건이라 여겨져 이사하면서 버리고 갈 일 순위의 물건이 되었다. 전축도 그러했는데 LP는 오죽했을까.

집 앞에 빨갛고 파란, 혹은 노란색의 바인더 끈으로 묶여 버려진 LP판을 한 번씩 본 적이 있을 것이다. 부산으로 이사를 와 이집 저집 과외교사를 하던 시절, 하루 수업을 마치고 학생 집을 나서는데 아파트 현관 앞에 한 무더기의 레코드가 노끈에 쌓여 있었

다. 엘리베이터를 기다리는데 자꾸 눈이 갔다. 다시 학생 집의 초인종을 눌러 학생의
어머니께 물었다.

"어머니 이거 버리시려고 내놓으신 거예요?"

"네."

"그럼 제가 가져가도 될까요?"

"네. 그런데 선생님 이거 틀어주는 제품이 있어야 하는 거예요."

그 시절 차도 없던 나는 그 몇십 장의 레코드를 들고 다른 몇 집의 수업을 마치고 집으로 왔다. 난 그 레코드를 플레이할 턴테이블이 없었다. 부산으로 쫓기듯 이사 오면서 최소한의 짐만 꾸려왔지만 언제 들을지 모르는 LP판들은 챙겨왔다. 마음의 들돌처럼 무겁던 그 레코드들, 다시 들을 수 있을까 기약하기도 어렵던 그 레코드를 집사람도 묵묵히 용인해 주었다. 지금도 그 학생 집에서 주워 온 레코드들이 대부분 있다.

부산의 저명한 의대 교수님 집이었던 만큼 도이체 그라모폰, 데카 같은 클래식 라이선스 음반, 비틀즈의 에비로드, 그리고 좀 생뚱맞은 이 음반도 그중의 하나다. 그리고 이 음반 속에는 이렇게 불청객 레코드가 들어있었다. 디스코 전집!사실 예전에 버려진 음반 중에 이런 경우가 꽤 있다. 서두에서 말한 것처럼 LP가 대접받는 시대(?)가 되었다. 듣지도 않을 레코드를 한정판이 나오면 줄을 서서 산다. 욕할 생각은 없다. 같은 물건이지만 그들과 내가 레코드를 바라보는 관점이 다를 뿐이다. 내가 들을 수도 없는 레코드를 버리지 못하고, 또 누군가 버린 레코드를 주워 온 이유는 언젠가는 들을 수 있을 거라는 희망이 있었기 때문이었고, 줄을 서서 듣지도 않을 레코드를 산 사람들은 언젠가 이 레코드는 두 배 세 배 가격이 오를 거라는 희망이 있기 때문이다.

이 음반에 신중현 선생의 곡이 있을 줄은 생각도 못 했었다. 그리고 덤으로 따라온 디스코 전집.

추천곡 〈빗속의 여인〉

⊙ 전복과 떡볶이

Scorpions - 'Lovedrive'(1979)

추석이라 선물로 들어온 전복 몇 마리를 손질해 쪘다. 집사람에게 먹자고 불렀더니 전복 싫다고 떡볶이를 해달라고 한다. 그래서 마켓컬리에서 주문해 둔 떡볶이를 꺼내 요리하고 식탁에 앉아 같이 먹었다. 나는 초장에 전복을 찍어 소주를 마시고 집사람은 우아하게 포크로 떡볶이를 찍어 잡수고 계셨는데 전복 싫어한다는 양반이 썰어놓은 전복을 떡볶이 소스에 찍어 먹더니 맛있다고 계속 흡입하는 게 아닌가. 난 소주 한잔에 전복 한 점을 먹는데….

전복이 줄어드는 속도에 불안해져 "야! 쫌….."을 외쳤고 집사람은 "아이고 더러버라…" 하면서 젓가락을 거두었다. 나도 눈치를 보면서 전복을 떡볶이 소스에 찍어 먹어봤더니 초장보다 맛나다. 내가 맛있다고 했더니 집사람이 요즘 별의별 떡볶이들이 나오는데 전복 떡볶이도 먹힐 것 같다고 한다. 전복 떡볶이라? 맛은 그렇다 쳐도 가격은 어쩔 건데. 예전에 참 귀했던 전복이 요즘은 아주 흔해졌고, 아이들 학교 앞에서 먹던 저렴한 떡볶이는 몸값이 많이 비싸졌는데 그 둘의 조합도 나쁘지는 않을 것 같다. 식탁을 정리하고 판 한 장을 꺼내오니 집사람이 자켓 사진을 보고 한마디 한다.

"어디서 또 이런 얄궂은 판을…"
"이거? 전갈 판이야."

사실 집사람은 Scorpions의 이 음반에 있는 〈Always Somewhere〉와 〈Holiday〉를 좋아한다. 한 번씩 그 곡들이 듣고 싶으면 전갈 판 틀어달라고 하는데 그건 밴드의 이름 때문이 아니라 라이선스로 발매된 이 음반의 자켓은 달랑 전갈 한 마리가 그려져 있었기 때문이었다. 나도 좋아하는 음반이라 라이선스 팔아치우고 미국 반으로 다시 샀다.

내가 생각해도 이 자켓은 좀 얄궂은 데가 있다. 게다가 앨범 제목이 'Lovedrive'다. 컴퓨터 그래픽이 거의 없던 시절 저 찐득한 물체는 진짜 풍선껌이었고 여자 모델이 촬영이 끝나고 진짜 열받았다는 설도 들은 것 같다.

◉ 흔히 하는 거짓말

Eric Clapton - 'Backtrackin'(1994)

학원 선생님들이 흔히 하는 거짓말 중의 하나는 "아이가 머리는 좋은 데 노력을 안 해요"라는 말이다. (학교 선생님도 다르지 않겠지만) 사실 아무리 가르쳐도 도무지 성적이 오르지 않는 아이들은 십중팔구 머리가 나쁘다. (물론 공부적인 측면을 말한다) 이해가 안 되는데 무슨 노력을 하고 싶을까. 부모들은 자식들이 머리가 나쁘다는 걸 인정하기 싫어한다. 돌이켜 보면 부모 자신들이 학창 시절 공부를 못했던 건 머리가 나빠서가 아니라 안 했을 뿐이라고 항상 떠들고 다니지 않는가. 노력만 했으면 서울대 갔을 거라고. 설령 자식이 머리가 나쁘다고 인정하더라도 그건 내 탓이 아니라 남편 혹은 부인 탓이라고 타박한다.

가끔 머리가 나쁜데 열심히 노력하는 아이도 있다. 이런 아이를 지켜보는 건 참 안타깝다. 음악, 미술, 체육 같은 분야는 타고난 재능이 있어야 한다고 인정하지만, 공부는 노력하면 된다는 생각은 미신이다. 사회는 그 사이비 미신을 독려한다.

도무지 이름이 기억나지는 않는데 유명한 블루스 뮤지션이 이런 말을 했다. "블루스는 흑인들의 음악이다. 흑인들은 블루스 음악을 쉽게 받아들이고 이해하지만, 다른 피부색의 사람들이 블루스를 즐기려면 많은 노력이 필요하다." 공감이 가는 말이다. 많은 장르의 음악들을 들어왔지만 내가 블루스 음악을 즐기지 못하는 이유는 내가 그만큼 많이 들어보려고 노력하지 않았기 때문이다.

에릭 클랩튼(Eric Clapton)이 난 블루스를 할 거야 하면서 싸우고 야드버즈를 뛰쳐나온 후 후임으로 들어온 제프 벡(Jeff Beck)은 록적인 사운드로 야드버즈의 팬층을 훨씬 두텁게 만들었다. 클랩튼을 일컬어 가짜 블루스라고 깎아내리는 사람들을 종종 보는데 그들의 노력에 갈채(?)를 보낸다.

사진의 앨범은 고등학교 때 처음으로 산 에릭 클랩튼의 음반이다. 거의 사십 년이 되었지만 내 품에 있다.

⊙ 보험

The Modern Jazz Quartet - 'Lonely Woman'(1962)

예전에 보험을 하는 친구로부터 보험 하나 들어달라는 부탁을 받은 적이 있다. 계약하러 나간 자리에는 오늘 보험을 들어주지 않으면 세상이 끝날 것 같은 아주 우울하고 창백한 얼굴의 아름다운 여인이 같이 나왔다. 어떤 종류의 보험인지, 한 달 납부 금액이 얼마인지도 모른 채 홀린 듯 사인을 했었다. 정신을 차리고 보니 비싸기만 하고 정말 쓸모없는 변액보험이었지.

"벌써 1,000만 년째 가뭄이 계속되고 있었다." 아서 C.클라크의 소설 『2001 스페이스 오디세이』는 이런 문장으로 시작한다. 그 세계는 정말 원숭이들이 사람이었던 시대라고 비웃듯 며칠째 비가 내린다. 오늘 오전 내내 병원을 돌아다니며 한 3년 동안 병원에 다녔던 진료 영수증을 받아 보험회사에 팩스로 보냈다. 보험료를 낸 만큼 찾아 먹을 건 찾아 먹어야 하니까. 추적추적 빗속에서 그 묘령의 보험사 여인이 생각났다.
아직도 슬픈 얼굴로 보험을 팔고 있을까…

⊙ 애인 사진 콘테스트

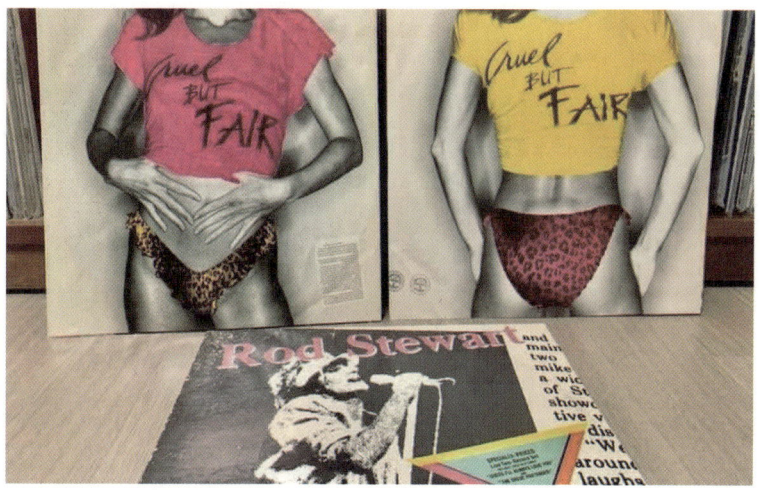

Rod Stewart - 'Absolutely Live' (1982)

군에 있을 때 애인 사진 콘테스트를 하곤 했다. 애인들의 사진을 벽에 붙여 전시하고 부대원들이 투표해서 가장 많이 표를 받은 병사에게 부상으로 휴가를 주었는데 한번은 갓 들어온 신병의 애인 사진이 거의 몰표를 받아 일등을 했다. 신병의 애인이 연예인을 닮은 빼어난 미모의 소유자였기 때문은 아니었다. 다만 비키니를 입고 아주 도발적인 포즈를 취하고 있었다. 그 신병은 군대를 아주 잘 아는 놈이었다.

한바탕 비가 쏟아졌다. 광복절이 지나면 여름이 다 간 셈이다. 이제 비키니를 입은 여인들은 일 년 후에나 다시 볼 수 있을 것이다. 언제 들어도 신나는 곡이 있다. 섹시 가이 로드 스튜어트의 이 곡은 신나고 흥겹고, 그 기운을 과거의 여름으로 워프해 준다. 20대의 젊은 여름 시절, 그리고 조금 더 거슬러 10대 시절의 환상적인 여름으로.

추천곡 〈Young Turks〉

◉ 돈이냐 건강이냐 그것이 문제로다

Led Zeppelin – 'Presence'(1976)

집에 오면서 항상 편의점에 들러 맥주 두 캔을 산다. 하나에 3천 원씩 6천 원이다. 물론 그날에 다 마신다. 그러면 주인장이 항상 물어본다. "4개 사면 만원인데 왜 두 개씩 사세요?" 그럼 대답한다. "하루에 4개 다 마실 수 있어서요."

돈보다 건강이지 암! 그런데 오늘 보니 이 맥주를 6캔에 9,900원에 판다. 즐겨 먹는 나쁘지 않은 맥주고 해서 주저 없이 6캔을 들고 왔다. 돈을 아껴야지 암! 오늘은 세 캔을 마셔야겠다. 맥주 세 캔의 안주는 계란 후라이 두 개면 충분하다.

레드 제플린의 이 앨범을 보면 꽤 부자로 보이는 행복한 가족이 둘러앉은 테이블 중앙에 검은 물체가 있다. 이게 뭘까? 가보라고 생각하자. TV쇼 진품명품에 나오는 그런거.

◉ 침묵의 세계

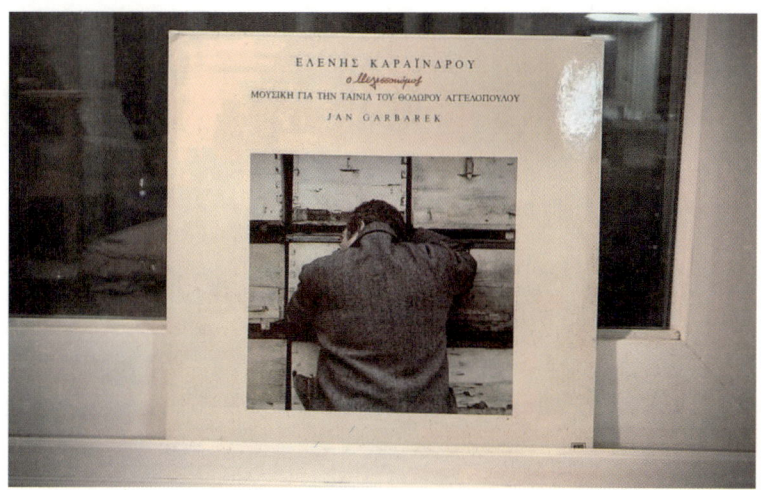

Ελένη Καραϊνδρου(Eleni Karaindrou) / Jan Garbarek
- 'Ο Μελισσοκόμος'(1986)"

사랑 속에는 말보다는 오히려 침묵이 더 많다.

"사랑하는 사람들의 말은 침묵을 증가시킨다. 사랑하는 사람들의 말 가운데에서는 침묵이 커져간다. 사랑하는 사람들의 말은 다만 침묵이 귀에 들릴 수 있도록 이바지할 뿐이다. 말함으로써 침묵을 증가시키는 것, 그것은 오직 사랑만이 할 수 있는 일이다. 다른 현상들은 모두가 침묵으로 먹고살며 침묵으로부터 무언가를 얻는다. 그런데 사랑만은 침묵에게 무엇인가를 주는 것이다." - 막스 피카르트 『침묵의 세계』中에서

그리스의 거장 영화감독 테오 앙겔로풀로스는 〈역사의 침묵〉, 〈사랑의 침묵〉, 〈신의 침묵〉이라는 부제의 세 작품을 남겼다. 엘레니 카라인드로우와 얀 가바렉이 음악을 맡은 이 영화는 〈사랑의 침묵〉이다.

⊙ 자유의지

Rush – 'Permanent Waves'(1980)

오랜만에 머리를 했다. 몹시 더웠을 때(8월 말이나 9월 초로 기억한다) 파마하고 거의 두세 달 만이다. 사실 최근 몇 번의 파마는 최악이었다. 작년까지 믿고 맡기던 단골 미용실 '춤추는 머리'의 사장님이 딸을 출산하고 육아에 전념하느라 가게 문을 닫은 이후에 동네 프랜차이즈 미용실을 두 번 이용했는데 결과는 참혹했다. 뭐 장정구 생각하면 된다. 아무리 얻어맞아도 절대로 흐트러지지 않는 강력한 헤어스타일! 무슨 무슨 헤어 라는 이름의, 시설은 아주 뛰어난 프랜차이즈 미용실에 가보면 첫마디가 정해져 있다.

"찾으시는 디자이너 있으세요?"

물론 이름도 모르지만 대충 둘러보아 찾아도 없다. 두세 달에 한 번씩 미용실에 가면 그전에 내 머리를 했던 미용사를 보기 힘들다. 오늘 머리는 아주 마음에 든다. '춤추는 머리'에서도 느낄 수 없던 스타일이다. 두 달 후 또 가야겠다고 마음먹지만, 그때는 오늘 내 머리를 했던 미용사가 여전히 있다는 보장은 없다.

좋아하는 밴드의 좋아하는 곡 〈Freewill〉이다. 그들의 철학적인 가사를 담당했던 드러머 닐 피어트(Neil Peart)의 세계를 모두 이해할 수 없겠지만 그를 존경한다. 젊은 시절 어깨까지 드리우던 머리칼로 드럼을 치던 그도 말년에는 짧게 깎은 머리로, 그것도 모자라 두건을 쓰고 드럼을 쳤다. 그리고 훌쩍 세상을 떠났다.

영원한 건 없다.

추천곡 〈Freewill〉

◉ 아침부터 스테이크

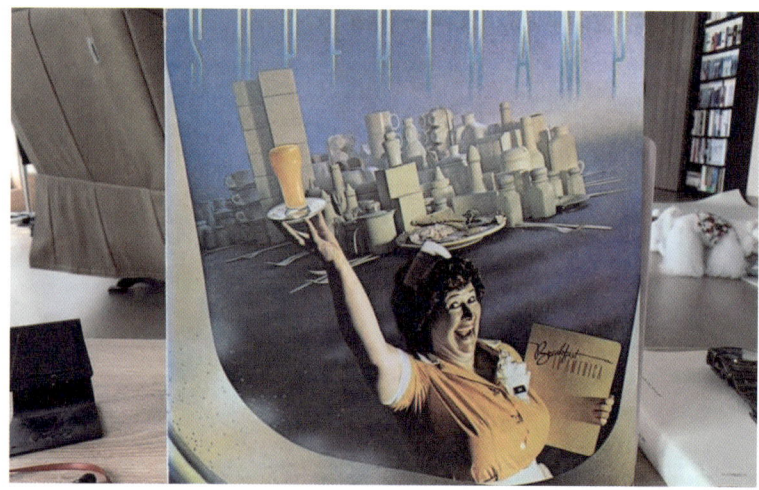

Supertramp – 'Breakfast In America'(1979)

결혼하기 전 서울에서 직장 생활을 할 때 이웃에 살던 직장 선배의 차를 얻어 타고 다녔다. 항상 아침이면 먼저 그의 차로 가서 기다리고 있으면 선배가 곧 내려왔다. 한 번씩 시간이 지나도 내려오지 않으면 올라가 보곤 했는데 그때마다 아직 아침밥을 먹는 중이었다.

어느 하루도 올라갔더니 아침을 먹는 중이었다. 내가 놀란 것은 예쁜 접시에 돈가스인지 스테이크인지 예쁘게 담아놓고 우아하게 칼질을 하고 있었던 거다.
"아침부터 그런 게 넘어갑니까?"

그는 고기 조각을 포크로 찍어서 입에 가져가 오물거리며 대답했다.
"난 새벽에 잠이 깨잖아. 그럼 시계를 보잖아. 만약 새벽 4시다. 그럼 아~ 세 시간만 지나면 아침을 먹는구나. 이런 설렘이 생겨. 아침밥 먹을 때가 제일 행복해."

나는 아침을 먹지 않았다. 어머니가 기어이 차려놓아도 그냥 나오기가 일쑤였다. 그런 내가 그 선배를 이해하지 못했던 것은 당연했다. 생각해 보면 나에게는 보잘것없고 무의미한 일도 누군가에겐 의미 있고 행복을 가져다주는 일이 될 수도 있는 것이다.

슈퍼트램프의 이 음반도 고등학교 때 사서 거의 듣지 않았다. 모기 같은 목소리가 마음에 들지 않았는데 시간이 지난 어느 날 정말 세련된 멋진 음반으로 다가왔다.

나도 언젠가는 아침을 먹을까?

⦿ 인생은 누구에게나 심오하다

가게 청소를 마치고 커피 한 잔을 내려 창밖을 내다보면 늘 익숙한 풍경이 펼쳐진다. 매일 한 손에 빵을 들고 먹으며 출근하는 아주머니, 어떤 일을 할까 궁금해지는 정장 차림의 빡빡머리 아저씨, 꼭 차를 세우고 창문을 열어 인사하고 출근하는 청소년 센터 팀장, 역시 고단한 하루를 시작하러 가는 국숫집 사장님….

한 번씩 익숙한 풍경이 다르게 보일 때가 있다. 오늘처럼 하늘이 낮게 깔리고 눈이라도 내릴 듯이 보이면 늘 똑같은 자리를 지나치는 사람들을 다시 보게 된다. 저들의 가슴속엔 희망과 절망 중에 어떤 것들이 더 많이 채워져 있을까.

하루키가 95년 옴진리교의 지하철 사린가스 테러 사건을 기록으로 남기면서 많은 사람과 인터뷰했다. 그리고 그 소회를 『언더그라운드』 책 말미에 이렇게 남겼다.

"인간이란, 인생이란 눈을 똑바로 뜨고 바라보면 각자 이렇게나 심오한 것이구나 하고 새삼 감탄하지 않을 수 없었다. 그 깊이에…."

하루키 말이 맞다. 개개인 어느 누구의 생도 심오하지 않은 것은 없다.

집에 가서 이 음반을 들어야겠다. 겨울 바다에 덩그렇게 놓인 의자들만큼 쓸쓸하고 황량한 음악, 개미처럼 분주히 살아가지만, 늘 외로운 사람들 같은 음악.

Ralph Towner / John Abercrombie
- 'Five Years Later'(1982)

⦿ 음반 가게 사장이 되었더라면

King Crimson – 'The Young Persons' Guide To King Crimson'(1975)

한 번씩 내가 음반 가게를 했었더라면 어땠을까 생각해 본다. 사실 학창 시절에 난 진지하게 레코드 가게를 하려고 생각했다. 그래서 대학에서 뭘 배워 무엇을 하겠다는 꿈을 가져본 적이 없다. 불행인지 다행인지 난 음반을 판매하는 일이 아닌 소비하는 입장으로 살면서 음악을 즐기고 있다. 만약 내가 음반 가게를 했었더라면 어쩌면 나는 음악에 대한 흥미를 잃어버렸을 수도 있지 않았을까? 하는 생각도 든다.

음반을 팔려면 속내에 있지 않은 거짓말도 해야 한다. 손님 누군가가 아주 유명하지만 내가 좋아하지 않는 음반을 가리키며 "이 음반 어때요?"라고 물었을 때 속으로 한숨이 나오겠지만 "아! 당연히 평생을 옆에 끼고 들어야 할 명반이죠." 이렇게 대답해야 했을 것이다. 또 한 가지 걸리는 것은 손님으로 오는 인간군상들과의 대면이다. 흔히 음악을 좋아하는 사람치고 나쁜 사람이 없다고 하는데 이건 그야말로 음악 좋아하는 인간들이 말하는 자기만족일 뿐이다. 이 세계 또한 온갖 군상들이 있다. 잘 알지도 못하면서 아는체하는 인간들이 수두룩하고 듣는 음악을 통해 사람의 등급을 나누기도 한다. 초반, 재반, 라이선스를 따지는 수집가들을 상대하는 일도 피곤하기는 마찬가지다. 찾는 음반이 없으면 "그런 것도 없이 장사해요?"하는 한심한 눈초리로 쳐다보는 인간들도 분명히 있다.

이런저런 생각들을 해보면 음반 가게를 하지 않은 일은 참 잘한 일이었지 싶다. 그래도 한 번씩 레코드 가게들이 생각난다. 물론 지금도 여전히 레코드 가게는 있지만, 유리 쇼윈도에 그달 나온 신보들을 가지런히 진열해 놓고 선물용 포장지로 레코드 혹은 카세트테이프를 예쁘게 포장해 주던 상점들은 없다. 내가 하고 싶었던 음반 가게는 그런 가게다.

고2 때 '동그라미'라는 예쁜 음반 가게에 이 음반이 걸려있었고 킹 크림슨을 알아가던 나는 너무나 가슴이 뛰었다. 주인 누나에게 외상으로 들고 와 듣고, 듣고, 또 들었다. 지금 생각해 보면 킹 크림슨이 이 베스트 앨범을 낸 의도를 알려주는 타이틀 'The Young Persons' Guide To King Crimson'처럼 그 길을 따라 지금까지 그들의 팬으로 남아있다.

아마 내가 음반 가게의 사장이 되었더라면 이들은 그저 한낱 추억의 밴드로만 머물렀을지도 모른다.

⏺ 엘리베이터 안 펭귄

Penguin Cafe Orchestra - 'Penguin Cafe Orchestra'(1981)

엘리베이터 문이 불쑥 열리고 그 안에 나란히 있는 두 마리를 보아도, 개를 데리고 나선 산책길에 저 멀리서 뒤뚱뒤뚱 다가오는 존재를 보아도 별로 이상할 것 같지 않은 이미지의 동물이 바로 펭귄이다. 그만큼 아주 친숙한 동물인데 내가 이 동물을 실제로 본 적이 있는가 하는 생각이 들었다. 실제 봤다면 동물원이었을 텐데 동물원이라고는 아주 어렸을 때 창경원하고 시간이 흘러 우리 아들이 어렸을 때 부산의 성지곡 동물원이 기억의 전부인데 거기 펭귄이 있었다고 장담하지 못하겠다.

혹시 집사람에게 물어봤다.
"우리 펭귄 실제로 본 적 있어?"
"봤지."
"어디서?"
"동물원이지."

"어디 동물원?"

"....아쿠아리움인가…."

"아쿠아리움 가본 적 있나?"

"없나…."

그래도 어디서 진짜 본적이 있다고 믿을만한 펭귄 생각을 한 건 초현실주의적 앨범 커버의 '펭귄 카페 오케스트라' 때문이다. 아주 근사한 밴드다. 어떤 음악적 관습에 얽매이지 않는다. 재즈, 팝, 바로크 뮤직, 아방가르드를 넘나든다. 장난기 가득하게 연주하다가 감정의 깊은 골을 자극하기도 하고 미니멀리즘의 평온으로 인도하기도 한다.

그런데 난 정말 펭귄을 실제로 본 적이 있나?

진짜 본 것 같기도 한데….

◉ 무지개

Terry Riley - 'A Rainbow In Curved Air'(1969)

아침에 집사람과 가게로 가려고 아파트 지하 주차장에서 차를 몰고 올라와 진입로로 나가는데 차 한 대가 멈춰 서 있다. 운전사는 창밖으로 고개를 내밀고 핸드폰으로 뭔가를 찍고 있었다. 순간 '저놈도 페북이나 인스타그램을 하는 놈이군'하는 생각이 들었다. 저 사진으로 어떤 내용을 올릴까? 궁금하면서도 짧은 경적을 울렸더니 손을 흔들어 미안함을 표시하고 빠져나갔다.

진입로를 빠져 큰길로 나갔더니 왼쪽으로 보이는 오봉산 자락에 아주 큰 무지개가 걸려있는 것 아닌가. 산 정상에서 밑자락까지 아주 큰 아치를 그리며 뻗어있는 우아한 무지개였다. 그러니까 좀 전의 운전사는 그 무지개를 찍고 있었던 것이다.

운전하면서 흘끔흘끔 옆을 쳐다보니 집사람이 운전에 집중하라고 주의를 주었다. 그래도 자꾸 눈이 갔다. 무지개를 본적도 참 오래되었고. 이렇게 큰 무지개를 본 적은 처음이었다. 커브를 돌아 오봉산이 정면으로 보이는 위치에 신호가 걸려 정차해 쳐다보니 무지개는 사라지고 없었다. 그래서 무지개는 아주 얕은 꿈이고 신기루 같은 존재다.

아주 멋진 무지개를 본 덕에 테리 라일리(Terry Riley)의 세 번째 앨범 'A Rainbow in Curved Air'를 꺼내 듣는다. 미니멀리즘, 앰비언트, 뉴에이지, 프로그레시브, 사이키델릭, 일렉트로닉 같은 장르에 선구적인 음반이고 Mike Oldfield, The Who, Soft Machine 같은 밴드의 오마주를 받았고 밴드 Curved Air에게 이름을 제공해 준 멋진 음반이다.

◉ 사랑이라는 감정

Jim Hall & Pat Metheny - 'Jim Hall & Pat Metheny'(2011)

젊은 시절로 돌아가 강의실에 앉아 있었다. 수업이 끝나고 주섬주섬 책을 챙겨 좀 떨어져 앉아 있던 여학생에게로 갔다. 그녀는 자신의 책을 챙기다 내가 다가가니 셔츠의 깃을 세워주고 얼굴에 묻은 먼지를 작은 손으로 닦아주었다. 생생한 꿈이었다. 생생하다고 말하는 것은 그 꿈의 장면이 또렷해서가 아니다. 꿈속 여학생의 얼굴이 기억나지 않는다. 학창 시절의 첫사람일 수도 있고 아니면 다른 사람일 수도 있겠다. 그런 모습이 생생한 게 아니라 그 장면이 주는 느낌이 너무 또렷했다. 단어나 말로는 표현하기 어려운 그런 감정 말이다.

그것은 사랑의 감정이다. 운명적인 아름다운 감정이다. 비록 그 아름다운 감정으로 인해 훗날 큰 아픔을 겪을 수도 있지만, 그 아름다움에 무장해제 되어 내 모든 것을 바치겠다는 결심으로 시작하는 청춘의 그 감정이 꿈을 깨고 어렴풋이 느껴졌다.

사실 어제 집사람이 나 먹으라고 꽤 큰 돈을 들여 산 건강보조식품을 보고 좀 타박을 했다. 그 미안한 마음에 이런 꿈을 꾼 것 같다.

짐 홀과 팻 메스니. 두 거장의 농밀한 대화를 듣는다. 왼쪽과 오른쪽에서 번갈아 조곤 조곤 연주하는 그들의 기타는 서로를 이해하지 못하면 나눌 수 없는 은밀하고도 정감 넘치는 사랑의 연주다.

추천곡 〈Farmer's Trust〉

⊙ Green Fields

Nils Landgren - 'Eternal Beauty'(2014)

돌이켜보면 내가 지금껏 근심·걱정 없이 보낸 가장 행복했던 시절은 강원도에서 보낸 어린 시절이지 않았을까. 온종일 산과 개울을 쏘다니며 까마귀 같은 몰골로 놀다가 해가 뉘엿뉘엿 질 때면 찾으러 온 어머니의 손에 이끌려 집으로 돌아갔다. 집으로 돌아가면 어머니께서는 우리 4남매의 목에 수건을 둘러주시고 차례대로 꼼꼼히 씻겨 주셨다. 일단 집으로 돌아와서 씻은 후에는 절대 외출이 허락되지 않았는데 종종 여름밤에는 그 규율이 깨지곤 했다. 한 번씩 더위를 피해 동네의 평상에서 어른들끼리 모깃불을 피워놓고 마실 삼아서 모이곤 했는데 그때면 우리도 고양이처럼 뒤를 밟아 나오곤 했다.

깊어가는 여름밤에 스파이처럼 친구들과 접선해서 우리 키보다 훌쩍 커버린 해바라기 무리 사이나 옥수수밭을 쓰러트려 만든 아지트에서 별들을 바라보며 내일을 모의하고 여름이 가지 않기를 바라곤 했던 그때만큼 행복한 시절이 있었을까.

한때, 햇살이 쏟아지던 푸르른 초원이 있었지
한때, 시냇물이 흐르곤 했던 골짜기들이 있었지
한때, 하얀 구름이 하늘 높이 떠다니곤 하던 푸른 하늘이 있었지
한때, 그것들은 영원할 것 같았던 연인들의 한 부분이었지.
우리가 그 푸른 초원을 거닐던 연인들이었어.

트롬본이라는 악기의 소리를 좋아한다. 미스터 레드 트롬본 닐스 란드그렌(Nils Landgren)이 연주하고 노래하는 이 곡을 들으면 한 번씩 어릴 적 생각이 들곤 한다. 그러면 문득 고아가 된 듯한 느낌이 들어 외로움이 엄습한다.

추천곡 〈Green Fields〉

◉ 낭만 시대

Sade - 'Diamond Life'(1984)

예전에는 동네의 상가마다 레코드 가게가 있었다. 동그라미, 소리마을, 이름만으로도 정겨운 그곳에는 카세트테이프와 엘피판이 벽면 빼곡히 꽂혀 있었고 계산대에는 예쁜 포장지가 소복하게 놓여 있었다. 그땐 그랬다. 내 마음을 전달할 수단으로써 이만한 선물이 없었다. 상대가 좋아하는 음악을 고르기도 하고, 내 마음과 같은 향기를 전달할 음악을 고르기도 했다. 여자의 마음을 사기 위해 로맨틱한 음반을 사던 남자들, 그리고 진정으로 그 마음을 받았던 여자들이 있었던 로맨틱한, 그렇게나 낭만적이던 모습이 지금은 온데간데없다.

샤데이의 이 매력적인 음반은 어느 평론가의 말처럼 여자의 마음을 사기 위해 로맨틱한 음반을 사던 남자들로 하여금, 자신을 위해서도 로맨틱한 앨범을 사게 만든 앨범이다. 80년대의 전사들은 모두 로맨티스트였다.

⊙ George Winston (December 26, 1949 – June 4, 2023)

George Winston – 'Autumn'(1980) / 'December'(1982)

어떤 물건들은 그 물건의 쓰임새나 가치와는 전혀 별개로 소중하게 다가오는 법이다. 그런 물건들은 대부분 지나간 시간에 대한 추억과 밀접한 관계가 있는 경우가 많다. 그 추억이 이런 거다, 하고 말하고 싶지 않은, 아니 굳이 말할 필요도 없는 어쩌면 아주 작은 편린같은 시간이었지만, 그냥 혼자 생각만 해도 아련해지고 조금은 뭉클해지는 시간을 갖게 해주는 물건들.

조지 윈스턴의 이 두 음반은 그런 물건들이다. 잘난척하기 좋아하는 평론가들의 레이더에서 벗어나 많은 사람이 좋아했고, 뉴에이지라는 이미 화석이 되어버린 듯한 장르도 그 의미가 어떤 의미가 있을까 되뇌게 만드는 그런 음반들이 아닐까.

Rest in Peace, George Winston.

◉ 찌질한 남자들

Noël Akchoté / Eugene Chadbourne/ Marc Ribot
"Lust Corner(1997)"

홍상수 감독의 "북촌 방향"을 보면 유준상이 김상중과 길에서 커피를 마시며 젊었을 때 지나가던 한 여학생에게 반해 그녀를 따라간 적이 있다고 말하는 장면이 나온다. 한참 동안 그녀를 따라가다 그녀가 도착한 곳은 다 쓰러져가는 하꼬방의 지하 방이었고 그녀가 들어가자마자 그녀 아버지의 호통 소리가 울려 나왔다고 말한다. 그는 아무런 말도 못 하고 발걸음을 돌렸고 내려오는 길에 미로 같은 판자촌에서 길을 잃어버렸다고 말한다.

이런 말을 하는 유준상에게 김상중이 묻는다.
"예뻤어?"
"응…. 아주 많이"

찌질한 남자들을 모아놓은 종합선물 세트 같은 홍상수 감독의 이 에피소드를 말하지 않아도 예쁜 여자나 잘생긴 남자에게 눈이 흘겨지는 건 어쩔 수 없는 사실이다. 그렇지만 '예쁘다' '잘생겼다'라는 말은 객관적인 것이 아니고 주관적인 것이고, 사실이 아니라 의견이다.

재즈와 아방가르드 신을 넘나들며 활동하는 프랑스 기타리스트 노엘 아크쇼테(Noël Akchoté)의 'Lust Corner(1997)' 앨범은 일본의 현대미술가이자 사진작가인 아라키 노부요시(荒木 經惟)의 여성 사진을 커버로 한다.

이 커버가 참 마음에 든다.
예뻐서?

🔘 대실(貸室)과 대실(大室)

The Doors - 'Morrison Hotel'(1970)

언젠가 집사람과 차를 타고 가다가 집사람이 모텔 벽에 크게 붙어있는 가격표를 보고 묻는다. 숙박 30,000원 대실 20,000원.

"왜 대실이 더 싸지?"
"대실이니까 더 싸지"
"어떻게 대실이 더 싸냐고"

집사람이 뭔가 잘 모르는 것 같아 혹시나 하고 물어보았다.
"대실이 뭔데?"
"큰방 아니야? 단체 손님 받는 방"
"⋯⋯⋯⋯⋯"

그러니까 집사람은 그때껏 모텔의 대실을 큰방으로 알고 있었다. 대실이란 몇 시간 동안 방을 빌리는 것이라 이야기했더니

"그런데 대실이 왜 필요해?"
"········"

설명을 했다. 젊은 남녀 혹은 불륜 남녀들이 이러쿵저러쿵 쿵쿵…. 놀라는 표정을 짓더니 한마디 날린다.

"그런데 어떻게 그리 잘 알아? 대실 해봤어?"
"········"

짐 모리슨이 1970년 운영했던 도어스의 모리슨 호텔은 방값이 2달러 50센트밖에 안 했네.

물론 숙박 요금이겠지. 그때도 대실이 있었을까?

⊙ 사람의 목소리를 닮은 악기,
악기를 닮은 사람의 목소리

Jon & Vangelis - 'Private Collection'(1983)

아파트라는 공간은 층간소음에 자유로울 수 없는데, 허구한 날 음악을 틀어대도 아파트가 잘 지어진 탓인지, 스피커의 스파이크와 방음 매트 탓인지, 아니면 과도한 음량으로 음악을 틀지 않아서인지는 몰라도 지금까지 이웃의 클레임을 받은 적은 없다. 그래도 창문을 활짝 열어젖히고 음악을 틀지는 못한다. 날이 더워지면 우리 집뿐 아니라 윗집 아랫집 모두 창문을 열 것이고 늦은 밤 창문을 통해 들려오는 음악 소리에 가슴이 설레는 이웃은 영화에서나 존재하니까.

밤이 깊어졌다. 공기의 내음이 변한다. 어릴 적 맡았던 그 아련한 내음이다. 십 년 전만 해도 밭이었던 땅에 지어진 아파트지만 흙은 질긴 생명력으로 곧 끊어질 호흡으로 버티고 있다는 생각이 든다.

집에 전축이 들어오고 레코드를 사기 시작했던, 레코드가 채 스무 장이 되지 않는 그

즈음에 샀던 음반을 듣는다. "불의 전차"로 아카데미상을 거머쥔 전자음악의 거장 반젤리스와 천상의 목소리로 불리우는 예스의 존 앤더슨의 세 번째 만남이다. 그들은 여전히 자연을 경배했고, 인간에 대한 무한한 믿음과 존경심을 표현했다. 놀랍게도 인간을 닮은 반젤리스의 전자악기 연주에, 더 놀랍게 악기를 닮은 존 앤더슨의 평범한 인간에 대한 기도이자 찬양이다.

주인공 반젤리스 영감님은 흙으로 돌아가셨다. 그윽한 향기를 남기고….

추천곡 〈Polonaise〉

◉ 도시락 검사

Traffic - 'John Barleycorn Must Die'(1970)

집사람 가게 근처의 '쌍둥이 보리밥' 집에서 두루치기와 파전을 곁들여 막걸리도 한잔 하면서 어머니가 참 원망스러웠던 기억이 떠올랐다.

내 또래는 다 알겠지만, 초등학교 때 도시락 검사라는 걸 했었다. 반찬으로 계란 후라이를 싸 왔는지 라면 봉지에 구운 김을 가져왔는지 따위의 검사가 아니라 밥에 보리나 콩 따위의 잡곡을 섞었는지 하는 검사였다. 윤기 나는 흰쌀밥은 용서가 되지 않았다. 적어도 6:4 정도의 비율이 돼야 통과되었는데 지금도 잡곡을 싫어하는 어머니는 흰 쌀밥에 드문드문 박힌 9:1의 비율로 도시락을 싸주었으니 매번 걸리는 건 당연했다. 덕분에 나는 도시락 검사가 있는 날이면 남아서 유리창을 닦거나, 화장실을 청소하고 쓰레기 소각장에서 오줌을 눠서 잔불을 정리하는 일을 해야 했었다. 원망스러워도 내 식성은 엄마를 쏙 빼닮아 나도 잡곡을 싫어한다. 보리밥집에서도 집사람은 보리밥을 시켜도 난 흰 쌀밥으로 주문했다.

집사람과 도시락 검사 이야기를 했다. 집사람이 자랑스럽게 말했다. 자신이 아이들 도시락 검사를 했다고 한다. 그 이름도 빛나는 '새마을 부장'이었다고…

보리밥 때문에 생각이 나서 오랜만에 Traffic의 〈John Barleycorn〉을 듣는다.
"그들은 날카롭고 큰 낫을 가진 일꾼을 고용하여 존의 다리를 잘라버렸다네.
그리고 그를 굴려 허리를 묶어 아주 야만적으로 다뤘다네.
그들은 날카로운 쇠스랑을 가진 일꾼들을 고용하여 존의 심장을 찔렀다네.
하지만 그를 매달아 끌고 다닌 짐꾼이야말로 제일 잔인했다네.….."

인터넷도 없던 시절 도대체 존 발리콘(John Barleycorn)이 어떤 사람이었기에 이렇게 노래했을까 궁금했었다. 그가 보리(barley)와 옥수수(corn)를 의인화한 심벌이란 걸 알게 된 건 아주 한참 후의 일이다.

추천곡 〈John Barleycorn Must Die〉

◉ 박쥐인간

조금 젊을 때만 해도 집사람이 친정에 내려간다든가 하는 이유로 집을 비우면 묘한 설 레임이 있었다. 친구 녀석들에게 연락해서 오늘은 한번 코가 삐뚤어지게 마셔볼까? 하 는 그런 생각들이 머릿속에 차오르곤 했다. 그런데 희한하게도 그런 날은 평소에 술 먹자고 닦달하던 녀석들도 슬금슬금 핑계를 대고 꽁무니를 빼곤 했었다.

오늘 집사람이 지금도 꾸준히 연락하던 어릴 적 친구들과 원동의 친구 촌집에서 하루 를 보내려 여행을 떠났다. 예전 같은 설레임은 없다. 저녁은 혼자서 뭘 먹어야 하나 걱 정이 되고, 왠지 쓸쓸하다. 나이가 들면 여자는 딸만 있으면 되고, 남자는 마누라만 있 으면 된다는 옛말이 실감이 난다.

저녁으로 만두를 포장해 와 맥주를 마시며 이것저것 듣다가 스피커의 더스트 커버를 벗기고 들어본다. "오! 음질이 좋아진다." 이런 말도 안 되는 뇌피셜이라니. 인간 박쥐 도 아니고.

밤이 길다. 멍청한 강아지들에게 개껌 하나씩 물려주고 입단속 시키고 술 마시러 나가 볼까? 아~ 일요일이구나. 여긴 촌이라서 일요일 밤 열 시면 대부분 상가가 문을 닫는 다. 듣던 음악이나 듣고, 남은 맥주캔 비우고 자야지.

Mendelssohn/Bruch/Anne-Sophie
Mutter, Berliner Philharmoniker·
Herbert von Karajan
- 'Violin Concertos'(1982)

감자탕

Pink Floyd - 'Meddle'(1971)

지금껏 살아오면서 먹은 음식 중에 첫 만남에서 '이건 신이 내린 음식이야.'라고 탄식할 정도로 강렬했던 음식을 꼽아보면 순대, 쥐포, 컵라면, 감자탕(정확히는 뼈해장국) 정도를 들 수 있겠다.

쥐포는 초등학교 4, 5학년 때쯤으로 기억하는데 어쩌면 이건 서울 아이들보다 더 일찍 접했을지도 모르겠다. 쥐치라는 놈은 인근 묵호, 북평, 임원 등지의 항구에서 잡혀 올라와도 도무지 쓸모없는 생선이라서 버려졌다고 하는데 이놈을 포를 떠서 말린 쥐포가 히트한 것이다. 동네 점방에 쥐포가 들어오고 이걸 연탄불에 구워 팔기 시작했는데 얼마나 맛있었으면 돈만 생기면 쥐포를 사 먹으러 갔다. 순대는 그보다 좀 더 어린 시절 외가에 놀러 갔을 때 동네잔치에서 처음 먹었던 기억이 난다.

처음 보는 음식이었지만 너무 맛있어서 계속 집어먹다 외할머니에게 어떤 음식인지 물었더니 돼지 창자에 돼지 피를 넣었다는 말에 토할 뻔하기도 했지만, 그 강렬했던 맛은 똑똑히 기억난다. 사발면은 중학교 1학년 땐가 처음 먹어보고 한 개를 국물까지 싹 비우고도 너무 맛있어 주전자에 물을 올려놓고 슈퍼로 뛰어가 한 개를 더 사 와 끓여 먹었다. 감자탕(뼈해장국)은 시간이 좀 지나 이태원에 있는 나이트클럽이라는 곳을 갔을 때 근처에 있던 식당에서 처음 먹어보고, 고기 같지도, 그렇다고 햄 같지도 않은 것을 발라 소주랑 먹는데 얼마나 맛있던지….

지금은 위에 언급한 음식들을 그렇게 좋아하지도, 싫어하지도 않지만, 집사람이 감자탕을 좋아해서(예전에는 입에도 대지 못했다) 한 달에 두세 번은 감자탕집에 간다. 단골집이라 주인장이 날치 알밥이나 볶음밥도 공짜로 주곤 한다. 오늘도 감자탕을 먹으러 갔는데 주인장이 손실보전금 받았느냐고 물어본다. 어제 받았다고 답하니 자신은 신청 두 시간 만에 들어왔다고 한다. 맨날 홀수 먼저 주더니 이번엔 짝수 먼저 줘서 기분 좋더라면서. 우리도 그렇고 모든 자영업자 소상공인이 조금은 시름을 던 어제오늘이 아니었을까. 그리고 보니 내일은 지방선거가 있는 날이다. 어쩌면 대통령 선거보다 더 중요한 선거라는 생각이 든다. 1번 2번이라는 프레임에 갇히지 말고 투표를 했으면 좋겠다.

쓸데없는 글이 길어졌는데 기승전 음악 아닌가. 음식이라는 건 그 음식이 보편화되면 질릴 수도 있고, 나이가 들면 입맛이 변하고 몸에서 거부할 수 있지만, 음악은 그 정도가 심하지 않다. 핑크 플로이드의 이 음반 'Meddle'의 첫 만남은 중학교 3학년 때였다. 레코드 가게에서 오아시스에서 나온 테이프를 사 와서 듣던 그날의 밤이 지금도 선명하게 기억에 남는다. 아! 이런 음악도 있구나.

핑크 플로이드를 아무리 좋아해도 요즘은 'The Wall'이나 'Final Cut' 같은 앨범은 좀 물리는데 이 앨범의 B면을 가득 채운 대곡 〈Echoes〉는 지금도 인트로만 들어도 처음 들었을 때 그 시절의 기분이다.

◉ 어느 소설가

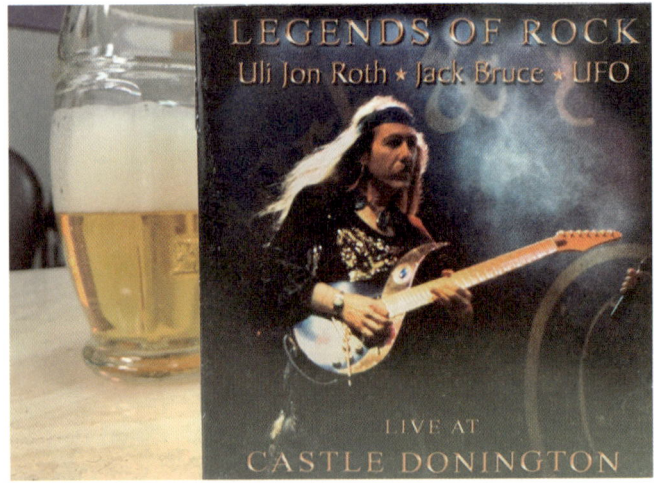

Uli Jon Roth/Jack Bruce/UFO - 'Legends Of Rock ~ Live
At Castle Donington'(2002)

어제 오랜만에 아들 녀석이 와서 저녁을 밖에서 먹었다. 갈비찜을 먹고 밥을 볶아 먹
으려고 하는데 친구에게 전화가 왔다. 참 파란만장한 인생을 살았던 친구다. 대학 시절
ROTC를 하면서 마지막 졸업학점을 이수하지 못해 임관하지 못하고 방위로 군에 간
걸 시작으로 진짜 소설 같은 삶을 산 친구다. 마지막으로 뛰어든 거친 철거 사업이 그
럭저럭 대박을 쳐서 지금은 충북 영동에 귀촌해 대구와 영동을 왔다 갔다 하며 여유로
운 생활을 하고 있다. 오늘도 동네 영감들이 삶아놓은 오리로 술 한잔하며 노닥거리다
집에 와 텔레비전을 보는데 소설가 이외수가 죽었다는 소식을 듣고 내 생각이 나서 전
화했다고 한다.

"너 이외수 좋아했지?"
"내가?"

"아닌가? 그런데 이상하게 네가 떠오른단 말이야."

왜 친구 녀석이 이외수 작가에게서 나를 연상했을까. 아마 당시 비쩍 마른 모습이 이외수의 모습과 비슷하게 보였을지도 모른다. 물론 『꿈꾸는 식물』, 『들개』 같은 작품을 깊게 받아들이던 시절도 있었다. 그러나 그가 문학이라는 범주를 벗어나 사람들에게 더 알려지던 시절의 그에게 한 번도 관심을 가져 본 적은 없다. 그의 문학이 힘을 잃을수록 그는 더 유명해졌다.

나는 이외수의 죽음 소식을 접하고 이분 생각이 났다. 학창 시절 들을 때 울리히 로스 (Ulich Roth)라 불리다 울리 존 로스(Uli Jon Roth)로 개명하신 독일의 기타 도인이시다. 물론 외모 때문이다. 그를 비롯해 이 음반에 참여한 잭 블루스, 마이클 쉥커, 필 모그 같은 형님들은 그들의 사생활과 이념을 떠나 전설이 되었다. 이외수 선생도 그의 사생활과 이념 따위를 떠나 작품으로 남는 작가가 되었다면 좋을 텐데…

⊙ 2024년의 성탄절 음반

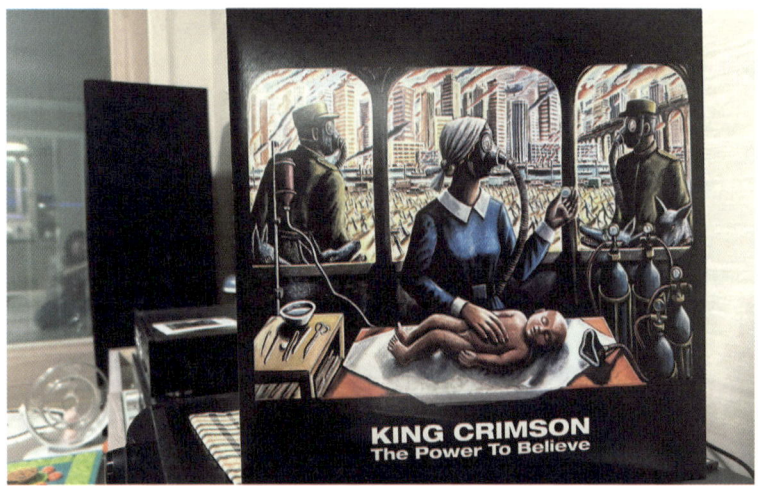

King Crimson - 'The Power To Believe'(2003)

킹 크림슨을 좋아하는 사람들이라면 미술에 관심도를 떠나 한 화가를 기억할 수밖에 없다. 바로 영국의 여류화가 P. J. Crook이다. 그녀의 그림은 후기 킹 크림슨의 많은 라이브 앨범의 커버에 등장하는데, 그들의 마지막 앨범 'The Power To Believe'에서도 만날 수 있다.

산소호흡기가 연결된 방독면을 쓰고 한 간호사가 아이의 심장 부위를 만지고 있다. 아이는 방독면을 쓰고 있지 않다. 두 명의 군인이 간호사와 같은 차림으로 안과 밖을 주시하고 있다. 밖의 광장에는 군용 헬기가 떠 있고 화염이 난무한다. 그리고 시위(?)하는 사람들이 오로지 한 방향으로 움직인다.

P. J.Crook은 이 그림에서 무엇을 말하고 싶었던 걸까. 그리고 킹 크림슨은 또 어떤 의도로 이 그림을 앨범 커버로 썼는지 모르겠지만, 이 그림의 제목은 〈Fin de Siècle〉, 우

리말로 '세기말(世紀末)'이다.

크리스마스지만 예전에 거리를 덮었던 호세 펠리시아노, 혹은 보니 엠의 〈Feliz Navidad〉는 더 이상 듣기 힘들다. 몇몇 인스타 맛집은 사람들로 붐비지만 대부분 상점은 무거운 침묵이다. 거리는 더 어둡다. 정치는 극도의 혼란에 빠져있고, 경제는 끝이 없는 불황의 길로 간다.

〈Happy With What You Have To Be Happy With〉

킹 크림슨은 당신이 행복해야 할 것에 행복하라고 했다.

그러자… 그래도 크리스마스니까!

추천곡 〈Happy With What You Have To Be Happy With〉

◉ 남자들의 듀오

위스키 같은 양주를 선호하지는 않고 솔직히 마실 기회도 별로 없지만, 오늘은 한잔 마시고 싶은 생각이 든다. 장식장에 진열되어 있는 조니워커 블루나 로열 살루트 같은 것 중에 뭘 마실까, 고민해 보기는 개뿔, 캡틴큐 한 병도 없다. 그래서 냄비에 물을 끓이고 소주병을 꺼낸다. 그리고 라면이 익을 동안 짧은 곡을 듣는다.

남자와 여자가 짝을 이룬 듀오의 음악은 별로다. 노래를 부르며 상대의 눈을 지긋이 바라보며 '난 행복합니다' 같은 오글거림이 노래에까지 느껴지기도 하기 때문이다. 여자 듀오는 음…하나도 생각나는 듀오가 없다. 반면 남자들의 듀오는 참 멋지다.

식상하지만 최고인 사이먼과 가펑클, 음침한 나인 인치 네일스, 세련되고 멋진 스틸리 댄과 홀 앤 오츠. 팝 음악은 그리 즐기지 않지만 Wham! 도 좋다. 누군가 "도시의 아이들이나 녹색지대는 어떠세요?"라고 물어보면 "아, 그들도 좋습니다."라고 대답하겠다. 노파심에서 말하는데 절대 젠더의 문제는 아니다.

70년대 이탈리아에서 짧게 활동했던 Francesco Loy와 Massimo Altomare가 함께한 듀오 Loy & Altomare의 짧은 곡이다. 사진은 그들의 74년 데뷔앨범 'Portobello'의 속 재킷인데 예쁘다.

라면이 익었다. 얻어온 김장 김치를 빼야겠다. 굴만 골라 먹어야지.

Loy & Altomare
- "Portobello(1973)"

추천곡
〈il matto〉

◉ 고향 친구

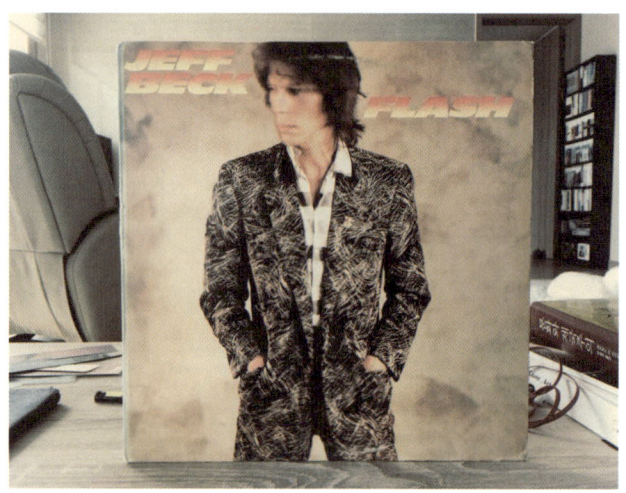

Yes - 'Yesshows'(1980)

봄비가 한동안 추적추적 내리더니 화창한 봄의 맨살을 드러낸다. 이런 날 이런 음악을 듣고 있자니 어릴 적 뛰놀던 고향 생각이 난다. 기차를 타고 가고 싶다. 기차도 가쁜 숨을 몰아쉬는 아찔하게 높은 역 통리, 석포를 지나 고래 배 속 같은 긴 터널들을 지나면 나타나는 거대한 설국(雪國). 그곳이 내 고향 태백이다. 지금쯤이면 이 거대한 눈 천지는 봄비에 녹아 벚꽃의 그늘에 사그라들었겠지.

방학이면 지프를 타고 문곡역으로 나를 마중하러 오시던 아버지도 이젠 계시지 않지만, 오늘 나는 그곳에 정말 가고 싶다. 그곳에는 치킨집 사장이 되어 양념통닭을 팔고 있는 친구가 있었으면 좋겠다. 한 놈은 세탁소 사장이 되어있으면 좋겠고 또 한 놈쯤은 양아치가 되어있어서 거들먹거리며 나를 반겨주면 좋겠다.

제프 벡 그룹의 창단 멤버로 활동하던 제프 벡과 로드 스튜어트가 다시 만난 음악이다. 제프 벡은 여전히 범생이 같고 로드 스튜어트는 여전히 양아치 같다. 그래도 어릴 적 같이 놀던 친구들처럼 어울린다.

◉ 세상의 모든 그대들

한대수 – '영원한 고독(Eternal Sorrow)'(2000)

짧다고도, 그렇다고 길었다고도 말하기 뭐한 삶을 살아가면서 한대수 선생의 이 앨범 사진 같은 표정을 지어보지 않은 사람이 얼마나 될까. 서러움이 턱밑까지 받쳐 곰 같은 서러운 울음을 흘렸던 기억 말이다. 그러나 그런 자신의 모습은 직접 볼 수 없다. 그저 볼 수 있는 모습은 더 이상 울음이 나오지 않을 때 얼굴을 씻으며 거울 앞에 선 충혈된 눈과 퉁퉁 부어오른 얼굴을 마주했던 모습뿐이다.

이렇게 울고 싶어도 자존심 하나로 버티는 사람들, 바로 그대들이고 그대들에게 나는 그대다. 세상의 모든 그대들.

◉ 월하독작(月下獨酌)

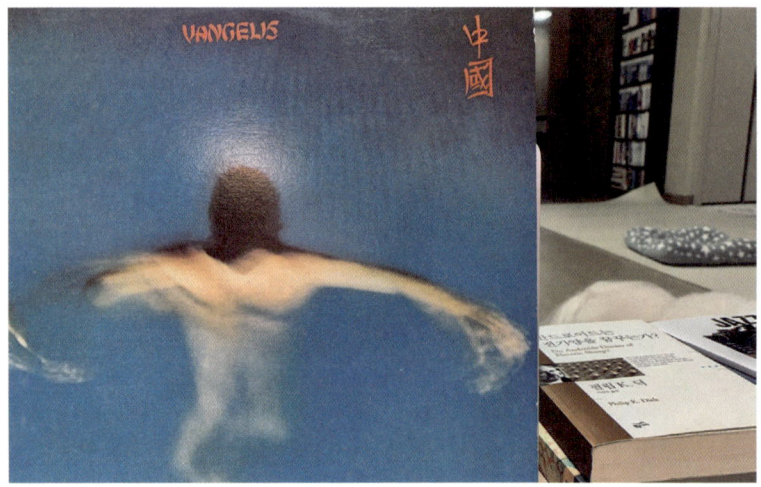

Vangelis - 'China = 中國'(1979)

영화를 좋아하지 않는 사람들이라도 리들리 스콧 감독의 "블레이드 러너"를 기억할 것이다. 시종일관 비가 내리는 회색 하늘과 끝없이 세뇌하듯 번쩍거리던 일본 기업들의 광고판, 그사이를 낮게 날던 비행물체. 시종 웃음기라고는 전혀 없는 영화의 주인공들인 복제인간과 사람들. 이런 묵시록적인 장면들을 잊을 수 없다.

「필립K. 딕의 인물들이 활동하는 세계는 예고 없이 사라지거나 뒤바뀔 수 있는 세계다. 여기서 현실이란 정치가의 공약 정도로만 믿을 수 있는 것이다. 그게 약물이든, 시간 왜곡이든, 기계든, 사람들에게 당혹스러운 상황 변화를 유발하는 외계체이든, 결과는 항상 같다. 현실, 대문자 R(Reality)로 표기해야 할 현실은, '우리가 마시는 드라이 마티니가 얼마나 드라이한가?'하는 것만큼이나 상대적이다. 그럼에도 불구하고 고군분투는 계속된다. 무엇에 대항한 싸움인가? 궁극적으로 보면 권력, 위세, 지배 같은 것들이다. 그런데 권력과 위세를 지니고 지배자의 위치에 있는 사람들도 대개 그들 자신의 희생자이자, 죄수이며, 어찌할 수 없는 힘에 조정되는 사람들이다.」

책을 좋아하는 사람들이면 이 영화의 원작 소설 제목이 『안드로이드는 전기양의 꿈을 꾸는가?』라는 것을 알고 있을 것이다. 소설가 로저 젤라즈니(Roger Zelazny)가 쓴 이 소설 서문의 일부분이다.

봄은 선거의 계절이다. 건물을 도배한 기름지고 뻔뻔한 얼굴 밑에 새겨진 '일꾼' '준비된' 같은 단어에 눈살이 찌푸려진다.

음악을 좋아하는 사람들은 영화 "블레이드 러너"에 흐르던 반젤리스의 음악을 기억할 것이다. 그의 음악을 듣는다. 링크한 곡 〈The Little Fete〉는 이백의 시 '월하독작(月下獨酌)'을 전자악기로 표현한 곡이다. 리들리 스콧 감독이 광고 감독으로 활동하던 시절 샤넬 향수의 광고음악으로 썼다. 그 인연으로 그는 반젤리스를 "블레이드 러너"에 초대했다.

추천곡 〈The Little Fete〉

⊙ 급식은 즐거워

Brad Mehldau, Mark Guiliana – 'Mehliana (Taming The Dragon)'(2014)

학원을 할 때 아이들의 필통 뚜껑에 작은 종이 쪼가리가 붙어있는 걸 종종 보았다. 그 건 중간고사, 기말고사 시험 범위나 일정 같은 건 아니고 급식식단이었다. 오늘은 백 미에 소고기뭇국이 나오고 내일은 흑미밥에 돼지국밥(부산 쪽에서는 급식에서도 흔한 음식이다)이 나온다는 알림이 적혀있는 쪽지였다. 그 쪽지는 아이들이 지겨운 학교에 다닐 수 있게 하는 힘의 원천이었다. 그러고 보면 우리가 학교 다닐 때도 도시락 까먹 는 재미가 학교생활의 가장 큰 낙이 아니었던가.

우리나라 사람들은 참 먹는 거에 진심인 것 같다. 쉐프라는, 혹은 맛 칼럼니스트라는 해괴한 직함을 가진 사람들이 TV에 나와 큰 인기를 얻고, 유튜브에는 먹방이나 맛집 을 찾아다니는 사람들이 넘쳐나고, 그걸 본 수많은 사람들은 그 음식점들을 찾아가 대 기표를 뽑아 들고 긴 시간 줄을 서 기다리는 걸 마다하지 않는다. 진풍경이다.

그 정도까지는 아니라도 LP라는 매체도 비슷한 경향이 있었다. '있었다'라는 과거형을 쓴 까닭은 그 광풍이 이제는 확실히 좀 꺼졌다는 느낌이 든다는 거다. 좀 인기 있다 싶은 음반이 온라인에서 판매되면 그것이 품절 되기도 전에 말도 안 되는 프리미엄이 붙어 버젓이 올라온다.

브래드 멜다우(Brad Mehldau)와 마크 줄리아나(Mark Guiliana)라는 어쩌면 부조화한 두 뮤지션이 자신들의 이름을 합성한 'Mehliana'라는 제목에 'Taming the Dragon'이라는 부제를 붙여 발표한 앨범을 CD로 처음 사 들었을 때 신선한 충격을 받았다. CD를 처분하고 얼마 전 우연히 온라인몰에 이 LP가 올려져 있는 걸 보고 반가운 마음에 구입했다. 신품의 반도 안 되는 가격이었다. 물론 상태도 아주 좋다. 횡재했다고 말할 수도 있겠지만, 이게 정상이다.

◉ 나는 기억한다

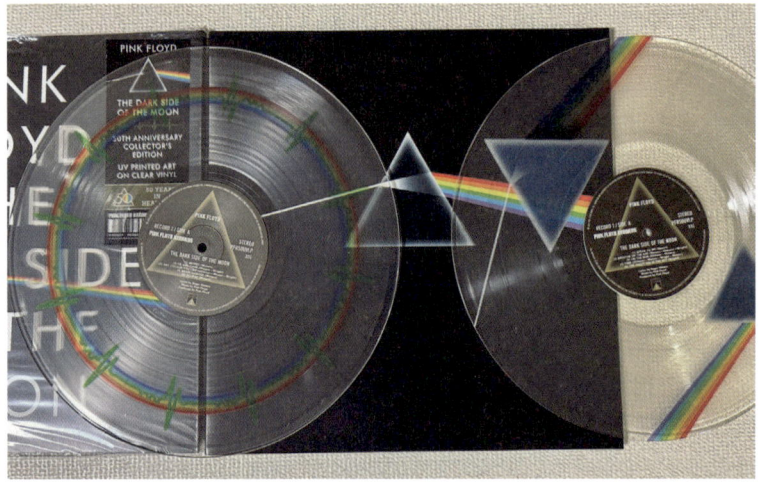

Pink Floyd – 'The Dark Side Of The Moon'(1973)

고등학교 1학년 때 이 판 '달의 어두운 면(Dark Side of The Moon)'을 샀던 게 토요일이었음을 기억한다.

그때 그 판은 두 곡이 잘린 싱글 폴더의 오아시스 라이선스였던 것을 기억한다.

그리고 어느 토요일 오후 이 판을 걸어놓고 소파에서 슬며시 잠이 들었는데 〈Time〉이 시작되는 자명종 소리에 소스라치게 놀라 벌떡 일어났던 일을 기억한다.

시간이 지나 이 앨범에 금지곡이 두 곡이나 있다는 사실을 알고 어처구니없었던 기분을 기억한다.

동전 소리가 짤랑짤랑하던 곡을 들으며 이 곡은 진짜 별로야 했던 생각도 기억한다.

시간이 지나 직배사에서 금지곡 없이 게이트 폴더의 음반을 샀던 날도 기억한다.

그리고 그 음반의 하단을 감싸고 있던 특유의 줄무늬를 보면서 이건 이 음반과는 꽤 어울리는데 했던 생각도 기억한다.

커버가 좀 색다르게 멋있던 SACD를 샀던 거도 기억한다.

Sony사의 5.1채널을 통해 흘러나왔던 그 음향의 잔재들도 기억한다.

이 음반을 나름 비싼 돈을 주고 UK first press로 샀던 순간도 기억한다.

그리고 그걸 팔아치우고 조금은 후회했던 그 감정도 기억한다.

그러고 보면 이 음반은 참 많은 기억을 간직했고, 또 다른 기억을 만들려고 또 이 음반의 새로운 버전을 샀는지 모르겠다.

⦿ 디스코도 아니고 고고라니

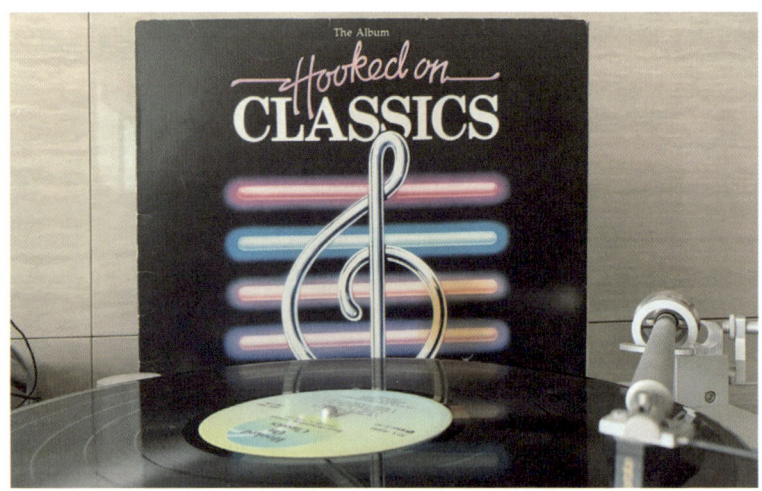

Louis Clark Conducting The Royal Philharmonic Orchestra
- 'Hooked On Classics'(1981)

고등학교 때 시골에서 "개들의 전쟁"에 나오는 양아치처럼 건들거리며 놀던 막내 외삼촌이 정신을 차리고 취직해야겠다고 서울에 왔다. 그렇게 우리 집에서 한 달 정도를 생활했는데 외삼촌은 내가 가진 판들에 관심을 보였다.

이것저것 뽑아보고 들어보기도 하더니 한숨을 쉬며 말했다. "이런 거밖에 없냐?" 그러더니 양쪽 손의 손가락 하나씩을 펴 하늘을 찌르면서 "고고 판 없어?"

고고라니. 디스코도 아니고 고고라니. 어느 날 외삼촌이 판을 한 장 사 들고 들어왔다. "야 임마! 이런 수준 높은 음악도 좀 들어라." 사 온 음반을 손수 전축에 올려놓고 소파에 몸을 묻고 눈을 지그시 감고 감상을 시작했다. 그러고는 허공에 손을 휘저어 지휘를 시작했다.

그 판은 클래식이라기보다 고고에 가까웠다. 베토벤, 차이콥스키, 모차르트도 모두 고고장 음악으로 바꾸어 놓았다.

돈 냄새를 잘 맡는 사람들이 있다. 음악판에서도 마찬가지인데 이 앨범의 제작자 루이스 클락(Louis Clark)이 그런 사람이 아닐까. 벽장 속의 박제된 음악 같았던 클래식을 어떻게 이런 식으로 연주할 생각을 했을까. 그의 생각은 적중해서 이 음반을 천문학적으로 팔아치웠다.

역시 고등학교 때 루이스 클락 이 양반은 내가 좋아하는 르네상스의 탁월한 디바 애니 해슬램(Annie Haslam)을 꼬드겨 또 이상한 클래식 음반을 발매하는데 그땐 나도 그 음반을 덥석 사고 말았다. 처음 들었을 땐 좋았는데 클래식에 사탕을 바른 딱 그런 음반이었다.

⦿ 말년의 양식

Leonard Cohen - 'New Skin For The Old Ceremony'(1974)

친구 어머니의 부고 소식에 서울을 다녀왔다. 의정부 빈소에서 5년 만에 만난 친구와 쓸쓸한 술 한 잔 마시고 서울의 어머니 집에서 하룻밤을 자고 왔다. 아침에 일어나 같이 밥을 먹고 내려갈 채비를 하는데 TV를 보고 계시는 어머니가 쓸쓸해 보인다. 종일 참 심심하겠다는 생각이 들어 "엄마 하루 종일 너무 심심하겠어요." 했더니 "아니야, 하나도 안 심심해. 하루가 얼마나 빨리 가는데." 진심인지 그냥 하시는 소린지는 몰라도 좀 안심이 되었다.

"죽음 때문에 우리는 하루도 한가하게 지낼 수 없다." 새뮤얼 베케트(Samuel Beckett)가 엄연한 현실을 풍자한 이 말은 죽음이 날짜를 정해서 찾아오지 않으며 우리는 한창 바쁠 때 죽을 수도 있음을 뜻한다. 그러나 때때로 죽음이 우리를 기다리기도 하며, 우리는 죽음이 기다리고 있음을 뼈저리게 인식할 수 있다. 이때 시간의 질은 빛이 변하듯 바뀐다. 현재는 새록새록 살아나거나 희미해지는 과거나 불현듯 측정할 수 없게 되어버린 미래, 혹은 도저히 상상할 수 없는 시간 감각에 의해 옆으로 밀려난다.

에드워드 사이드(Edward W. Said)의 『말년의 양식에 관하여』의 서문에 나오는 '죽음'의 의미를 생각할 나이가 되었다. 시간은 내 주변만 맴도는 게 아니었다. 꼬맹이 시절 보았던 친구의 두 딸은 훌쩍 숙녀가 되어있었고 최고 명문대를 졸업한 그의 형은 백발의 머리로 택시를 운전하고 있었다. 그렇게 시간은 공평하게 흐른다.

젊은 날 영혼을 지배했던 뮤지션들의 죽음에 무덤덤해질 나이지만 레너드 코헨이라는 거대한 산의 죽음은 나를 먹먹하게 했었다. 그의 내면의 방에서 흘러나오던 노래들을 들으며 힘겹게 지탱했던 젊은 날 그 초상들을 잊지 못한다. 그의 죽음 아니 영원한 노래들은 에드워드 사이드의 책에 붙은 부제처럼 '결을 거슬러 올라가는 문학과 예술(On Late Style Music and Literature against the Grain)'이 아닐까.

⦿ 감성적인 아저씨

Terutsugu Hirayama - 'Castle Of Noi'(1983)

"너 은근히 아기자기한 거 좋아하고 감성적인 거 알지?"

집사람 가게가 바빠서 온종일 붙잡혀 일하고, 저녁으로 내 몫으로 순대 1인분, 집사람 몫으로 떡볶이 1인분을 사고, 참새가 방앗간을 들리듯 편의점에서 맥주를 사려는데 처음 보는 이 맥주가 눈에 띄었다. 뭔가 심쿵했다. 이런 재킷 아니 그림의 맥주라니. 그 맛과 상관없이 주저 없이 집어 든 걸 보면 집사람의 말처럼 나는 분명 아기자기하고 감성적일지도 모른다.

맥주를 마시며 생각나는 음반을 한 장 꺼냈다. 히라야마 테루츠구(平山 照継)의 'Castle of Noi'다. 1983년에 발매된 이 앨범은 너무나 유명한 히사이시 조(久石 譲)가 음악을 맡았던 아기자기하고 감동적인 지브리 애니메이션 영화들을 떠올리게 하면서 믿을 수 없는 탄탄한 연주를 들려준다.

그리고 또 하나 게임이 생각났다. 아들이 어렸을 때부터 같이 게임을 했다. 컴퓨터 게임이 아닌 콘솔게임을 했다. 서로서로 도와가며 한 챕터 한 챕터를 깨며 함께 좌절하고 환호했다. '시라츄 탐험부'라는 게임을 하며 참 즐거웠다. 이 게임에는 첫사랑이 있고, 모험이 있고, 추억이라는 게 있다. 아들에게 이 게임 기억나냐고 전화로 물어봤다. 아들도 똑똑히 기억하고 있었다.

이런 글을 쓰면 누군가는 생각할 것이다. 국산 맥주지만 일본 애니풍의 맥주를 마시며 일본 밴드의 음악을 듣고 일본 게임을 추억하는 당신은 적폐의 대상이라고. 그럼 조용히 이 책을 덮고 중고 서점에 내다 파시라. 절대 탓하지 않는다. 사실 여기까지 왔으면 어차피 다 읽어주신 것 아닌가.

⦿ 부부의 세계

Blackmore's Night - 'Minstrels And Ballads'(2001)

그저께가 결혼기념일이라는 사실을 오늘에야 알았다. 이런 기념일에 경상도 아저씨들 뺨치게 무감각한 우리 집사람도 당연히 모르고 지나갔다. 그래도 이 사실만은 알고 지나가야 할 것 같아 아침에 엘리베이터 안에서 집사람에게 결혼기념일을 지나쳤다고 말했다.

"그래? 맞네! 아무리 그래도 좀 챙겨라! 다른 여자 같았으면 넌 사형이야."
"야! 매일매일이 결혼기념일 같은데 그날을 꼭 챙길 필요가 있나."

자고로 사람은 말을 잘해야 한다.

예전에 리치 블랙모어라는 분이 계셨지. 아주 상남자이셨지. 긴 머리카락을 휘날리며 기타를 치시는 모습은 그야말로 간지가 넘치셨고, 추종하는 많은 똘마니를 거느리고 계셨지. 한번은 그분의 밴드에 노래는 잘하지만, 머리가 짧은 놈이 들어온 적이 있는데 그게 못마땅해서 기타로 머리를 깼다는 전설적인 구라도 존재하는 하여튼 카리스마가 짱이신 분이었지.

그런데 이 상남자에게도 사랑이 찾아온 거야. 금발에 아주 가녀리게 생겨서 뭐 좀 안 좋은 말만 하면 "자기 미워!"하며 눈물을 훔칠 것 같은 여자였는데 이름도 맙소사, '캔디'였어. 그래서 이분은 사랑을 위해서 상남자 따위는 개에게 줘버리고 그때부터 캔디 같은 달콤한 연주를 하셨지. "실망이지 말입니다, 형님!"이라고 말하고 싶었지만 어쩌겠어. 사랑이라는데….

이런 게 '부부의 세계'다.

◉ 탑건

Steve Stevens - 'Flamenco.A.Go.Go'(1999)

요즘 영화 "탑건" 때문에 설레는 중년 아저씨들이 많은 모양이다. 그러고 보니 예전에 내가 탑건을 봤는지 알쏭달쏭하다. 본 것 같기도 하고 아닌 것 같기도 하고. 영화가 개봉될 당시는 내가 영화관에서 영화를 볼만한 시절이 아니었으니 극장에서 본건 아닌 게 확실하고, 그렇다면 TV에서 본 것 같기도 한데 영화의 내용은 하나도 생각나지 않으니 안 본 것 같기도 하고 그렇다.

영화를 봤든 안 봤든 중요한 건 아니고, 예전 영화를 찾아서 볼 생각도 없고, 개봉한 새 영화를 보고 싶은 생각도 없지만, 탑건이라는 제목을 보면 나도 여타의 아저씨들처럼 뭔가 아련한 느낌이 드는데, 영화에 흘렀던 연주곡 〈Top Gun Anthem〉 때문일 것이다. 이 곡에서 멋진 기타 연주를 들려준 스티브 스티븐스(Steve Stevens)를 처음 안건 영화가 개봉하기 전 고등학교 때였다. 야간자율학습도 없는 토요일 집으로 와 가방을 팽개치고 라디오를 틀면 딱 김광한, 김기덕 씨가 진행하는 프로그램이 나올 시간이었다. 토요일은 빌보드 차트를 소개하는 아메리칸 TOP 40가 방송되었다. 그런 순위 프로그램에 나오는 음악들에 크게 흥미를 느끼지는 않아서 생각해 보니 방송을 듣고 레코드를 산 건 〈You Might Think〉, 〈Drive〉 같은 곡들이 들어있던 Cars의 음반 그리고 정말 좋은 곡들이 많았던 영화 "Footloose"의 사운드트랙이 기억의 전부다.

어느 날 차트에 진입한 곡 중에 〈Eyes Without a Face〉라는 곡이 흘러나왔는데 중저음의 매력적인 보컬과 간결하면서도 기가 막힌 기타 연주에 홀딱 반했다. 그 곡을 듣기 위해 토요일마다 TOP 40를 들었고 그 곡의 주인공인 빌리 아이돌(Billy Idol)의 앨범 'Rebel Yell'이 라이선스로 나오자마자 구입했다. 그리고 기타의 주인공이 스티브 스티븐스라는 사람인지도 처음 알았다. 그런데 레코드를 사고 경악한 건 커버에 나온 빌리 아이돌의 모습이었다. 난 그의 노래를 듣고 그가 아마도 데이비드 보위 같은 외모일 거라 짐작했었다. 그러나 보위는커녕 미국의 전형적인 생양아치의 모습이었다. 뒷면에 있는 스티브 스티븐스의 모습은 더했다. 얼굴에 덕지덕지 구멍을 뚫어 쇠붙이로 치장한 모습은 도저히 그의 기타 사운드와 매치가 되지 않았다. 그리고 다짐했다. 사람을 외모로 판단하지 말자.

스티브의 두 번째 솔로 앨범 'Flamenco a Go-Go'는 그의 매력을 한껏 드러낸 앨범이다. 파코 데 루시아(Paco de Lucía)에게 영감을 받은 Flamenco 향기로 가득 차 있다.

⦿ 아주 사적인 밤

The Doors - 'L.A. Woman'(1971)

집사람이 잠자리에 들려고 안방에 들어갔다. 나도 그렇지만 집사람도 누우면 바로 잠이 든다.

'그럼 이제는 나만의 시간이다. 거실의 불을 끄고 앰프를 켜고 턴테이블 위에 LP를 올려놓는다…'

이런 그림이 연상되지만 그건 영화나 소설에서나 나올법한 이야기다. 마나님 주무시는데 음악을 틀다니 간이 배 밖에 나오지 않고서야 어떻게 가능할까. 아주 사(私)적인 밤이 아주 사(死)적인 밤으로 바뀔 수 있다. 그래도 왠지 풍경의 분위기가 좋아서 낮에 듣던 음반을 침대 옆에 올려놓고 사진을 찍어본다. 깊게 잠든 줄 알았던 집사람이 잠꼬대처럼 말한다.

"뭐 하는데! 불 좀 꺼줄래?"

그룹 도어스(Doors)의 밴드 이름은 짐 모리슨이 좋아했던 윌리엄 블레이크의 시구절 '문들 사이에는 알려진 일들과 알려지지 않은 일들이 있노라.'에서 끌어왔다는 말이 있는데, 내가 야밤에 집사람이 잠든 아파트에서 도어스의 음반을 올리면 어떤 사람은 '정말 분위기 죽이는군'이라고 생각할 수 있겠고 또 어떤 사람은 '이 시간에 도어스라니 말이 되나'라고 생각할 수도 있겠다.

둘 다 옳다. 문을 열면 누구에게는 익숙한 풍경이 펼쳐질 수도, 누구에게는 낯선 풍경이 펼쳐질 수도 있다. 그런데 우린 그걸 가지고 싸운다.

이제 자자.